KB201981

일본의 공생교육

한국일본교육학회 편

일본의 공생교육

공병호, 미즈노 지즈루, 송미란, 송민영, 신현정, 오민석, 오혜경, 요코제키 리에
윤종혁, 이은주, 이정희, 임형연, 장지은, 조규복, 차보은, 천호성, 최순자, 홍현길 지음

한국학술정보

발간사

한국일본교육학회는 학회의 연구 성과를 대중들과 공유하기 위해 2017년부터 도서를 발간해왔다. '일본의 공생교육'은 그 다섯 번째 도서로, 2022년도 학술대회의 논제를 엮은 결과물이다. 서로 도우며 함께 살아간다는 의미를 지닌 '공생(共生)'은 다문화 사회의 급격한 진전과 함께 상호 이해와 협력을 중시하는 글로벌 사회의 요체로 부상하고 있다. 이 책을 통해 일본의 공생교육이 단순한 교육 이념을 넘어 일본 사회의 다양한 문화적, 사회적 배경을 포용하고 평화와 협력을 증진하는 중요한 교육 과제이자 실천임을 확인할 수 있다.

이 책은 일본의 공생교육을 주제로 '글을 시작하며'와 '4부(공생교육의 이념과 원리, 공생교육 실천 정책, 학교교육 실천 사례, 평생학습 실천 사례)', 그리고 '글을 마치며'로 구성되어 있다.

Ⅰ부에는 일본의 다문화 공생교육과 평화교육 연구, 공생적 의미의 교육환경과 일본의 인도태평양 협력체제와 공생주의 국제교육에 이르기까지, 4개의 장을 통해 '공생교육의 이념과 원리'를 다양한 각도에서 조명하였다. Ⅱ부에서는 '공생교육 실천 정책'을 수록하였다. 주로 일본의 공생을 위한

교원정책의 변화, 비경제활동청년 증가 원인과 대안, 일본형 공생교육의 구축전략, 그리고 장애인의 자립 공생과 커뮤니티 임파워먼트의 가능성 등 문부과학성의 공생을 위한 교원정책은 물론 진로교육, 기초교육 보장을 위한 일본 정부의 야간 중학교 정책, 장애인의 자립 공생 등 공생을 위한 교육 기회 확대 및 질적 제고를 위한 일본의 정책을 엿볼 수 있다. Ⅲ부의 '공생교육 학교교육 실천 사례'에서는 다문화 공생 학습 교재인 '효탄섬 문제', 동아시아 공생을 위한 초등학교 과거사 교육 사례, 협동과 공생을 기반으로 한 홋카이도의 프리스쿨의 실천 사례 등 구체적인 사례를 담았다. 이 사례들은 공생교육에 관심 있는 한국의 많은 교육자와 학교 교사들에게도 참고가 될 것이다. Ⅳ부 '공생교육 평생학습 실천 사례'에서는 평생학습의 관점에서 일본의 공생교육을 고찰하였다. 일본의 공생기반 진로교육과 지역주민들의 배움의 공간인 세토우치시립도서관의 사례, '본명'을 둘러싼 딜레마와 다문화 공생교육, 생성형 인공지능 활용 공생적 독도 교육의 가능성과 민감성, 공생사회를 위한 아동가정청 설치 및 운영 등의 다양한 사례를 통해 공생교육의 중요성과 영역 확장의 가능성을 볼 수 있다.

이 책이 발간되기까지 많은 분들의 노고가 있었다. 옥고를 내어주신 저자 여러분을 비롯하여 임형연 출간위원장님, 윤종혁 수석부회장님과 출간위원님들께 심심한 감사의 말씀을 드린다. 특히 기존의 본 학회 저서와는 달리 본서에는 한국인 연구자뿐만 아니라 일본 거주 연구자들도 집필에 다수 참여하여 일본 공생교육의 생생함을 가미할 수 있어서 의미가 깊다. 출판 상황이 어려운 가운데 2022년에 발간한 '뉴노멀 시대 일본교육의 변화와 실제'에 이어 지속적인 지원을 해주신 ㈜한국학술정보 채종진 대표님 이하 모든 직원들에게 깊은 감사의 말씀을 드린다. 그리고 출판 기획과 편집, 교정 등으로 이 책이 세상에 빛을 볼 수 있도록 도와주신 양동훈 팀장님을 비롯한 기획편집팀에게 다시 한번 감사의 마음을 전한다.

본서가 우리 사회의 정책 입안자, 교육자, 연구자들에게 유익한 참고 자료가 되길 바라며 아울러 함께 살아가는 사회 구축에 관심을 가진 독자 여러분께도 도움이 되기를 기대한다.

2024년 월 일

한국일본교육학회장 이정희

목차

제II부 공생교육 실천 정책

제5장 일본의 공생을 위한 교원정책의 변화 __송민영

제6장 비경제활동청년 증가 원인과 대안: '공생(共生)'을 위한 한일사회 진로교육 비교분석 __이은주

제Ⅲ부 공생교육 학교교육 실천 사례

제IV부 공생교육 평생학습 실천 사례

〈표 차례〉

〈그림 차례〉

일본의 공생교육에 대하여

홍현길(가천대학교)

일본에서 제일 많이 사용하는 고지엥(広辞苑 광사원)사전에는 공생의 의미를 두 가지로 말하고 있다. 하나는 공생(共生)이며 또 하나는 공서(共棲)이다. 우리나라 말로는 공생과 공서가 다르지만 일본어로는 둘 다 「교세이」로 같은 말이 된다.

고지엥은 공생(共生)의 의미를 「함께 같은 장소에서 생활하는 것」이라고 말하며, 공서(共棲)의 의미를 「종류가 다른 생물이 한 곳에 서식하며 서로 이익을 얻는 공동생활을 영위한다고 생각할 수 있는 상태」라고 말한다.

이상과 같은 공생(共生)은 사람들의 생활에서 보면 바로 생활의 기본이 된다. 그러기에 고금동서를 막론하고 사람들은 가정이라는 공생을 시작으로 나라라는 공생을 하고 있다. 그런데 공생을 더욱 넓혀보면, 현대 과학에서는 사람을 포함한 모든 생명체들이 지구라는 하나의 장소에서 서로 이익을 나누는 유기적인 공생관계를 이루고 있다고 말한다. 이 말은 고지엥의 두 번째 의미인 공서(共棲)가 된다고 하겠다.

이와 같은 공생을 일본은 교육의 목적으로 하여 공생교육을 시도하고 있다. 이에 한국일본교육학회가 일본의 공생교육을 고찰 연구하여 한 권의 연구서로 발간하고자 한다. 이에 본 연구서의 이해를 돕기 위해 무엇보다도 일본인들이 어떠한 공생을 해왔는가의 공생의 역사를 찾아보고자 한다. 왜냐하면 일본은 공생을 내걸고 우리나라 조선을 합병하여 35년간 강제로 지배한 역사가 있기 때문이다.

역사란 과거의 사실을 말한다. 일본의 공생 역사도 필자가 직접 확인한 과거의 사실에서 말하고자 한다. 1980년 필자가 일본 쓰쿠바대학원에 유학하고 있을 때이다. 통역을 한국대사관으로부터 부탁받아 한국의 대학생 대표 10명과 함께 나리타공항 부근의 용각사 고분군을 방문하여 견학한 적이 있다.

동네 이장의 말은 여기에 있는 이백 기의 고분은 백제 멸망 후 백제 왕족이 여러 가지 기능을 가진 사람들을 거느리고 일본으로 건너왔으며 일본 조정에서 현재의 이곳을 지정하여 살게 되었고, 기능을 가진 사람들은 교토를 비롯해 전국 여기저기에 초빙되어 기능을 발휘하며 살았다고 한다. 현재 후손인 동네 사람들이 고분을 돌본다고 하며 고분 하나를 열어 박물관을 만들어 전시하고 있다. 이장의 아들은 백제의 기와를 연구하기 위해 부산대학교로 유학을 갔다고 한다. 동네 사람들은 우리를 같은 민족이라고 아주 반겨주며 한 집에 한두 명씩 숙박까지 하였으며 공민관에 다 모여 인사를 나누기도 하였다.

필자는 이를 계기로 나라시대를 조사해 보았다. 당시 일본은 고분시대(3세기-4세기, 7세기-8세기)와 아스카시대(서기 538년-710년)를 거쳐 나라시대(서기 710년-794년)에 갑자기 일본 전국에 66개의 작은 나라가 생겼으며, 일본조정이 율령으로 다스리고자 하여 작은 나라들을 율령국이라고 한 역사를 알게 되었다. 물론 나라시대에 갑자기 66개의 작은 나라가 생겼지만, 실은 백제와 고구려가 각각 660년과 668년 멸망한 후 일본의 아스카시대부터 양국의 유민들이 많이 건너와 고생 끝에 나라시대에 작은 나라를 세웠다. 또한 용각사 고분군처럼 이 유민들이 죽어 고분을 이루므로 일본 고분시대가 아스카시대나 나라시대와 겹치게 되었다.

그런데 66개의 작은 나라들은 공생을 위해 720년부터 서로 싸우게 되고 도요토미 히데요시(우리말로 풍신수길, 豐臣秀吉)가 1591년 하나의 일본으로 통일하기까지 871년간 사이에 515번이나 싸운 공생의 역사를 일본전쟁사를 통해 알 수 있었다.

그래서 현재도 오사카후(大阪府)에는 나라시대에 만들어진 백제왕 신사가 전해오고 있으며 사이타마현에는 고구려에서 건너온 사람들이 나라시대에 고려 신사를 만들어 현재까지 내려오고 있다. 또한 신라 사람들이 건너와 살기 시작한 기후현에는 언젠가부터 신라 신사가 만들어져 내려오고 있다. 백제와 고구려 및 신라에서 얼마나 많은 사람들이 건너왔기에 각각 신사까지 만들고 싸우며 공생해 왔는가? 신사란 왕이나 조상 또는 나라를 신으로 모시고 기원하는 곳이 아닌가?

이상의 역사적 사실을 보면 일본인은 우리와 다른 민족이 아니라 같은 민족이 아닌가를 생각하게 한다. 그래서 일제강점기에 일본은 조상이 같다는 동조론(同祖論)을 내세워 당시 우리나라가 중국화가 되었다고 우리의 언어와 이름 및 문화를 없애고 일본과 똑같은 나라로 만들고자 하지 않았던가?

다시 말해 이상의 과거 사실에서 보면 일본은 백제와 고구려 및 신라에서 공생하기가 어려워 일본에 건너와 작은 나라까지 세우고 수많은 전쟁을 통해 일본이라는 하나의 나라로 통합하여 공생해 온 것이 일본의 역사가 아닌가라는 생각을 하게 한다.

그러나 도요토미 히데요시가 통합한 일본은 공생을 확대하려고 1592년

임진왜란과 정유재란이라는 전쟁을 일으켜 7년간 조선을 괴롭히지 않았는가? 또한 일본제국은 1910년에 조선을 합병하고 35년간 공생의 이름으로 우리를 강제로 지배하면서 나아가 독일과 이탈리아와 합쳐 제2차 세계대전의 추축국이 되어 공생을 넓히려고 중국과 싸우고 동남아에서 영국과 프랑스와 전쟁하며 한편 미국을 공격하여 태평양에서 미국과 전쟁을 하는 나라가 되지 않았던가?

결국 일본은 1945년 8월15일 미국을 비롯한 연합군에 항복하고 망하므로 제2차 세계대전은 끝나게 된다. 그리고 일본은 우리나라가 민주주의 나라가 된 것처럼 천황의 나라에서 국민의 나라인 민주주의 나라가 되며 민주헌법을 제정함으로써 민주주의 공생으로 생활이 바뀐다.

그러나 1945년 8월15일 패망한 일본은 신으로 군림해 온 천황이 1946년 1월 1일에 인간선언을 한다. 그러자 천황을 신으로 모시고 살아온 일본인들의 주체성이 크게 무너지고 거기에다 경제적 빈곤이 겹쳐 정신적 방황과 가난 속에 참담한 일본이 되고 있었다. 더구나 전쟁에서 군인 희생자가 2백12만 명에 민간인 희생자 1백만 명, 합쳐 3백12만 명이 희생된 패전국이 되다보니 일본인들은 누구를 위한 전쟁인가라는 처절한 반성과 함께 큰 혼란을 겪게 된다. 천황에 충성을 다한 사람들은 항복 선언한 후 자결을 선택하였으며, 또한 천황제를 반대하여 공산주의자나 사회주의자 및 기독교 신자가 되었고, 현재도 국회에 공산당과 사회당이 존재하고 있다. 이러한 일본의 혼란을 살아온 지도교수로부터 필자는 일본의 공생역사를 들어 알게 되었다.

그러나 1950년 6월25일 일어난 한반도의 6.25전쟁은 일본이 조선특수라고 부를 정도로 일본경제를 크게 부흥시켰다. 미국 중심의 유엔군 군수물자와 무기 등을 일본에서 제조 및 수리하여 공급하게 됨으로써 일본경제는 살아났으며, 1950년에서 5년간 벌어들인 돈은 일본이 1년간 살아갈 수 있는 예산이 되었다고 한다. 특히 총알을 막는 모래부대와 담요 및 철조망 등의 군수품으로 벌어들인 돈이 상당 비중을 차지하였다니 우리는 죽느냐 사느냐 하는 전쟁 속에 무엇을 한 것인가라는 그저 답답한 마음이라 하겠다.

나라시대 66개의 소국에서 하나의 일본으로 통일하기까지, 서양 문물을 흡수한 명치유신을 거쳐 제2차 세계대전에서 망하기까지 단련되어 온 협조와 단결이라는 일본의 공생이라는 힘은 6.25한국전쟁 때 일본을 경제대국의 기반이 되게 하였다. 일본은 참담하고 혼란한 공생에서 경제의 안정과 성장을 누리며 세계의 어느 나라보다 앞선 선진대국으로의 공생으로 발전한다.

이상과 같은 공생의 역사를 가진 현재의 일본이 공생교육을 하고 있다는 것은 무엇을 의미하는가? 나라시대부터 현재까지 무수한 전쟁을 통해 역지사지와 같은 오모이야리[思いやり, 동정, 배려] 도덕을 철저히 실천해 왔으며 그런 속에 공생의 의미와 중요성을 세계 어느 나라보다 잘 알고 있는 일본이 무엇이 아쉬워 공생교육을 하는가? 그러면 그 이유는 무엇인가? 이를 크게 두 가지로 말해 보고자 한다.

하나는 일본이 민주주의 나라가 되고 한국전쟁을 계기로 경제대국이 되어 현재에 이르고 있으나, 이러한 일본에 큰 변화가 일어나고 있다. 우선 2023년의 인구추이를 보면 1억 2,435만 2천 명으로 2022년보다 595만 명이 적어, 감소를 하고 있다. 인구가 매년 자연 감소하는 현상을 보인다. 그 이유는 2023년 출산율 1.26이 보여주듯이 출산율의 저하에 있다. 또한 65세 이상 인구가 29.1%로 2022년보다 0.1% 증가했고, 75세 이상도 16.1%로 2022년보다 0.6% 증가하여 인구는 줄어들면서 출산율은 낮아지는 전형적인 초고령 사회의 나라가 되고 있다는 변화이다.

이로 인해 일본에 외국인 노동자가 2023년 204만 8,675명으로 2022년보다 22만 5,950명이 늘어 매년 증가하고 있고, 국제결혼과 다문화 가정이 늘어나고 있다. 일례로 2024년 4월부터 파리 올림픽 출전권을 겸해 시작한 23세 이하 아시아컵 축구대회에서 일본 팀이 우승을 했으며, 결승전 때 다문화 가정 출신의 골키퍼가 페널티킥을 방어하여 우승에 결정적 역할을 하여 모두를 놀라게 한 점을 들 수 있다.

또 하나는 일본인의 정신과 일본 사회에 중심이 되는 도덕교육의 부재가 가져온 변화이다. 일본이 제2차 세계대전의 추축국이 되어 우리나라를 포함한 아시아는 물론 세계에 큰 피해를 준 것은 도덕교육인 수신교육을 통해 천황과 황실을 신이자 군주이자 부모로 숭배하고 충과 효를 다하는 가족국가를 만들고 이 사상을 국체사상이라 하여 모든 일본인의 정신이자 생활로 만들었다. 이런 일본인들은 서로 역지사지와 같은 오모이야리 도덕을 철저히 실천하여 일본은 전체주의 국가가 되어 천황의 명령에 일사분란하게 움직여 세계를 상대로 전쟁하는 나라가 되어 그렇게 되었다는 것이다.

이와 같은 일본이기에 패전국 일본을 민주주의 나라로 만들기 위해 통치한 맥아더 사령관이 이끄는 연합국총사령부(GHQ)는 일본의 통치기간 (1945.10.2.-1952.4.28.)에 일본 학교에서의 수신교육을 가르칠 수 없게 하였다. 일본은 GHQ의 통치기간이 끝나고 민주주의 국가가 되었지만, 국민이 전쟁의 반성으로 도덕교육에 저항을 드러내 결국 1958년 초등학교(일본은 소학교)는 교과외의 활동으로, 중학교는 특별교육활동으로 주 1시간의 도덕수업을 하는 정도가 되었다. 도덕교육이 교과로 자리 잡게 된 것은 2016년 도덕교과로 특별히 설치된 때부터이다.

결국 일본은 1945년 8월 15일 멸망한 후 2016년까지 71년간 도덕교육 부재의 학교교육을 하였다. 이런 부재는 일본사회에 가정 내의 폭력과 학교 내의 폭력 등의 증가로 일본인들의 인간형성에 역지사지와 같은 오모이야리 도덕의 결핍을 가져와 일본인의 공생에 좋지 않은 영향을 주었으며, 공생교육의 필요성을 절실히 요구하기에 이른다. 이상의 이유로 현재 일본은 공생교육을 시행하고 있다고 생각한다.

한국일본교육학회는 일본의 공생교육에 대하여 16편의 연구논문으로 한 권의 연구서를 만들게 된다. 16편의 논문에는 일본의 공생교육이 다문화 측면에서 어떻게 하고 있는가? 평화를 위한 교육의 측면에서 어떠한가를 고찰 연구한다. 또한 공생교육이 교육환경의 변화를 주는 교육정책에 어떠한 변화를 주는가? 특히 인도·태평양 및 아프리카 등과의 국제관계를 위한 국제교육의 측면에서의 어떠한가를 연구하기에 이른다. 특히 공생교육을 위한 교원정책은 어떠하며 한국과 일본 사회에 증가하고 있는 비경제활동의 청년에 대한 공생교육은 어떠한가를 들여다본다. 나아가 일본의 기초교육을 보장하는 공교육은 어떻게 변화하는가를 고찰하며 특히 장애인의 자립공생 측면에서의 공생교육을 들여다본다.

한편 공생교육의 학습 자료는 어떠한가를 효탄섬을 중심으로 고찰하며, 동아시아 공생을 위한 측면에서 동아시아의 과거 역사의 문제를 들어 분석하는 초등학교의 공생교육을 들어다보며, 홋가이도의 프리스쿨을 예로 공생교육이 어떠한가를 고찰한다. 뿐만아니라 커리어교육과 진로교육을 공생의 측면에서 분석해보며 주민들이 배우는 공간인 시립도서관에서의 공생교육은 어떠한가를 고찰한다. 재일교포들은 본명 대신 일본인들의 이름처럼 만든 가명을 사용하는 사람이 많다. 이는 일본만이 아니라 타국에 사는 사람들의 적응을 위한 하나의 방법이다. 여기에서 오는 갈등을 공생교육의 측면에서 들여다본다.

특히 인공지능을 이용 독도교육의 배타성을 극복해보려는 새로운 연구도 실려 있다. 일본은 공생사회를 위해 아동가정청을 설치하고 있으며, 그 운영에 관한 고찰을 정리한 연구도 실려 있다.

이상과 같이 일본의 공생교육을 여러 측면에서 연구한 16편의 논문을 본 연구서는 우리나라 사회에 새롭게 알리고자 한다. 교육과 사회를 연구하는 사람에게는 큰 도움이 되리라 생각한다. 물론 일반 사람에게도 일본의 공생교육이라는 지식을 알려주는 도서로 생활에 도움이 크리라 생각한다.

공생교육
이념과 원리

제1장

일본의 '다문화 공생' 교육

천호성(전주교육대학교)

1. '다문화 공생'의 의의

이 장에서는 일본의 공생교육 중에서 '다문화 공생'에 초점을 두고 논의를 전개한다. 일본에서 '다문화 공생'이라는 말이 처음 사용된 것은 1993년 쯤으로 추정된다. 당시 아사히신문이 가와사키시(川崎市) 가와사키구(川崎區)의 마을 조성협의회가 '다문화 공생'을 위한 마을 조성이 필요하다는 것을 제안할 것이라고 보도한 것이 계기가 되었다. 그 후, 1995년 한신 대지진 이후 '다문화 공생센터'라고 하는 NGO 단체의 이름과 함께 일본 각지의 지자체가 외국인 주민을 위한 정책의 슬로건으로 '다문화 공생'이라는 말을 사용하기 시작하면서 널리 퍼지게 되었다(라경수, 2012: 54). 이처럼 '다문화 공생'이라는 말은 지역에 바탕을 둔 아래로부터 만들어진 용어라고 할 수 있다. 그러나 '다문화 공생'은 최근 일본 사회의 변화와 함께 정부뿐만 아니라 지방자치단체 그리고 시민단체 등 다양한 조직에서 자주 활용하는 용어가 되었다.

여기에서 '다문화 공생'과 '다문화 공생교육'의 용어와 개념에 대해 간략하게 정리할 필요가 있다. 필자는 이 글에서 '다문화 공생'은 사회학적 개념으로 일본 정부의 정책적 용어로 간주하였다. 한편 '다문화 공생교육'은 다문화사회에 대응하는 교육적 관점이 적용된 용어로 '다문화 공생'을 위한 교육 관련 시책 부분에 한정하여 사용하였다. 따라서 이 장에서는 일본 정부(총무성)가 제시하고 있는 '다문화 공생' 정책 중에서 교육 관련 시책 부분에 초점을 두고 논의를 전개하고자 한다.

일본에서 사용하고 있는 '다문화 공생'에 대해 명확하게 정의되어 있지는 않다. 그러나 2006년 일본 총무성이 발표한 「다문화 공생 추진에 관한 연구회 보고서」에 다음과 같이 제시되어 있다. 즉 총무성은 '다문화 공생'에 대해 "서로 다른 국적과 민족의 사람들이 서로의 문화적 차이를 인식하고 대등한 관계를 구축하기 위해 노력하면서 지역사회의 구성원으로 함께 사는 것"으로 정의하고 있다(総務省, 2006: 5). 여기에서 가장 중요한 것은 서로 차이가 있음에도 불구하고 '대등한 관계'와 '지역사회의 구성원으로 함께 사는 것'을 분명히 하고 있다는 점이다. 제시된 내용 그대로 보면 일본의 다문화 정책은 외국인과 자국민이 '대등한 관계를 맺으며 함께 살아가는 것'으로 이해되며 '다문화주의'를 지향하는 것으로 보인다.

오랫동안 단일민족에 대한 인식과 신화가 일본 사회에 여전히 뿌리 깊게 남아 있음에도 불구하고 이와는 정반대의 개념으로 해석될 수 있는 '공생'이라는 표현을 어떻게 이해하고 해석해야 할까? 그리고 실제 일본에서의 '다문화 공생'은 일본 정부의 말대로 이루어지고 있는 것일까?

2. 일본 '다문화 공생'의 전개

1) 일본 '다문화 공생' 정책

일본에서 '다문화 공생'이 본격적으로 주목받기 시작했던 것은 1990년대 부터다. 그 이면에는 저출산과 인구 고령화라는 사회적 문제가 있었고, 당시에는 일본이 장래 확실하게 고령화 사회에 진입한다는 연구와 보고가 있었다. 즉 출생률이 감소하고 인구가 고령화됨에 따라 노동 인구의 감소는 노동력 부족과 사회 보험 부담의 증가 등 다양한 문제를 야기할 것으로 예측되었다. 그에 대한 하나의 해결책으로 외국인 노동자 수용정책이 1990년대에 본격적으로 시작되었다.

한편 1990년에 입국 관리 및 난민인정법이 개정되어 재류 자격이 개편되어 장기 체류자의 재류 자격이 추가되어 브라질, 페루 등에서 입국하는 일본계 외국인의 수가 급격히 증가했다. 이 시기에 정부가 외국인 노동자를 받아들이기 시작하면서 '다문화 공생'의 필요성이 커졌고, 다문화사회를 구축하기 위한 정부의 다양한 시책이 본격적으로 시작되었다.

일본의 총무성(総務省, 2006)이 제정한 「지역의 다문화 공생 추진계획」을 보면 일본 정부가 지향하고 있는 '다문화 공생' 정책의 방향을 예측할 수 있다. 총무성은 '다문화 공생'과 관련하여 방향과 지침은 정부가 제안하나, 그 구체적인 계획은 지역의 특성, 주민의 이해, 외국인 주민의 실정과 요구 등 각 지역의 상황과 지역별 여건에 따라 각 지자체에 맞게 시행할 것을 명확하게 제시하고 있다. 총무성은 다음 다섯 가지를 지역에서의 '다문화 공생'의 의의로 제시하였다.

① 외국인 주민의 수용자로서의 지역의 중요성

지방 자치 단체는 주로 국내에 입국 한 외국인을 지역사회에 수용하는 주체로서 행정서비스를 제공하는 책임을 맡고 있으며, '다문화 공생' 대책의 담당자로서 중요한 역할을 한다.

② 외국인 주민의 인권 보장

지방자치단체의 '다문화 공생' 대책 추진은 국제인권규약, 모든 형태의 인종 차별 철폐협약 등에 따른 외국인의 인권 존중을 목적으로 한다. '다문화 공생'을 위해서는 보편적인 권리로서 외국인들의 인권 보장의 중요성을 강조한다.

③ 지역 활성화

세계에 개방된 지역공동체 만들기를 추진하는 것은 지역공동체의 활성화와 지역 산업과 경제의 진흥으로 이어질 것이다. 즉 '다문화 공생'의 관점에서 개방된 지역공동체 만들기가 지역 산업과 경제를 부흥시키고 이것은 결국 지역의 활성화와 연결된다.

④ 주민의 이문화 (타문화) 이해 향상

다문화 커뮤니티 발전을 추진함으로써 지역주민의 이문화 이해를 향상시켜 이문화 커뮤니케이션 능력이 뛰어난 젊은 세대를 육성할 수 있다. 즉 글로벌 사회를 살아가야 할 미래세대의 관점에서 보아도 이들에게 필요한 타문화 이해 능력을 다문화 공생을 통해 기를 수 있다.

⑤ 유니버설 디자인 지역 만들기

국적과 민족이 다른 사람들이 서로의 문화적 차이를 인식하고, 평등한 관계를 구축하고, 지역 사회의 일원으로서 함께 살아가는 커뮤니티 개발을 추진하는 것은 유니버설 디자인의 관점에서 지역 만들기를 해 가는 것이다.

위의 ①~⑤까지의 내용으로부터 일본 정부의 다문화 공생 정책의 특징을 보면 우선 정부가 지침과 방향을 제시하고 실천은 지자체가 중심이 되어 진행된다는 점이다. 또 하나는 '다문화 공생'은 타문화의 이해와 외국인들의 인권 존중을 바탕으로 지역의 활성화에 도움이 된다는 점을 정부가 분명히 하고 있다는 점이다.

한편, 총무성은 최근(2020년)에 외국인 주민의 증가와 다국적화, 체류자격 '특정 기능'의 창설, 다양성·포용성이 있는 사회현실의 움직임, 디지털화의 진전, 기상 재해의 심각화와 같은 사회의 변화에 대응할 필요가 있다며「다문화 공생 추진계획」을 전면적으로 개정하였다. 그 개정의 구체적 목표와 내용은 다음과 같다(総務省, 2020).

- 다양성과 포용성이 있는 사회 실현을 통한 '새로운 일상' 구축
- 외국인 주민의 지역 활성화와 세계화에 기여
- 지역사회에 대한 외국인 주민의 적극적인 참여와 다양한 담당자 확보
- 외국인 수용 환경의 정비를 통한 도시지역에 집중하지 않는 형태의 외국 인재의 수용

〈표 1-1〉에서 보여주는 것처럼 지역을 기반으로 하는 '다문화 공생' 추진의 구체적인 시책을 보면 1) 커뮤니케이션 지원, 2) 생활 지원, 3) 의식개발과 사회참여 지원, 4) 지역 활성화의 추진과 글로벌화에 대한 대응, 5) '다문화 공생' 추진 체제 정비 등으로 압축할 수 있다. 여기에서 우리가 알 수 있는 것은 일본에서 '다문화 공생'은 기본적으로 자국 내의 외국인들을 대상으로 지원하는 것과 일본 사회의 대응 체제 정비를 정책의 중심에 두고 있다는 점이다.

표 1-1. 일본 총무성 '다문화 공생' 추진 계획(2020)

항목	세부항목
커뮤니케이션 지원	행정 · 생활정보의 다언어화(ICT를 활용·), 상담체제의 정비, 일본어 교육의 추진, 생활 오리엔테이션의 실시
생활 지원	교육 기회의 확보, 적정한 노동환경의 확보, 재해 시의 지원 체제 정비, 의료 · 보건 서비스의 제공, 자녀 양육 및 복지 서비스의 제공, 주택확보를 위한 지원, 감염병 유행 시의 대응 방안
의식개발과 사회참여 지원	다문화 공생의 의식개발과 배양, 외국인 주민의 사회참여 지원
지역 활성화의 추진과 글로벌화에 대한 대응	외국인 주민과의 연대 협력에 의한 지역 활성화의 추진, 글로벌화에 대한 대응, 유학생의 지역에서의 취업 촉진
다문화 공생 추진 체제 정비	지방공공단체의 체제 정비, 지역에서 각 주체와의 연대와 협력

참고: 総務省, 2020

교육에 초점을 두고 그 세부 항목을 추출해 보면 1) 커뮤니케이션을 위한 일본어 교육의 추진과 일본 사회에 관한 학습지원, 2) 생활 지원으로서 교육 기회의 확보와 자녀 양육이 다문화 공생 추진에 있어 핵심적인 교육영역이라고 볼 수 있다. 이어서 교육 관련 시책에 대해 좀 더 자세하게 살펴보기로 하자.

2) '다문화 공생'과 교육 관련 시책

2006년 이후 다문화 공생 정책으로 일본 정부(총무성)가 제시한 교육 관련 시책을 열거하면 다음과 같다. 열거된 내용들이 다문화 공생교육의 핵심이라고 할 수 있다.

① 학교 입학 시의 취학 안내 및 지원을 위해 다양한 언어로 정보제공
초중고등학교 입학이나 학교생활 및 취학 지원제도, 기타 일본 학교 교육 전반에 대하여 입학 전 단계부터 외국인 주민이 유용하게 활용할 수 있도록

다양한 언어로 정보를 제공한다.

② 일본어 학습지원

일본어 학습 효과를 높이기 위해 추가 교원의 배치 등 정규의 과정 내에서의 대응 외에 자원봉사 단체와 연계한 학습지원이나 모국어에 의한 학습지원 등 과외 보충학습을 실시한다.

③ 지역 모임 조직

부모와 자녀 간의 의사소통 격차, 나아가 학부모와 학교 간의 커뮤니케이션 격차 등이 과제가 되고 있으며, 이들 과제에 대한 대응에 대해서는 학교에만 대응을 맡기는 것이 아니라 NPO, NGO, 자치회, 기업 등 지역 모임의 조직을 촉진한다.

④ 미취학 아동에 대한 대응

학교에 다니지 않거나 학교에서 탈락한 미취학의 자녀 실태를 파악한 후 외국인 자녀가 미래에 대한 희망을 갖고, 그 힘을 일본 지역사회에서도 최대한 발휘할 수 있도록 교육환경을 정비하고 미취학 아동에 대한 대응을 강구한다.

⑤ 진로지도 및 취업 지원

외국인 학생의 고교·대학 진학 등 진로 지도나 취업 지원에 최선을 다한다.

⑥ 다문화 공생의 관점에서 국제이해교육의 추진

어린이와 학생을 대상으로 다문화 공생의 시점에 선 국제이해교육을 추진한다.

⑦ 외국인 학교의 법적 지위의 명확화

각종 학교 및 준학교법인의 인가는 도도부현 지사의 권한 아래에 있기 때문에 외국인학교의 법적 지위를 명확히 하기 위해 지역의 실정에 따라 각종 학교 및 준학교법인의 인가 기준 완화를 검토한다.

⑧ 유아교육 제도에 대한 안내 및 다문화 대응

어린이집과도 연계하여 정보를 제공하는데 힘쓰는 동시에 언어와 습관 등을 배려하면서 외국인 아이의 유아교육에 임한다.

일본의 경우 다문화 공생이라는 정부의 방침과 지침에 의한 정책이 있고, 그 정책의 방향에 따라 교육 관련 시책이 시행된다. 2006년 총무성의 자료에 따르면 다문화 공생의 핵심인 외국인에 대한 생활 지원의 한 영역으로서 '교육'이 포함되어 있음을 알 수 있다. 앞에서 언급된 다문화 공생 정책 중 교육 관련 시책을 분석해 보면 일본의 다문화 공생교육이 외국인의 생활에 대한 직접적인 지원에 방점을 두고 있음을 알 수 있다. 다만 이곳에서 언급하지 않았지만 문부과학성의 주도하에 공교육으로서 학교를 중심으로 시행되어 온 일본의 다문화 교육은 1953년에 '평화교육'으로 시작하였다. 1980년대 후반부터 인권 교육을 기반으로 한 '이문화(異文化) 교육'이라는 이름으로 진행되었다. 그 후 '국제이해교육', '글로벌화 사회에 대한 대응 교육', '외국어 강화교육' 등으로 오늘날에 이어지고 있다.

3) 일본 '다문화 공생'을 위한 핵심과제

일본 정부 스스로 '다문화 공생'을 위한 핵심과제로 다음 두 가지, 즉 일본어 교육의 진흥과 외국인의 취업환경 개선을 강조하고 있다.

(1) 일본어 교육의 진흥

단일 민족 국가인 일본에서는 영어와 외국어를 구사하는 사람이 적고, 기본적으로 일본어를 이해하지 못하면 생활하기가 어렵다. 따라서 외국어로 정보를 발신하고 다국어로 대응할 수 있는 체제를 갖추는 것도 중요하지만, 일본어 교육을 추진하여 외국인의 일본어 능력을 향상하는 것이 매우 중요하다. 특히 일본에 동반으로 이주한 외국인의 가족이 일이나 다른 이유로 사회에 나갈 기회가 없이 고립되어 있는 경우가 많다.

문부과학성의 레이와(令和)시대 제3차 「일본어 지도가 필요한 학생의 수용 실태 조사」에 따르면 일본어 지도가 필요한 외국인 아이는 고등학교와 대학 진학률이 낮은 반면, 중퇴율이나 비정규직 취업률은 높은 경향을 나타내고 있다. 이를 근거로 일본 정부는 외국인의 일본어 능력 향상을 주요한 다문화 공생 정책의 과제로 추진하고 있다.

(2) 외국인의 취업환경 개선

외국인의 노동환경 개선도 해결해야 할 과제 중 하나이다. 가장 심각한 문제는 '기능 실습 시스템'으로 일본에 온 외국인 기능 실습생이 열악한 환경에서 일하고 있다는 것이다. 실제로 계약의 내용과 업무가 다른 경우, 비정상적으로 낮은 임금으로 일하는 경우, 차별하는 경우 등 다양한 문제가 나타나고 있다. 기능 실습 제도는 원래 일본에서 길러진 기술을 모국에 되돌려 자국의 경제 발전으로 이어진다는 목적으로 설립되었다. 그러나 실제로는 노동자 부족을 보충하기 위해 외국인에게 저임금 노동을 강요하고 있다는 이유로 일본뿐만 아니라 국제사회에서도 비판을 받고 있다.

3. 일본 '다문화 공생'의 비판적 고찰

1) '다문화 공생'은 다문화주의를 지향하는가?

일본의 '다문화 공생'은 외국인과 자국민이 "대등한 관계를 맺으며 함께 살아가는 것"으로 진술하고 있는 만큼 '다문화주의'를 지향하는 것처럼 보인다. 그러나 일본 정부의 다문화 공생 시책에서 알 수 있었던 바와 같이 외국인들이 일본 사회에 잘 적응하고 동화될 수 있도록 지원해 주는 동화주의 정책이라고 볼 수 있다. 앞에서도 지적했던 것처럼 일본 정부가 다문화 공생 추진 과제로서 가장 강조하는 것이 '일본어 교육의 진흥'이다. 또한 각 지방 자치단체에서도 강력하게 추진하고 있는 다문화 공생 실천의 핵심이 일본어 교육을 포함하여 외국인들에 대한 '생활 지원'이다.

한편 일본의 다문화주의에서 간과되는 중요한 요소가 있다. 그것은 시민권의 불평등이다. 예를 들어, 재일조선인과 같이 한때 일본 국민이었던 영주권을 갖고 있는 외국인에게 일본인으로 귀화하지 않으면 투표권이 부여되지 않는다. 이는 일본 다문화 공생을 가늠할 수 있는 바로미터가 된다. 특히 일본 정부는 2013년 법령까지 고쳐가며 교육의 기회균등을 목적으로 실시했던 '고교무상화' 제도로부터 조선학교를 배제했다. 또한 2019년에는 유아교육 · 보육무상화제도에서 조선학교 유치반을 제외시켰다.[1] 이와 같이 차별과 배제라는 재일 동포에 대한 그간의 일본 정부의 태도는 '다문화 공생'이라는 말로 일본이 지향하는 것처럼 보이는 '다문화주의'를 무색하게 만든다.

나카무라 히로시(中村廣司)는 1990년대 전후 노동자로서 일본계의 뉴커머

---

1   유엔 인종차별철폐위원회는 지난 2014년에 이어 2018년에도 "일본 정부는 학생들에 차별 없는 평등한 교육 기회를 제공해야 한다"며 조선학교의 고교무상화 배제 정책 시정을 권고한 바 있다. 출처 : 시사저널(http://www.sisajournal.com) 2020년 10월 17일자

들이 증가하면서 그들과 일본인의 이문화 접촉을 다문화 상황으로 인식하고, 그 과정에서 '다문화 공생'이라는 말이 생겨났다고 본다. 그러나 공생에는 원래 기생(寄生)의 의미가 포함되어 있다며, 전후 일본 정부의 동화정책을 근거로 일본에게는 이익이 되고 외국인에게는 불이익이 되는 기생이라고 지적한다. 특히 그는 재일코리안의 동화정책을 사례로 들어 일본 정부가 동화정책을 하면서 공생이라는 말로 미화하고 은폐하여 사용하는 것에 문제가 있다며 그 대안으로 상생(相生)이라는 용어를 제안하였다(中村廣司, 2014: 396).

2) 일본 문부성이 주도하는 '다문화 공생교육' 정책은 어떠한가?

일본교육의 핵심 부서인 문부과학성에서 추진하고 있는 다문화 공생 관련 정책의 한 부분을 보자.

2011년 일본의 문부과학성은 '정주 외국인 자녀의 교육에 관한 정책 간담회'의 의견을 기초로 문부과학성의 정책 포인트로서 정주 외국인 아이들이 공립학교에 다니는 것을 전제로 크게 세 가지 정책을 제시하였다. 첫째, 일본어 지도 체제 정비이다. 둘째, 정주 외국인의 아이들이 일본의 학교생활에 잘 적응할 수 있도록 지원 체제를 정비한다. 셋째, 공립 초중학교에 입학하거나 편입하는 정주 외국인 자녀들을 받아들이는 데에 있어서 제도적인 면에 대한 검토를 포함하여 환경정비를 실시하고 상급학교 진학이나 취직을 위한 지원을 충실하게 할 것을 제시하고 있다(文部科學性, 2011). 이것은 완전하게 정주 외국인들의 자녀들이 일본의 학교에 혹은 일본교육에 적응하는 것을 전제로 하는 것으로 동화정책의 대표적인 예라고 할 수 있다. 이러한 정책은 재일교포 민족교육의 장을 빼앗아 나중에 혜택으로서 일본 공립학교의 문을 열어 일본인과 같이 취급해 온 동화교육과 일치한다. 이처럼 문부과학성의 방침에서도 일본어 지원과 생활 적응, 즉 동화가 전제되어 있고 그 안에는 모국의 문화나 모국어를 보증하는 체제는 전혀 제시되어 있지 않다.

3) 한국에 주는 시사점

세계에서 가장 심각한 출생률 저하로 인구절벽의 상황에 놓여있는 한국의 경우, 이주민을 받아들이는 정책은 피할 수 없는 현실이 될 것이다. 이렇게 되면 다양한 문제점과 사회적 불안 요소가 증가하는 것도 부인할 수 없다. 외국인, 사회적 약자와 소수자를 둘러싼 인간의 존엄성과 인권, 차별, 배제에 관한 문제 등이 새로운 사회문제로 부각 될 것이다(천호성·이정희, 2014:16). 이를 위한 정책적 준비와 함께 다문화 교육을 통해 예상되는 사회적 갈등이나 합리적 문제해결 등의 대안 마련이 시급하다. 이를 위해서는 다문화 교육정책에서 학교와 지역사회의 유기적인 역할 재조정에 대해서 고려해 볼 필요가 있다.

일본은 다문화 공생 정책이 지자체를 중심으로 진행되었고, 외국인에 대한 관점 역시 '생활자' 혹은 '지역주민'으로 접근하였다. 이것은 생활과 삶의 공간인 지역 중심의 생활밀착형 정책과 지원이라는 점에서 큰 장점이 있다.

학교 교육에서 기대할 수 없는 진로상담이나, 일본에 이주한 지 얼마 되지 않은 학생에 대해 '다문화 프리스쿨'이라는 이름으로 지역 '다문화 공생센터'가 지원을 담당하기도 한다. 한국의 다문화 교육정책에서도 지역 다문화 교육 센터 등 지역사회와의 협력을 적극적으로 모색해 오고 있지만, 다문화 학생에 대한 주도적인 역할은 학교 교육에서 담당하고 있다. 그러나 다문화 학생에 대한 통합적인 지원이 필요한 만큼 학교를 넘어선 지역과 보다 긴밀한 협력체계 구축이 필요하다. 이에 학교 교육과 지역 단체가 할 수 있는 역할을 좀 더 연계하여 유기적인 관계를 정립할 필요성이 있다(김명희 · 北澤愛, 2022: 16).

4. '다문화 공생'은 말이 아닌 실천이 중요하다

일본의 '다문화 공생'은 서로 다른 민족 집단의 문화를 동등하게 존중하고 다른 민족 집단의 공존을 적극적으로 추진하는 사상, 운동 또는 정책이라 할 수 있다.

이 장에서는 '다문화 공생'에 관해 정부의 시책을 중심으로 살펴보았다. 일본의 다문화 공생은 지방자치단체가 중심이 되어 진행되기 때문에 지역별로 차이가 날 수 있다. 그러나 정부의 방침이나 시책은 어느 정도의 공통성과 방향성을 갖고 추진하기 때문에 일본 다문화 공생의 방향과 특징을 분석하기에 더 적절하다고 판단하였다.

일본의 다문화 교육은 큰 틀에서 보면 다문화 공생의 지침과 방향 안에서 진행되었다. 일본 다문화사회의 전개 과정에 따른 다문화 정책과 다문화 교육의 가장 근본적이고 핵심적인 원리는 공생을 강조하는 "공생적 다문화주의"로 정리할 수 있다(천호성 · 이정희, 2014: 15). 공생적 다문화주의의 핵심 내용은 '대등한 관계'와 '함께 살아감'을 의미하는 것으로 초기의 동화정책으로부터 다문화주의를 지향하는 방향으로 변화된 것처럼 보인다. 그러나 앞에서 지적한 것처럼 일본 다문화 공생 정책은 동화주의를 전제로 하고 있으며, 정치적인 이유라고는 하지만 조선학교처럼 여전히 배제와 차별이 존재하는 것이 엄연한 사실이다.

OECD는 총인구 중에서 외국인, 이민 2세, 귀화자 등 이주 배경 인구가

5%를 넘으면 다문화 · 다인종 국가로 분류한다. 한국과 일본 양국은 거의 비슷한 양상으로 자국 내의 외국인의 수가 급증하는 등 다문화사회, 글로벌 사회로 전환되고 있다. 이러한 상황에서 서로 다른 국적과 민족의 사람들이 서로의 문화적 차이를 인식하고 대등한 관계를 구축하기 위해 노력하면서 사회의 구성원으로 함께 살아가기 위해서는 어떤 노력이 필요할까? 이를 위해서는 서로 다른 문화, 민족, 종교, 생활 양식, 가치관에 대한 차이를 진정으로 이해하고 극복하는 '다문화 교육'의 실천이 중요하다. 서로에게 도움이 되는 진정한 의미로서의 '다문화 공생'은 말이 아닌 실천이 동반되어야 한다.

〈참고 문헌〉

김명희 · 北澤愛(2022). 일본 다문화교육 정책의 특징과 시사점, 서울교육이슈페이퍼 제4호(통권39호), 서울특별시교육청교육연구정보원 교육정책연소.

라경수(2012). 일본의 '다문화 공생'을 둘러싼 정책과 쟁점,『민족연구』통권 50호, 한국민족연구원.

천호성 · 이정희(2014). 일본 다문화정책의 정책기조와 특징: 다문화교육과 거버넌스 체제를 중심으로. 사회과교육, 제53권 3호. 15-29.

中村廣司(2014). 日本の多文化共生概念の批判的考察. 日語日文學研究, 제91집, 395-417.

文部科學省 (2011). 「定住外国人の子どもの教育等に関する政策懇談会」の意見を踏まえた文部科学省の政策のポイント現在の進陟状況について、2011年5月 10日.

総務省(2006). 「多文化共生の推進に関する研究会報告書」. 1-50.

総務省(2020). 「地域における多文化共生推進プラン改訂のポイント」. 1-3.

제2장

일본의 공생을 위한 평화교육 연구 동향[*]

이정희(광주교육대학교)

1. 공생을 위한 평화교육의 출발

지구촌 곳곳에서 벌어지고 있는 다양한 분쟁과 갈등, 특히 최근 전 세계에 파장을 불러일으키고 있는 러시아발 전쟁은 그간의 반평화적 요소가 곳곳에 누적되어 노정된 것으로 '평화 구축'이 인류 공생을 위한 공동의 과업임을 재인식 시키고 있다. 공생 사회 구축과 평화 형성 과정에서 평화교육의 역할은 지대하다. 평화교육은 2차 세계대전 이후 유네스코(UNESCO)가 주도한 국제이해교육[1]에서 출발하였다. 1972년 유네스코는 침략과 지배를 목

---

[*] 이 글은 이정희(2022). 한국과 일본의 평화교육 연구 동향 비교. 한국일본교육학연구, 27(2)를 바탕으로 작성한 것으로 '일본의 평화교육 연구 동향'에 중점을 두고 수정 · 보완한 것이다.

[1] 국제이해교육은 '전쟁이나 착취를 하지 않고 서로 존중하며 존중 받으며 살기 위해, 다른 나라의 문화와 역사, 인종, 습관 등을 이해하는 교육'으로 기본적으로 국제체제의 평화를 위한 다양성과 공존을 중시하는 교육이다(이삼열, 2003: 9).

적으로 하는 전쟁을 용납해서는 안 된다고 선언하였으며, 이후 1990년대에는 문해교육, 인권교육, 평화ㆍ인권ㆍ민주주의를 위한 교육 등을 주창하였다. 이와 같은 일련의 교육활동이 1990년대 후반에는 '평화 문화'를 위한 교육활동으로 집약되었다. 1990년 이후에는 '평화교육을 위한 지구 캠페인'에 대한 협력(村上登司文, 2001: 51)으로 이어졌다. 그리고 21세기를 맞이해서는 2001~2010년을 '국제 평화의 문화 및 세계 아동을 위한 평화와 비폭력의 문화 10년'으로 정한 바 있다(김용찬, 2011: 35). 이와 같이 평화교육은 유엔과 유네스코 등의 국제기관의 노력과 더불어 각국 및 지역사회의 연구와 평화를 실현하기 위한 노력으로 확장되어 가고 있으며, 공생을 위한 평화 또한 모든 인류가 공통적으로 추구하는 보편적이고 전지구적인 개념으로 기반을 다져가고 있다.

평화(peace) 개념은 동서양에서 조금씩 다른 맥락과 의미로 사용되고 있다. 동양에서 평화는 '정신적 만족', '전쟁이 없는 상태', '모든 관계에서 고르고 조화로운 상태를 유지함'이란 의미를, 서양에서는 '힘의 평화', '질서 유지의 평화', '정의와 사랑의 평화'의 의미를 가지고 있다(최관경, 2003: 156-157). 평화교육도 세계 각 지역이나 사회마다 관심사나 접근 형태가 다양하다. 예를 들어 '유럽과 북미에서는 군축교육, 반핵교육 그리고 베를린 장벽이 무너지고 동ㆍ서 간의 긴장이 깨진 이후에는 환경교육이 최대의 관심사가 되어가고 있는 반면, 라틴아메리카나 아프리카 등에서는 민족해방교육, 인권교육'(고병헌, 1994)이 공생과 평화 실현을 위한 교육 기능을 하고 있는 양상이다. 그렇다면 일본의 평화교육은 어떠한가?

이 글에서는 일본의 공생을 위한 평화교육 연구에 나타난 전반적인 특징을 밝히기 위해 일본 평화교육 연구 동향을 빅데이터를 활용하여 분석한다. 이를 위해 학술연구정보서비스(RISS)에서 '平和教育(평화교육)'을 입력하여 추출한 일본의 학술논문을 중심으로 전반적인 연구 동향 및 시기별 평화교육 연구 내용 등을 분석하여 일본의 평화교육 연구에 나타난 특징을 밝힌다. 이때 연구 방법으로는 KH Coder[2]를 활용한다. KH Coder는 언어 연구 분야나 사회학 또는 사회 조사 분야에서 계량 텍스트 분석이라는 방법을 실현하기 위해 개발된 것이다. 이 계량 텍스트 분석은 사회학 분야의 전통적인 방법인 내용분석(content analysis)을 기반으로 비교적 새로운 자연 언어 처리 및 통계 방법을 활용하는 방법으로 제안(樋口耕一, 2014)된 것이다. 계량 텍스트 분석은 원본 텍스트를 검색하고 탐색하는 것이 기본으로, 먼저 단어를 분석한 다음에 필요에 따라 코드를 분석한다. 단어 분석은 누가 분석을 하더라도 기본적으로 동일한 결과가 나온다. 따라서 선입견에 영향을 받지 않고 예단하지 않는 형태로 데이터의 전체상을 파악하는데 적합하기 때문에 주관성을 어느 정도 배제하여 특징을 추출해 낼 수 있을 것으로 판단된다.

2. 공기 네트워크 분석을 통해 본 일본의 평화교육 연구의 특징

일본에서 평화는 2차 세계대전에서 패전한 이후 일본 국내뿐만 아니라 세계 평화를 위해 노력해오고 있는 중요한 이념이다. 일본에서 평화교육에 대한 논의가 어떻게 전개되어 왔는지 살펴보기 위해 학술연구정보서비스(RISS)에서 키워드로 '平和敎育'을 입력하여 국외학술논문에 한정하여 검색(2022. 3. 25.)한 결과 모두 1,198건이 조회되었다.

KH Coder를 활용하여 어휘 취사 선택 과정을 거쳐 전처리를 한 후 문서

---

2   이것을 활용한 연구로는 차화숙(2016), 井上奈穂 · 이정희(2021), 김선영(2021) 등이 있다.

를 단순 집계하였다. 출현 횟수가 많은 순으로 정리한 것이 〈표 2-1〉이다.

교육(教育)과 평화(平和)를 제외한 단어의 출현 횟수는 실천(131), 전쟁(101), 과제(99), 연구(77), 일본(64), 보고(60), 분과(59), 국제(58), 유유아(乳幼兒, 우리말 표기로는 '영유아')(56), 오키나와(52), 생각하다(51)'로, 일본의 평화교육 연구는 '전쟁, 국제, 오키나와, 실천' 관련 내용이 많음을 추측할 수 있다.

표 2-1. 일본의 평화교육 연구 빈출어

추출어	출현 횟수	추출어	출현 횟수	추출어	출현 횟수	추출어	출현 횟수
教育(교육)	1522	授業(수업)	35	可能(가능)	22	事例(사례)	17
平和(평화)	1472	年(년)	35	地域(지역)	22	主義(주의)	17
実践(실천)	131	子ども(아동)	34	発表(발표)	22	理解(이해)	17
戦争(전쟁)	101	学ぶ(배우다)	32	広島(히로시마)	21	英語(영어)	16
課題(과제)	99	大学(대학)	32	参加(참가)	21	回(회)	16
研究(연구)	77	方法(방법)	31	幼児(유아)	21	批判(비판)	16
日本(일본)	64	文化(문화)	29	体験(체험)	20	被爆(피폭)	16
報告(보고)	60	小学校(소학교)	28	思想(사상)	19	活用(활용)	15
分科(분과)	59	中心(중심)	28	中学校(중학교)	19	環境(환경)	15
国際(국제)	58	人権(인권)	27	展開(전개)	19	基地(기지)	15
乳幼児(유유아)	56	憲法(헌법)	26	要旨(요지)	19	講演(강연)	15
沖縄(오키나와)	52	視点(시점)	26	シンポジウム(심포지움)	18	高校(고교)	15
考える(생각하다)	51	世界(세계)	26	教科書(교과서)	18	アジア(아시아)	14
問題(문제)	48	問う(묻다)	25	調査(조사)	18	核(핵)	14
学習(학습)	45	運動(운동)	24	長崎(나가사키)	18	軍縮(군축)	14
学校(학교)	44	現代(현대)	24	長田(나가타)	18	内容(내용)	13
特集(특집)	42	考察(고찰)	24	基本(기본)	17	暴力(폭력)	13
歴史(역사)	42	開発(개발)	23	継承(계승)	17	ドイツ(독일)	12
教材(교재)	39	活動(활동)	23	現場(현장)	17	遺跡(유적)	12
社会(사회)	35	研究所(연구소)	23	現状(현상)	17	共生(공생)	12

앞의 〈표 2-1〉을 공기 네트워크[3] 분석 지표 중 서브그래프 검출(modularity)을 활용하여 일본의 평화교육 관련 연구 전반을 시각적으로 나타낸 것이 〈그림 2-1〉이다. 〈그림 2-1〉에는 10개의 클러스터가 나타나 있다. 범례에 제시된 순으로 제시하면 다음과 같다.

① 중학교, 수업, 교과서, 중심, 사회, 학습, 활동, 연, 시점, 생각하다, 오키나와, 소학교, 조사, 대학
② 이해, 문화, 전개, 방법, 국제, 회, 심포지움
③ 평화, 교육, 전쟁, 실천, 과제, 일본, 문제, 현대
④ 비판, 학교, 고찰, 묻다, 특집
⑤ 연구, 가능, 요지, 발표
⑥ 헌법, 운동, 나가사키, 기지
⑦ 피폭, 체험, 계승, 활용
⑧ 히로시마, 연구소
⑨ 환경, 개발, 교재
⑩ 영유아, 분과, 보고

---

3 공기(共起, co-occurrence)는 여러 단어(語, node)가 연속적으로 배열되어 넓게 관찰되는 현상이다. 공기 네트워크는 함께 자주 사용된 단어 쌍을 선으로 연결한 그림으로, 어떤 단어와 어떤 단어가 연결되어 있는지, 또는 어떤 단어와 어떤 단어가 같이 자주 사용되는지를 집계하여 시각적으로 보여준다. 여기서는 적어도 10회 이상 등장하는 단어를 기준으로 검출하였다.

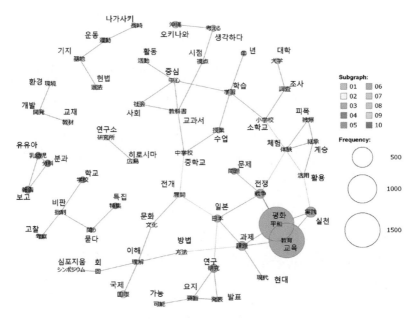

그림 2-1. 일본의 평화교육 연구

10개의 클러스터 중에서 '③ 평화, 교육, 전쟁, 실천, 과제, 일본, 문제, 현대'가 가장 큰 것으로 보인다. 평화와 교육이 가장 많이 등장하고, 이 두 단어와 가장 밀접한 것으로 '실천', '전쟁', '과제'가 나타나 있다.

그렇다면 일본의 평화교육 연구는 주로 어떤 교과에서 다루어졌을까? 공기 네트워크의 클러스터 ①을 보면 '社会(사회)'가 있다. '사회'가 어떤 맥락에서 등장하는지 'KWIC콘코던스'를 통해 살펴보면, 예를 들어 1940년대~1960년대에는 다음과 같은 연구들이 있다.

· 社会科と平和教育(사회과와 평화교육)
· 社会科教育における平和教育(사회과교육에서의 평화교육)
· 平和教育の社会科単元(평화교육의 사회과 단원)

・社会科では平和教育をどう扱うか(사회과에서는 평화교육을 어떻게 다루는가)

이를 통해 일본에서는 평화교육을 초창기부터 사회과에서 다루었음을 알 수 있다. 이러한 현상은 다음의 연구 예와 같이 2010년대 이후에도 이어지고 있다.

・外交・安全保障政策の批判的検証を重視したドイツ平和教育の視座: 社会科教科書における「コソヴォ紛争」の内容構成の分析を中心に(외교・안보 정책의 비판적 검증에 중점을 둔 독일 평화교육의 시점: 사회과 교과서에서 '코소보 분쟁'의 내용 구성 분석을 중심으로)

・平和教育としての社会科教育による地域社会の発見: 山口県岩国市立愛宕小学校の実践に着目して(평화교육으로서 사회과교육에 의한 지역사회 발견: 야마구치현 이와쿠니시립 아타고 소학교의 실천에 주목하여)

한편, 공기 네트워크 분석 지표 중에서 '중심성(매개)'[4]을 통해 검토한 결과를 보면 다음과 같다. 매개 중심성이 강한 것, 즉 〈그림 2-2〉의 공기 네트워크에서 가장 중심적인 역할을 하는 것은 '日本(일본)'이다. 그리고 '展開(전개)', '中学校(중학교)', '教科書(교과서)'가 있다. 그다음으로 '戦争(전쟁)', '平和(평화)', '課題(과제)' 등이 나타났다. 이것을 통해 일본의 평화교육 연구는 일본과 중학교 교과서 등에 나타난 평화교육과 함께, 평화와 더불어 전쟁을 다루는 학교의 실천 연구 등이 중심을 이루고 있음을 추측할 수 있다.

---

4 중심성은 각 단어가 네트워크 구조에서 얼마나 중요한 역할을 하는지를 나타내는 것으로 그 종류에는 매개 중심성(betweenness centrality), 연결 중심성(degree centrality), 위세 중심성(보나치치 중심성; eigenvector centrality; Bonacich's centrality)이 있다. KH Coder에서 매개 중심성은 원을 지나는 선이 많을수록 중심이라는 Newman, M. & M. Girvan(2004)의 방법에 기초하고 있다.

이와 같은 단어는 매개 중심성이 강하지만 특정 단어가 사용되는 맥락이 같다고 보기 어렵다. 그렇다면 이들 단어가 어떠한 맥락에서 사용되는가를 공기 패턴의 변화(explore changes in co-occurrence patterns)[5]를 통해 살펴보자. 공기어가 어떻게 변하는지 공기 패턴의 변화를 분석한 결과가 〈그림 2-2〉이다.

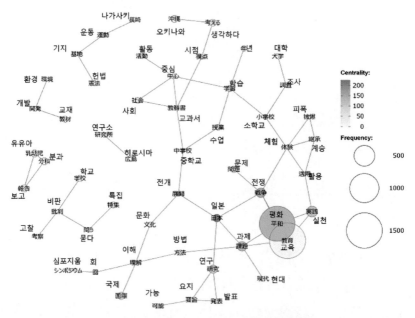

그림 2-2. 매개 중심성으로 본 일본의 평화교육 연구

일본의 평화교육 연구에 대한 공기 패턴의 변화를 나타낸 〈그림 2-3〉을 통해 일본의 평화교육이 시기별로 어떠한 맥락에서 전개되었는지 살펴보자. 가장 빈번하게 등장한 '평화' 및 '교육'과 연결된 단어를 중심으로 분석하면

---

5 데이터에서 전반에 많이 공기하는 단어 짝은 청색 선(edge)으로 연결되어 나타나고, 데이터 후반에서 많이 공기하는 단어 짝은 적색 선으로 나타난다(樋口耕一, 2014: 188).

다음과 같다.

전반에는 상대적으로 평화교육과 연결된 단어가 보이지 않는데, 중반기에서 후반기로 갈수록 '課題(과제)', '戦争(전쟁)', '実践(실천)' 순으로 변해가고 있는 것을 알 수 있다. 즉 평화교육이 중반에는 '과제'의 맥락에서 후반으로 갈수록 '전쟁'과 '실천'의 맥락에서 다루어진 것이다.

그렇다면 '전쟁'은 어떠한 맥락에서 사용되었는가? '전쟁'과 연결된 단어는 전반기에는 '問題(문제)'와 함께 등장하고 있고, 중후반으로 갈수록 '体験(체험)', '日本(일본)', '平和(평화)'로 옮겨가고 있다. 이것을 통해 일본에서 전쟁은 전반기에는 '문제'의 맥락에서 다룬 반면, 중후반으로 갈수록 일본의 평화교육을 위해 '체험'을 강조하는 형태로 다루어졌음을 알 수 있다.

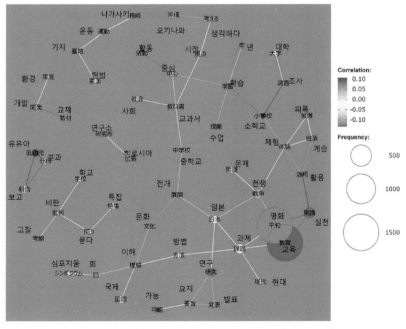

그림 2-3. 일본의 평화교육 연구 공기 패턴의 변화(Correlation)

3. 대응 분석을 통해 본 일본 평화교육 연구의 특징

위의 분석을 바탕으로 일본의 평화교육 연구가 시기별로 어떻게 전개되어 왔는지 살펴보자. 이를 위해 평화교육 연구를 6개의 시기(1940년대~1960년대, 1970년대, 1980년대, 1990년대, 2000년대, 2010년대 이후)로 구분[6]하였다. 각 시기별로 어떤 연구가 진행되었는지 내용분석을 위해 대응 분석을 활용하였다.

평화교육 연구를 연대(외부 변수)와의 관계를 보기 위해, '추출어×외부변수'를 선택하고 분석에 사용하는 외부 변수로 6개의 시기인 '연대'를 선택한 결과 〈그림 2-4〉가 나타났다. 이것은 평화교육 연구 제목과 연대와의 관련성을 대응 분석으로 조사한 결과이며 이것을 통해 일본 평화교육 연구의 패턴을 읽을 수 있다.

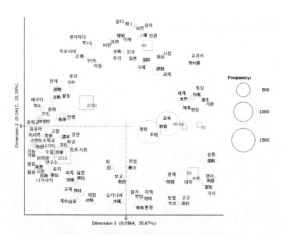

그림 2-4. 일본의 연대별 평화교육 연구

---

6 일본의 평화교육 연구 시기 구분은 처음 등장한 1940년대를 시점으로 하여 10년을 주기로 하였다. 그러나 1940년대와 1950년대, 그리고 2020년대는 연구 수가 많지 않아 전후 시기와 함께 묶었다. 각 시기별 학술논문 수는 다음과 같다. 1940년대~1960년대: 59편, 1970년대: 72편, 1980년대: 229편, 1990년대: 172편, 2000년대: 209편, 2010년대 이후: 377편

〈그림 2-4〉는 추출어와 연대의 관계를 직관적으로 보여주고 있다. 〈그림 2-4〉를 보면 0점을 기준으로 왼쪽에 2000년대와 2010년대 이후가 배치되어 있어 현재에 가까운 것임을 알 수 있다. 그리고 1940~1960, 1970, 1980년대는 서로 가까운 거리에 위치해 있다. 외부 변수(연도) 끼리 서로 가까이 위치해 있으면 추출어와 출현 횟수가 비슷하다는 것을 나타내기 때문에 1940~1960, 1970, 1980년대는 추출어와 출현 횟수가 비슷하게 나타나는 하나의 그룹으로 보아도 무방할 것이다. 이렇게 보았을 때 일본의 평화교육 연구는 ①1940년대~1980년대, ②1990년대, ③2000년대, ④2010년대 이후로 크게 4개 그룹으로 분류할 수 있다. 이 네 그룹(시기)의 특징어를 살펴보자.

①1940~1980년대의 가장 특징적인 단어는 '운동, 국제, 평화, 교육' 등이다. ②1990년대의 특징어는 '평화, 교육, 생각하다, 과제, 묻다, 일본, 국제, 유아' 등이다. ③2000년대의 특징어로는 '전쟁, 유유아(영유아), 실천, 과제, 분과, 특집'이 있다. ④2010년대 이후는 '실천, 연구, 전쟁, 유유아(영유아), 오키나와'가 있다.

관련이 강한 단어와 외부 변수(연도)는 가까이 위치한다. 1940년대~1980년대에 가까워질수록 '문제, 대학, 운동, 방법' 등의 어휘가 배치되어 있다. 2010년대 이후에 가까워질수록 '소학교, 실천, 교재, 체험' 등의 어휘가 보인다. 이러한 것은 일본 평화교육 연구의 특징어이기도 하다.

전반적으로 보았을 때 '평화, 교육'과 함께 '실천, 개발, 과제, 보고' 등 평화교육 관련 개발 및 실천 단어가 많다. 지역 범위를 보면 '국제, 일본, 히로시마, 오키나와' 등이 드러나 있다. 그리고 '전쟁'은 2000년대, 2010년대 이후에 특징어로 등장한다.

〈그림 2-4〉를 통해 일본의 평화교육 연구의 패턴을 읽을 수 있는데, ① 1940년대~1980년대에는 '운동, 대학, 방법, 문제' 등을 중심으로 한 평화교

육 연구가 이루어졌다고 할 수 있다. ②1990년대에는 '유아, 인권, 시점, 일본'을 주제로 한 연구가 이루어졌다. 이와는 대조적으로 ③2000년대에는 '학생, 히로시마, 생각하다, 문화, 배우다, 전쟁' 관련 연구가 많다. 그리고 ④ 2010년대 이후에는 '소학교, 연구소, 체험, 교재' 등이 나타나고 있다.

연대별 특징적인 단어를 추출하여 나타낸 것이 〈표 2-2〉이다. 이것은 대응 분석 결과와도 동일하다.

한편 1940년대~1960년대와 2000년대, 2010년대 이후에 공통적으로 '전쟁'이 특징어로 추출된 것을 볼 수 있다. 주지하다시피 패전 직후 일본은 연합국의 점령군 GHQ가 황국주의 · 군국주의 교육을 폐지할 것을 요구하면서 민주주의의 교육이 시작되었다. 일본국헌법(1946.11 공포)에 평화주의의 이념이 반영되고 교육기본법(1947 공포)에도 평화와 민주주의를 위한 교육이 뿌리를 내리게 되었다. 평화주의의 이념을 토대로 국제평화에 공헌하는 것이 일본의 국시이기 때문에 사회과 교과서에 '전쟁' 관련 내용이 많이 등장한다. 이와 같은 것이 자연스럽게 일본 평화교육 연구의 특징어로도 나타난 것을 알 수 있다.

표 2-2. 일본 평화교육 연구의 연대별 특징어 추출

1940년대~1960년대		1970년대		1980년대	
社会(사회)	.059	運動(운동)	.095	教育(교육)	.193
問題(문제)	.052	国際(국제)	.061	平和(평화)	.192
世界(세계)	.051	教育(교육)	.058	実践(실천)	.073
教育(교육)	.048	平和(평화)	.057	大学(대학)	.066
平和(평화)	.048	原点(원점)	.056	方法(방법)	.053
独立(독립)	.035	民族(민족)	.054	英語(영어)	.047
戦争(전쟁)	.035	問題(문제)	.046	報告(보고)	.047
道(길)	.035	分科(분과)	.042	沖縄(오키나와)	.045
座談(좌담)	.033	反戦(반전)	.042	軍縮(군축)	.044
学校(학교)	.031	日教組(일교조)	.040	特集(특집)	.035

1990년대		2000년대		2010년대 이후	
教育(교육)	.140	戦争(전쟁)	.096	実践(실천)	.122
平和(평화)	.140	乳幼児(유유아)	.084	研究(연구)	.078
考える(생각하다)	.074	実践(실천)	.083	戦争(전쟁)	.069
課題(과제)	.073	課題(과제)	.077	乳幼児(유유아)	.068
問う(묻다)	.067	分科(분과)	.071	沖縄(오키나와)	.061
日本(일본)	.062	特集(특집)	.061	報告(보고)	.051
国際(국제)	.057	研究(연구)	.056	学習(학습)	.051
幼児(유아)	.057	考える(생각하다)	.047	小学校(소학교)	.045
人権(인권)	.054	子ども(아동)	.046	教材(교재)	.044
討論(토론)	.041	報告(보고)	.046	国際(국제)	.042

수치는 자카드 유사도(Jaccard similarity)

4. 일본의 공생을 위한 평화교육 연구의 특징과 과제

이상에서 검토한 바와 같이 일본의 공생을 위한 평화교육 연구는 '전쟁' 중심의 프레임을 보이는데, 중반기에는 '과제' 형태에서 후반기로 갈수록 '실천' 형태의 평화교육 연구로 옮겨가고 있다. 평화교육 연구에서 전반기에는 '전쟁'이 '문제'의 맥락에서 다루어진 반면, 중후반으로 갈수록 '체험'을 강조하는 형태로 다루어졌다. 이러한 전쟁 중심의 평화교육 연구는 주로 사회과를 통해 이루어졌다.

2차 세계대전의 추축국으로서 과거의 전쟁과 그 피해를 다룸으로써 전쟁을 반대하는 태도 형성과 실천을 강조하는 형태의 평화교육이 사회과를 중심으로 전개된 것이 그대로 평화교육 연구의 특징으로 투영된 것이다. 사회과 교과서에서는 오키나와를 비롯하여 원폭이 투하된 히로시마, 나가사키와 같은 비극적인 장소의 전쟁 기억을 다루거나 미군의 공습(空襲)으로 인한 평범한 사람들이 겪은 비극과 고통, 슬픔을 주로 조명하고 있다. 이와 같은 평화교육은 일본에서 반전 정서를 촉진하는 데에는 일정의 역할을 해왔다고 판단된다. 그러나, 일본의 국제사회에서의 위상을 고려한다면 참된 평화 구축을 위한 노력이 요구된다. 전쟁과 폭력이 없는 상태인 소극적 의미의 평화에서 한 걸음 나아가 적극적인 의미의 평화, 즉 전쟁이 없으면서 동시에 인간답게 살 수 있는 환경이나 조건을 만들어 나가기 위한 포석이 필요하다. 이것은 지금까지 자국적 맥락, 즉 좁게 닫힌 프레임에서 전개되어왔던 평화교육을 인류 보편적인 가치의 초국적 맥락, 즉 넓게 열린 프레임으로 전환해야 함을 시사하고 있다.

〈참고문헌〉

고병헌(1994). 평화교육의 성격에 관한 연구. 고려대학교 대학원 박사학위논문.

김선영(2021). '북미정상회담'에 관한 한일 신문 사설 비교 연구- 조선일보, 한겨레, 요미우리신문, 아사히신문을 중심으로-. 일본근대학연구, 74, 273-298.

김용찬(2011). 세계화 시대 민주시민교육을 통한 평화교육 강화 방안. 경인교육대학교 교육논총, 31(2), 35-46.

이삼열(2003). 국제이해교육의 철학과 역사적 발전. 아시아 태평양 국제이해교육원 (편). 세계화 시대의 국제이해교육. 서울: 한울아카데미.

차화숙(2016). 빅데이터 분석을 이용한 도자 교육의 연구 동향. 한국도자학연구, 13(1), 137-151.

최관경(2009). 21세기의 평화와 평화교육. The Journal of Korean Educational Idea, 23(1), 1-25.

홍두승(2005). 사회조사분석. 서울: 다산출판사.

井上奈穂・이정희(2021). 韓日教育課程における「文化」の記述比較 : 「授業検討会」における学生の認識を踏まえて. 한국일본교육학연구, 26(2), 53-69.

村上登司文(2001). 1990年代の平和教育の世界的動向. 広島平和科学, 23, 49-71.

樋口耕一(2014). 社会調査のための計量テキスト分析—内容分析の継承と発展を目指して. ナカニシヤ出版.

Newman, M. & M. Girvan(2004). Finding and Evaluating Community Structure in Networks. Physical Review E, 69(2): 026113.

제3장

공생의 관점에서 교육환경변화 분석
: 일본의 교육정책변화를 중심으로

장지은(성균관대학교)

1. 들어가며

　교육학 이론 중에서는 레빈(Lewin)의 장이론을 비롯하여 연구자들이 직접 간접적으로 환경이 인간의 성장 발달에 미치는 영향을 의미 있게 고찰한 것이 많다. 레빈은 인간의 행동은, 장을 이루고 있는 개인과 환경의 함수라고 보았고 상호의존적 변인으로 이루어진 장의 한 부분의 변화는 행동의 변화를 가져오는 것이라고 여겼다. 그리고 장이론에서 개인의 행동이란 공존하는 사실들의 전체성, 곧 역동적 장(Dynamic Field)으로부터 도출되고 역동적 장 안에서 모든 사상은 상호의존적(interdependent)이라고 한다(김덕삼 · 이경자, 2022; 박병기, 1998). 한편 성인교육에서는 엥게스트롬(Engeström)에 따르면, 인간의 행동은 활동시스템의 영향을 받으면서 성장하고 동시에 진정한 개체의 변화는 자신의 형성에 영향을 미치는 활동시스템으로서의 환경에 저항하고 도전하는 새로운 행동을 통하여 새로운 경험, 그리고 새로운 학습이 가능함을 시사한 바 있다. 이렇듯, 교육학 이론을 통하여 인간이 환경과 상호작용하며 자신의 형성을 도모하는 가능성은 의미 있게 제기되어 왔으며, 이와 같은 환경의 영향력에 대한 공감대가 있어 교육의 기능이 더욱 주목받기도 한다.

특히, 문화재생산 담론의 근거가 되고 있는 P. Bourdieu의 아비투스 론에 따라, 미성년 시기의 환경요인은 더욱 비중있게 논의되었다. 왜냐하면 아동은 환경에 대하여 자율적으로 상호작용하기에는 아직 경험이 미숙하고 자아가 강건하지 못하기 때문에 환경의 영향력이 상대적으로 더욱 증대하기 때문이다. 그럼에도 불구하고 오늘날까지 학교라고 하는 교육적 환경은, 시대와 사회의 변화에 따라 주택환경, 교통환경, 여가환경, 커뮤니케이션 환경 등이 많은 변화를 하였음에도 불구하고, 좀처럼 물리적인 면에서도 조직 및 체계의 면에서도 변화가 늦어, 여타 사회환경의 변화에 대하여 큰 갭을 노출하고 있었다. 이러한 학교환경 변화의 느슨함은 아동들이 변화하는 사회생활의 주체로서 아직 본격적으로 사회참여하지 않는다고 하는 면에서 전통적 유산으로서의 지식의 체계를 학습하여야 하는 교육환경으로서의 고유성과 독립성이 인정되는 면도 있지만, 실질적으로 학교가 미래생활의 준비, 그리고 그 미래가 빠른 변화로 다가온다는 면에서는, 전통적 학교체제의 극복은 중요한 과제가 되고 있다.

이러한 가운데 현재 급변화하는 사회에 의하여 적응의 주체로서 미성년 세대의 사회화를 담당하는 학교는 최근 들어 환경의 측면에서 더 큰 변화를 도모하고 있다. 환경은 비단 물리적 환경뿐만 아니라 심리적 환경, 사회적 환경, 문화적 환경, 제도적 환경 등 보다 다양하게 해석할 수 있고, 서로 다른 성질을 가진 환경은 상호 간에 영향을 미치기도 한다.

학교환경은 그동안도 공교육의 체계로 인하여 초래된 문제를 해결하기 위하여 대안학교와 같이 공동체지향, 자연친화, 학습자 중심의 가치를 기반으로 교육을 추구한 환경으로도 분화하였다. 나아가 근년에는 급변화하는 사회의 맥락에 대응하여 공교육 내에서도 종래에 없었던 형태의 공교육 환경 개선에 돌입하고 있다. 한국이나 일본 등에서 나타나는 인구구조의 변화, 극심한 도시집중현상, 여성의 사회참여 증가, 그리고 4차산업혁명을 비롯하여 코로나 19로 확대된 비대면 사회로 전환하는 것은 교육환경변화에 많은 도전을 주고 있다. 이러한 가운데 급변화하는 사회 속에 부각된 사회과제에 대응하여 교육환경의 과감한 혁신을 도모하는 일본의 교육정책은 교육환경의 관점에서 주목할 필요가 있다.

2. 학교환경변화와 교육경험 확장

1) 학교와 지역연계 – 커뮤니티 스쿨[1]

글로벌화, 고령화, 개인주의 심화 속에서 현대 일본 사회에 있어서 교육환경의 확대에 크게 활용되어 온 것 중의 하나는 지역이다. 지역은 교육의 관점뿐만 아니라, 지역재생 및 활성화의 관점에서도 주요한 정책 현안으로 주목되었다. 지방은 지역공동화 위기의 극복, 도시는 인간관계의 희박화 속에 커뮤니티의 회복은 중요한 지자체 및 사회적 과제가 되어 있고(橋本行史, 2015, 9-14), 이러한 사회현상은 곧 교육방향에도 영향을 미치게 되었다. 2014년 제2차 아베내각에서 「마을, 사람, 일 창생본부」가 설치되고 인구감소억제와 지

---

1 본 장은, 장지은 · 이준희(2019). 일본의 지역연계기반의 커뮤니티스쿨의 특징, 비교교육연구, 29(3), 63-90, 그리고 장지은 · 박지숙(2014). 지역연계를 바탕으로 한 학교교육지원 -일본의 학교지원지역본부와 학교볼런티어 프로그램을 중심으로-, 평생교육학연구, 20(1), pp.1~30. 를 토대로 재구성되었다.

역활성화를 추구하는「마을, 사람, 일 창생법안」과 지역지원책의 신청창구를 일원화하는「지역재생법개정안」이 국회에 통과하여 성립하였다. 마을, 사람, 일 창생법은 지역사회형성(마을), 지역인재확보(사람), 지역취업기회창출(일)을 기본이념으로 표방하였다(大森彌, 2015). 이를 통하여 아베노믹스라고 불리는 구조개혁 속에서 민간의 잠재력을 끌어내며 여성, 젊은이, 고령자들이 활동하는 장으로서의 지역은 중요한 정비 대상이 되었다(橋本行史, 2015; 장지은, 2019).

이와 같이 개인의 생활영위와 사회적 공생의 문제를 풀어가는 해법으로서의 '지역'은 고도경제 성장기부터 주목되었다. 즉 일본사회는 경제제일주의 가치관의 지배 속에서 선별경쟁에 따른 교육황폐, 전통적 생활양식의 붕괴, 환경오염 등에 의한 생존위협 등의 문제를 일상에서 느끼면서, 문제의 근본과 처방에 관한 사색과 실천의 장으로서의 지역이 사람들의 마음을 끌게 된다. 또한 아래로부터의 변혁의 장(場)인 지역에 대한 관심이 고양되는 가운데 정재계에서도 정주구상과 위로부터의 고향만들기(ふるさとづくり)가 추진되며 적응의 장으로서의 지역만들기는 전통문화살리기, 평생교육, 커뮤니티 활동의 추진으로 나타났다(北田耕也, 1986; 장지은, 2019) .

(1) 학사연계, 학사융합

이와 같이 사회적 문제의 해법으로서 지역을 활용하는 것은 교육에서도 이미 1970년대 본격적인 사회교육정책으로서도 부각되었다. 즉 학교와 지역사회의 연계, 즉 학사연계가 사회교육답신을 통하여 발표되었다. 장지은(2014)의 정리에 따르면, 일본에서는 학교와 지역의 교육력(教育力)을 높이기 위한 교육전략으로서의 학교와 지역사회의 연계를 '학사연계(学社連携)'에서

'학사융합(学社融合)'이라는 개념으로 발전시켜 왔다. 학교와 지역사회의 연계활동에 대한 논의는 이미 전후(戰後) 1949년 사회교육법이 제정된 당시부터 법률로 규정되었다. 사회교육법 제44조에서는 학교의 관련기관은 (...중략...) 그 관할하는 학교시설을 사회교육을 위하여 이용할 수 있도록 제공한다고 규정되어 있다. 또한 제48조에서는 (전략) 문화강좌, 전문강좌, 하기강좌(夏期講座), 사회학급강좌 등 학교시설의 이용에 의한 사회교육강좌의 개설을 요구할 수 있도록 규정하고 있다. 이처럼 전후(戰後) 학교와 지역사회의 연계는 주로 지역평생교육을 위하여 학교개방의 형태를 취하는 정책으로서 1960년대까지 지속되었다. 그런데 1971년, 정부의 정책자문심의 보고서(일본에서는 답신(答申)이라고 함)인 「급격한 사회구조의 변화에 대처하는 사회교육의 자세에 관하여(1971.4.30)」를 통하여 학사연계의 성격이 규정되는데, 여기에서는 청소년교육을 위한 항목에서 가정교육 · 학교교육 · 사회교육 삼자의 유기적 결합을 제시하고 있다. 이어서 1981년에는 문부과학성의 정책자문기구인 중앙교육심의회의 답신을 통해 국가 차원에서 평생교육을 테마로 하여 성인이 되기까지 학교교육과 사회교육의 연계 · 협력의 과제를 제시하였다. 이러한 방침은 이후 1985-87년 총리의 자문기관인 임시교육심의회의 답신에서 더욱 강화되어, 학교교육에 대한 반성과 함께 가정과 지역의 교육력 회복 및 가정 · 학교 · 사회의 삼자가 연계해야 할 필요성이 제시되었다. 그리고 이 답신에 따라 실시된 「학교 주 5일제」와 함께 학교교육의 재편성을 위한 학사연계의 중요성, 기존의 학사연계의 관점에서 '가정 · 학교 · 지역의 삼자를 융합한 종합적인 학습기회 정비의 필요성'이 제기되었다. 더 나아가 1996년의 생애학습심의회답신 「지역에서의 생애학습기회 충실을 위한 방책에 관하여」에서 비로소 학사융합이 제언되었고 문부성의 생애학습국은 1996년 학사융합프로젝트를 실시하여 '체험학습프로그램개발사업(국립청소년교육시설에 위촉)', '교육네트워크 구축 추진사업(시정촌에 위촉)'을 전개하였다(上條秀元, 1997: 장지은, 2014). 이러한 가운데 연구자들은, 학사연계와 학사융합을 더 발전 된 관점으로 분류하여 논의하였다. 즉 학사연계가 학교교육의 개선과 지역 평생학습의 추진 및 활성화를 목적으로 하여 학교교육과 사회교육(社會敎育) 의 역할분담을 전제로 한다(林田匡, 2013)고 하면, 학사융합은 적극적으로 특정 의 교육과제를 공유하며 학교교육과 사회교육의 교육력을 동시에 제고한다 는 것이다(山本恒夫, 1996: 장지은, 2014).

(2) 학교지원지역본부와 커뮤니티 스쿨

그간 학교현장은 학사연계 및 학사융합을 통하여 학교지역연계를 확장하 고 학교교육환경을 개선하였다. 나아가 2000년대에 들어와서는 학교지원지 역본부, 그리고 커뮤니티 스쿨을 통하여 정책적 계승을 하고 있다. 학교-지 역 연계는 변화하는 사회와 학교교육의 실제적인 문제, 예를 들어 학령인구 감소로 인한 학교운영곤란의 문제 등에 대응한 과제해결에 접근하기도 한 다. 일본은 2004년을 피크로 하여 급격한 인구감소 속에 생산연령 인구가 급 감하여 전국의 초중학교가 2014년-2015년 2년간 997교가 폐교하는 사태에 이르렀다. 그리하여 지역에서는 지역 그 자체의 존속을 걸고 미래의 커뮤니 티를 짊어질 인재육성의 관점에서 지역 사회와 학교 연계를 강화하고 있다 (静岡敎育総合センター, 2015).

2000년대 학교-지역연계는, 2008년도 학교지원지역본부 사업을 통하여 더욱 확대되었다. 문부과학성은 학교, 가정, 지역의 연계협력 하에 교육을 추 진한다고 하는 기존 방침을 계승하면서 동시에 이와 같은 지원활동을 통하 여 지원능력개발을 도모하여 지역평생학습사회의 실현, 그리고 지역교육력의 향상 그 자체를 목적으로 표방하였다(文部科學省 2015). 그리고 이를 위하여 학교의 요구와 지역의 자원을 연결하는 창구로서 시정촌 단위의 학구 중심으로 학교나 공민관(일본의 사회교육시설)과 같은 기관에 학교지원지역본부를 설치하였다. 나아가 여기에 지역코디네이터라고 하는 유급인력을 배치하고 지역교육협의회라고 하는 의사결정기구를 설치하여 지역민이 학교볼런티어(학교활동 자원봉사자)가 되어 학교교육을 지원하며 지역사회의 교육력을 제고하는 사업이 추진되었다(장지은 외, 2014: 장지은, 2019). 그리고 학교지원지역본부에 머물지 않고 학교 교육환경의 확장은, 이후의 본격적인 커뮤니티 스쿨을 통하여 제도적으로 더욱 확장한다. 커뮤니티 스쿨은, 2015년도의 중앙교육심의회 답신 「새로운 시대의 교육과 지역창생의 실현을 위한 학교와 지역 간 제휴 협동의 바람직한 모습과 향후 추진방안」에서 제안되었다. 이 답신은 학교뿐만 아니라 지역주민이나 학부모 등도 포함하여 국민 한 사람 한 사람이 교육의 당사자가 되어 사회 전체로서 교육의 실현을 도모하는 지역평생학습사회의 실현을 제시하였다. 그리하여 학교와 지역이 비전과 목표를 공유하고 일체가 되는 「지역과 함께 있는 학교」로 전환하기 위하여 기존의 커뮤니티 스쿨의 제도적 재검토를 통하여 사회교육의 체제로서 지역주민이나 단체 등의 네트워크화를 통해 추진하는 「지역학교 협동본부」의 정비를 제언한 것이다(文部科學省資料, 2015 答申: 장지은, 2019).

이러한 답신의 배경에 관련하여서 장지은(2019)의 정리에 의하면, 다음과 같이 요약할 수 있다. 먼저 원래 지역과 학교가 일체가 되어있던 일본 사회가 전후 사회교육법(1949년)의 성립과 생애학습진흥법(1990년)의 제정으로 인하여 이미 지역사회에서는 문화 · 학습 및 교류 거점이 공민관, 도서관, 문화회관, 대학, 민간의 컬처센터, 그리고 다양한 평생학습관련 NPO 등이 설립되어 있어 학교지원정책이 추진되어도 지역사회와 학교 간 괴리는 좀처럼 회복되지 않았다(小林文人, 2018). 그리고 학교 내부적으로는 학교붕괴에 관련된 청소년들의 폭력 및 일탈 행동(今津孝次郎, 2014)이 증가하였다. 나아가 사회 전체적으로는 인구감소와 충당가능재원 등을 근거로 한 시설총량감소책에 따른 소규모 학교의 통폐합(石井山竜平, 2018), 나아가 일명 「마스다(増田) 레포트」라고 불리는, 전 총무대신 마스다 히로야(増田寛也)가 발표한 내용과 같이 저출산에 따른 인구감소와 도쿄 등 수도권으로의 일극집중현상에 따른 지역소멸론(大森彌, 2015) 등의 위기론이 부각되었다. 이런 현상은 모두 학교가 지역전체의 상황과 관련지어 교육개선전략을 모색해야 하는 것과 관련된다.

그리하여 2015년 답신 이후 정부의 학교-지역연계의 방향은 지역사회 시스템의 일부로서 존재하는 학교의 문제에 대하여, 지역사회 전체의 네트워크 구축및 가동을 통하여 해법을 찾는 것이었다. 사사키 다카야스(佐々木保孝, 2017) 등의 연구에 따르면, 학교지원지역본부의 50% 이상이 운영사무국을 공민관(일본의 대표적인 사회교육시설)에 두고 있고, 공민관이 연계추진모체가 되어 학교의 요구와 지역의 지원인력을 매칭하였다. 특히 공민관에는 다양한 문화활동서클이 항시 운영되고 있어 교육지원에 활용할 인적자원이 있고 기존의 공민관이나 교육위원회 인맥으로 학교자원봉사자의 발굴이나 모집 교육에도 기여한다는 실태가 나타났다(佐々木保孝, 2017). 문부과학성의 자료에 따르면, 전술한 2015년도의 중앙교육심의회 답신 이후 추진되는 커뮤니티 스쿨의 구체적인 양상은 다음과 같다. 전술한 답신에서는 아이들의 성장을 지원하고 지역을 창생하기 위하여 종래의 학교지원지역본부 등과 같은 지역과 학교의 연계를 기반으로 한 새로운 체제로서 「지역학교협동본부」를 전국에 정비할 것을 제언하고 있다. 지역학교협동본부에서 추진하는 지역학교협동이란, 지역과 학교가 연계 협동하여 고령자, 성인, 학생, 보호자, PTA, NPO, 민간기업, 단체, 기관 등, 폭넓은 지역주민 등이 기획단계부터 적극적으로 참여함으로써 미래를 짊어질 아이들의 성장을 도와주고 지역을 창생하는 활동으로서 지원으로 부터 '연계·협동'으로, 개별 지원활동으로부터 '종합화·네트워크화'로 발전시킨다는 것을 의미한다(文部科学省, 2017; 장지은, 2019).

그리하여 학교-지역연계는 학교지원에만 편향되어 온 기존 방향을 크게 전환하여 지역단위에서 학교 살리기와 학교 돕기를 매개로 하여 증진하는 지역 학습력, 지역 교육력을 바탕으로 지역부흥을 유도하는 지역 활성화로 나아가고 있던 것이다. 그래서 마을이 주도하는 교육사업에서 광범위하고 지역 맥락적인 사회적 경험을 아이들에게 제공한다고 하는 특별한 교육환경을 확장하였다.

2) 의무교육학교를 비롯한 초·중학교 일관교육 추진

학교교육환경의 변화는 위와 같이 학교바깥에 있는 교육자원과 연계하고 융합하는 형태로 계속 확산되었다. 그리고 2000년대의 또 하나의 새로운 움직임으로서 주목할 것은 학교 내 환경에서도 제도적인 면, 물리적인 측면에서 개혁적인 변화가 나타났다.

일본은, 새로운 학교시스템을 구축하는 전략으로서 2015년도에 일관교육의 제도화를 의무교육학교를 통하여 촉진하였다. 그 배경에는 무엇보다 저출산 현상에서 발생한 교육과제에 대응하여 다양한 가치관을 수용하고 공생할 수 있는 인재육성에 대한 사회적 요구가 있었다. 또한 교육문제로서는, 전후 70년이 지난 현재, 아동의 조기 신체 발달이 일반화되고 '초1프로그램'이나 '중1갭'이라고 불리는 진학 절차에 따른 환경변화에 적응하지 못하는 과제가 지적되는 가운데 종래의 6-3-3-4 학교제도가 아동의 발달에 적합한 제도인가에 대한 효과성 논의가 있었다. 그래서 교육재생실행회의는 학제개혁의 방향을 일관교육에 두고 초중일관교의 제도화를 추진하였다.[2]

일본에서 일관교육이 도입되기 시작한 시기는 2000년대 초반이며, 히로시마현 구레시에서 처음으로 도입되었다. 구레시 시내에 있는 초등학교 2개교와 중학교 1개를 문부성 '연구개발학교'로 지정하여 학교급을 구분하지 않고 교육과정의 일관성을 유지할 수 있도록 일관교육 실천 모델을 개발하였다(임연기 외, 2018: 이현명, 2019). 일반적으로 학교통합의 목적이 학교규모를 적정하게 유지하여 최소한의 학교교육 목적을 달성하기 위한 것이라면, 일관교육은 기존의 학교 교육의 한계를 넘어 학년과 학교급을 아우르는 교육과정 재구성을 통하여 학교의 교육이념을 추구하기 위한 것이다. 전자는 학생 수 감소로 어쩔 수 없이 취해진 것이라면, 후자는 보다 나은 교육을 위하여 학교 스스로 자발적으로 취한 것이다. 또한 전자는 보호적이고 양적이라면 후자는 혁신적이고 질적이다. 일본의 문부과학성은 초·중학교 일관교육에 대해 연구학교 등을 통해 성과를 축적하였고, 교육재생실행회의의 제5차 제언과 중앙교육심의회 답신을 거쳐 2015년 6월 국회에서 9년간의 의무교육을 일관되게 진행하는 새로운 학교유형인 '의무교육학교' 설치가 가능하도록 하는 개정학교교육법을 발표하고 2016년 4월에 시행하였다(성열관, 2019)

이미 실시되어 온 일관교육의 실태나 사례조사에 따르면, 일관교육은 학생이나 학교환경, 교육과정 등에 여러 가지로 유의미한 성과를 나타내고 있다. 학생들은 선의의 경쟁을 하게 되고 다른 연령층과 교류함으로써 사회성

---

2 중앙교육심의회 자문 2014년 7월 「子供の発達や学習者の意欲・能力等に応じた柔軟かつ効果的な教育システムの構築について」

이 증가하였다. 한편 학교는 복식학급이 줄어들고 학생 수 증가로 인하여 다양한 집단활동을 할 수 있으며, 교과담임제나 교차수업 등을 통해서 학업성적이나 학습의욕을 고취하려고 한다.

표 3-1. 일관학교의 교육적 효과

학생	선의의 경쟁 발생, 학업 향상도 증가 / 교사의존도 감소 / 사회성과 의사소통능력 증가 / 학습의욕 증가/ 친구 증가 / 다른 연령과의 교류, 집단놀이 가능, 야외놀이 증가/ 학교가 즐겁다는 응답 증가/ 진학격차 완화/ 다양한 진로 이해
학교환경	복식학급 해소/ 반편성 가능/ 교직원의 다각화 / 교직원간의 협력 및 연수 활성화 / 그룹 학습과 반별활동 활성화/ 예체능 집단교육, 운동회, 학예회, 동아리 활동 개선/ 소규모지도 및 학습정도에 따른 지도 등 다양한 지도형태 가능/ 특별지원학습 개설/ 균형잡힌 교원배치 가능/ 시설개선, 교재교구의 양적인 증가/ 교무 효율화/ PTA 활성화 및 지역연계증가
교육과정관	학력 증가/ 생활리듬, 체력개선, 수업진전, 학습의욕 향상 등 / 교과담임제 실시 쪽에서 더 많은 개선/ 교차수업하는 쪽이 성적, 학습습관, 의욕, 학교생활 만족도 등이 높음.

자료 : 성열관, 2019

◈ 지자체 단위의 도입 : 도쿄도의 시나가와구 (東京都品川区)

시나가와구에서는 2002년부터 히노(日野)학원이 초중일관교육에 관한 문부과학성연구개발학교로 지정되어 2003년에 구조개혁 특별구역법에 근거하여 구 전체가 초중일관교육을 추진하기 위한 「시나가와초중일관교육요령」을 발표한다. 2006년 4월에 시설일체형 초중일관교인 히노학원의 개교와 동시에 전 구립초중학교에서 초중일관교육을 개시하였다.

일관교육의 추진배경에는 초등학교 졸업생이 중학교 진학 후 학교부적응, 기초학력부진 및 폭력성을 보이는 것에 대한 대비책으로 출발하였다. 초등학교 교사들은, 평범한 학생이 중학교 진학 이후 문제가 발생하여 중학교 교육에 불신을 가지게 되고, 중학교 교사는 기초학력부진문제로 초등학교 신뢰가 저하된 가운데 학교급 간의 갈등이 심화되었던 맥락으로 진단한다. 그리하여 갈등해소를 위하여 교육위원회는 구 전체에서 초중일관교육을 도입하게 된다. 2019년 현재 6개의 의무교육학교(일관교육)가 있고 모두 시설일체형이다(히노, 이토, 야시오, 에바라히라츠카, 시나가와, 히요노모리 등). 초기에는 초등학교와 중학교의 문화적 차이로 융화되지 않았다. 그러나 의무교육학교라는 새로운 정체성과 소속감을 가지도록 하였고, 2006년에 교사들이 각급학교 간의 교육과정의 연속성과 연계성이 이루어지도록 협의하여 시나가와구 학습지도요령을 만들었다. 이와 같은 학습지도요령은 수업뿐만 아니라, 생활교육, 학습, 공동체활동이 중심이 되는 교육을 추구하고, 교원이 교육활동을 전개하는 방식도 1-4학년은 학급담임제, 5-9학년은 교과담임제를 실시한다. 나아가 학년 구분에 따른 지도목표는, 1-4학년의 경우는 기초 및 기본능력을 정착시키고, 5-7학년은 기초 기본능력을 철저히 습득하여 학력의 정착과 능력배양에 중점을 두며, 8-9학년은 학생의 개성과 능력을 발휘하도록 지도한다(성열관, 2019).

위와 같은 일관학교는 두 개 이상의 각급학교가 통합됨으로서 물리적 환경 면에서 학교 및 학생 규모가 증대하였다. 이에 따라 다양한 학생과 교사, 집단활동, 그리고 교육방식을 가지게 함으로써 성장의 연속성, 예측 가능성을 높여준다는 면에서 교육적 의의가 있다.

학교환경의 변화는 주로 학교 밖 사회환경과의 연계를 통하여 교육환경을 간접적으로 확장하는 형태로 학사연계의 교육전통을 계승하였다. 그런데 다른 한편에서는 위의 일관학교에서 보여지듯이 변화하는 사회문제뿐만 아니라 교육효과를 제고하는 데 필요한 학교 내 환경의 급격한 개선도 나타났다. 그 실태는 학교의 정보환경증대를 도모한 기가(GIGA)스쿨과 교육시설집적화에 기반한 학교복합화를 통해서도 이해할 수 있다.

3) GIGA스쿨

문부과학성의 GIGA스쿨 정책은, 정부(내각부)의 사회전망에 기반하여 수립된 교육혁신정책이다. 정부는, IoT나 빅테이터, 인공지능, 로봇테크 등으로 대표되는 제4차 산업혁명이라고 불리는 변화 가운데 아이들에게 최적화되어 창조성을 키우는 ICT 환경을 구현하기 위하여 「GIGA 스쿨 구상의 실현에 관하여」를 제창하였고 아동 및 학생 한 사람에게 한 대씩 단말기를 제공하는 환경 정비를 추진하였다(日高純司 외, 2021).

GiGA스쿨이, 착수되기 전에 이미 문부과학성자료는 ICT교육의 중요성에 대한 제언이 이루어졌다. 2017년에 고시된 학습지도요령은 「각 교과 등의 학습기반이 되는 자질, 능력으로서」 총칙에 언어활동이나 문제발견, 해결능력과 함께 정보활용능력(정보윤리를 포함)이 거론되었다. 또한, 초등학교학습지도요령에는 「아동이 컴퓨터로 문자를 입력하는 등의 학습기반으로서 정보수단의 기본적인 조작을 습득하기 위한 학습활동」을 계획적으로 실시할 것이 제시되었다(文部科學省, 2017). 나아가 그 전에 문부과학성(2015)은 초등학교 5학년생 및 중학교 2학년생, 각각 약 3,000명을 대상으로, 정보활용능력의 습득상황을 측정하는 조사를 실시하였다. 그 결과, 학교에서 ICT를 활용하는 빈도가 높은 학교의 아동학생은 정보활용능력이 높은 것으로 나타났다(佐藤和紀 외, 2021).

그러나 현실은, OECD의 국제학업성취도평가(이하, PISA 2018)의 ICT활용조사의 결과, 일본의 학생들은 학교수업에서 디지털 기기(스마트 폰 등을 포함)의 이용시간이 상당히 적은 편으로 나타났다. 그리고 '컴퓨터를 사용하여 숙제를 한다', '열람자료를 찾기 위하여 수업 후에 인터넷을 열람한다' 등 수업 외의 ICT를, 학습도구로서 활용하는 경험도 OECD 국가와 비교하여 낮은

편에 속한다. 이러한 사실은 일본의 학교에 ICT 환경 정비의 지체가, PISA 에서 요구되는 자질, 능력 향상에 부정적인 영향을 준 것으로 이해되었고 이 러한 상황이 계속되면 정보활용능력의 육성이 곤란한 것으로 판단하였다(國 立教育政策研究所, 2019).

이러한 가운데 중앙교육심의회는 '빅데이터의 활용 등을 포함하여 사회 전체의 디지털 트랜스포메이션(DX)의 가속을 표방하며, 학교교육의 방향도 검토할 필요'를 제시하였다. 그리고 교육정보화를 추진하기 위하여 GIGA School (Global and Innovation Gateway for All) 구상을 내걸고 2022년도를 목표 로 하여 공립 초 · 중학교의 모든 학생에게 1인 1대의 정보단말기를 제공하 기로 했다. 그런데 코로나 19에 의한 휴교조치에 의하여 학습이 정체되자, GIGA스쿨 구상이 앞당겨져서 2020년도 말을 목표로 하여 정책이 추진되었 다(문부과학성, 2020). 이러한 조치로 인하여 언제든지, 어디서든지 배움을 보장 하기 위해 1인 1대의 단말기의 정비가 실현되었고 나아가 1인 1계정을 지 원하고, 초고속네트워크를 구축하며, 학교에서 지급한 개별 교육용 단말매 체도 집으로 가져갈 수도 있도록 조치하였다(佐藤和紀 외, 2021).

◈ GIGA 스쿨의 전개와 효과

이렇게 추진된 GIGA 스쿨의 전개와 효과를 살펴보기 위해 먼저 성과 가 발표되어 있는 실천학교 사례연구결과를 보면, 향후 ICT 활용교육에 많 은 시사점을 주고 있다. 해당연구는, GIGA 스쿨 구성의 표준사양에 따라서 ICT환경이 정비되고 1인 1대 단말을 활용하는 학교에서 ICT 활용에 관한 아동과 교사에 대한 조사를 통하여 ICT활용과 교사 지도의 특징을 검토한 것이다. 사례학교의 아동은 1인 1대의 정보단말을, 매일 교육활동 속에서 여러 가지 어플리케이션을 조합하여 활용하고 클라우드와 상호작용한다. 그리고 교사는 학교 내의 정보단말활용에 관하여 지도하는 특징을 보인다.

연구결과에서는 GIGA스쿨의 도입 효과가 분명히 나타나고 있다. 첫째, 정보활용 측면에서 GIGA스쿨을 실행한 학교는, 종래의 일반학교 학생에 비하여, 그리고 OECD 정보활용능력 선진국에 비해서 상당한 높은 성취를 보이고 있다(佐藤和紀 외, 2021). 둘째, 이러한 성과를 위하여 학생들이 노력하는 요인으로는 다음과 같은 일곱가지 행동이 나타났다. 1) 매일 학습 속에서 빈번히 단말기를 사용한다. 2) 클라우드에서 공동편집이나 이야기를 하고 질문을 한다. 3) 조사하고 정리하고 표현하고 통합한다. 4) 조사한 정보를 확인한다. 5) 학습 스케줄 조정에 사용한다. 6) 노트활용 학습 등 이제까지 실천한 학습과 균형 있게 생각한다. 7) 전자메일 등에서는 상대방을 상처주지 않으려고 의식하는 방식으로 학습을 수행한다. 셋째, 교사들의 ICT 활용지도력 측면도 ICT를 활용한 학습자 중심 수업에 배려하는 모습을 알 수 있다. 예를 들어 수업 중에 인터넷 검색을 허용하고 조사학습을 적극적으로 도입하며 구글 클래스 룸을 활용하여 과제배부나 제출활동을 적극적으로 실시하는 것 등이다(佐藤和紀 외, 2021)

4) 학교복합화

일본의 학교환경 변화와 관련하여 주목할 '학교 안의 변화' 중 하나는 학교시설 복합화이다. 학교시설 복합화는, 한편으로는 공공시설매니지먼트에 대한 요구와 관련되어 있다. 다른 한편에서는 교육시설 노후화로 인한 학교 증개축 등 유지보수 대책을 마련하는 것과 더불어 시행되고 있는데, 이러한 복합화 역시 학교 환경이 교육에 미치는 영향을 고려한 것으로 보여진다. 물론 공공시설매니지먼트와 관련하여서는 지역 내의 공공시설을 종합적으로 파악하여 재정운영과 연동하여 계획적 관리와 활용이 필요하다고 하는 관점에서 공공시설의 40%에 해당하는 학교시설의 매니지먼트를 통하여 공공시설 전체의 효과적이고 효율적인 정비가 될 수 있다고 하는 기대감이 있다. 그리고 학교시설은 건축 25년이상 되어 개·증축이 필요한 공립 초·중학교 시설이 약 70%에 육박하는 가운데 지역 실정이나 요구에 대응하여 학교시설과 다른 공공시설 등과의 복합화 수요가 증대한 것이다.[3]

표 3-2. 학교시설 복합화 현황

시설 구분	문교시설					사회복지시설						문교시설, 사회복지시설 이외의 시설							
	사회교육시설			사회체육시설		아동복지시설			노인복지시설		장애인지원시설등	그외의사회복지시설	병원,진료소	행정기관	급식공동조리장	지방방재용비축창고	민간시설	그외	계
시설 종별	도서관	공민관등	박물관등	풀장	체육관등	방과후아동클럽	보육소	아동관등	특별요양노인홈	노인주간서비스센터									
초등학교	38	383	17	18	42	6,294	97	354	0	98	10	11	3	32	99	4,036	5	16	11,553
중학교	7	60	5	14	68	39	15	7	2	13	1	3	2	17	54	1,517	1	16	1,841

자료 : 学校施設の在り方に関する調査研究協力者会議(2015).

학교시설 복합화의 실시상황조사에 따르면, 2015년 현재, 공립초중학교 시설의 복합화 사례는 전국 10,567교로 전체의 35%를 점하고 현재도 증가 경향에 있다. 지역방재시설을 제외하면, 초등학교는, 사회복지시설과의 복합

---

3 https://www.mext.go.jp/b_menu/shingi/chousa/shisetu/013/toushin/1364500.htm
   学校施設の在り方に関する調査研究協力者会議(2015). 報告書「学習環境の向上に資する学校施設の複合化の在り方について~学びの場を拠点とした地域の振興と再生を目指して~」

화가 가장 많고 중학교는 공민관이나 사회체육시설과의 복합화가 타 시설에 비하여 높이 나타났다.

그리고 위의 조사결과에 따르면, 위와 같은 복합화에 의한 효과는 다음과 같이 정리되어 있다. 1) 시설기능의 공유화에 의한 학습환경의 고기능화·다기능화, 2) 아동학생과 시설이용자와의 교류, 3) 지역에서의 평생학습이나 커뮤니티의 거점 형성, 4) 전문성이 있는 인재나 지역주민과의 연계에 의한 학교운영지원, 5) 효과적 효율적인 시설정비, 부지의 유효활용 등이다.

사례로서, 사이타마(埼玉)현 시키(志木)시의 시립시키(志木)초등학교의 경우를 보면, 22학급 677명 규모의 학교인데 이 학교는 일본의 대표적인 사회교육시설 공민관과 도서관과의 복합화를 도모하고 있다. 그리고 아래 사진과 같이 평생학습시설과 일반학교 교실동을 연결하는 테라스와 브리지가 이어져 있다. 이와 같은 교육시설의 복합화를 통하여 자료가 풍부한 공공도서관을 학교의 교육활동에서도 이용하고 시설의 상호이용에 따라 아동과 지역의 학습활동 폭을 확대하여 간다.

그림 3-1. 시키초등학교의 복합화 이미지

이와 같은 학교복합화의 사례를 검토하면, 기존의 학교 바깥의 교육자원과의 연계를 넘어, 학교 내로 집적되어 있는 다양한 공공시설의 자원을 상호 이용하고 인적교류가 있다는 면에서 교육적 가치가 있다고 사료된다. 그런데 사례 검토에서는 이러한 편이성과 유용성보다 더 중요한 교육가치로서 저출산 현상이 증가하는 가운데 아동들이 학교 내에서 다양한 세대와 그들의 활동하는 모습을 일상적으로 보는 것 자체를 중요한 사회화의 계기로 인식하는 점이다. 타인의 존재가 나의 생활 속에서 자주 보이는 것 자체가 중요한 교육적 의의라는 점이다.

3. 나가며

이상에서 살펴본 바와 같이 일본은 국가 수준의 교육정책을 통하여 미성년자들이 자라나는 교육환경에 대한 혁신적인 변화를 도모하여 왔다. 교육과정이나 프로그램개발 및 개선뿐만 아니라, 미성년학습자가 일상 속에서 접하는 교육환경에 크고 작게 공생적 의미를 가지는 교육적 변화를 도모하고 있다. 이와 같은 환경의 변화는, 한편에서는, 커뮤니티 스쿨을 비롯한 학교-지역연계 활동과 같이 교육목적과 관련된 특별한 사회환경을 접하도록 하는 형태로 도모되었고, 다른 한편에서는 일상적으로 접하는 학교교육환경의 물리적 공간적 개선을 통하여 아이들의 경험에 변화를 준 것이다. 이러한 교육환경의 개선이 미성년자들의 성장에 영향을 미치는 방법은 주로 두 가지 양상으로 드러난다. 하나는 타인과 상호작용하는 교육경험의 양적 질적 확장이고 또 다른 하나는 변화된 환경에 대한 일상적인 적응을 통하여 궁극적으로 타인과 함께 살아가는 사회환경에 대한 적응력을 높이는 것을 알 수 있다.

〈참고문헌〉

박병기(1998). 레빈: 장이론. 교육과학사

김덕삼 · 이경자(2022). 장(場) 개념의 사용과 확장 탐구. 동방문화와 사상, 12. 145-171.

윤창국 · 박상옥(2012). 문화역사적 활동이론의 이론적 발전과 평생교육 연구에 주는
　　　　시사점. 평생교육학연구, 18(3). 113-139.

임연기 · 장덕호 · 백남진 · 정현용(2018). 서울형 통합운영학교 모델 및 운영체제 개발
　　　　연구. 서울특별시교육청

이소영(2011). 부르디외의 문화이론과 재생산으로서의 교육에 대한 철학적 고찰. 교육
　　　　철학연구, 33(1), 129-159.

장지은 · 박지숙(2014). 지역연계를 바탕으로 한 학교교육지원- 일본의 학교지원지역
　　　　본부와 학교볼런티어 프로그램을 중심으로-. 평생교육학연구, 20(1). 213-243.

장지은 · 이준희(2019). 일본의 지역연계기반의 커뮤니티스쿨의 특징. 비교교육연구,
　　　　29(3). 63-90.

성열관(2019). 저출산시대 도래에 따른 통합학교 교육과정 효율적 편성 · 운영방안 연
　　　　구. 정책연구

강원도교육연구원(2019). 강원도형 초중통합운영학교 실태연구. 연구책임자 이현명

小林文人(1971). 戦後社会教育論における地域. 月刊社会教育, 15(5). 松下拡(1981).
　　　　健康問題と住民の組織活動ー松川町における実践活動, 勁草書房

北田耕也(1986). 大衆文化を越えて. 国土社.

山本恒夫(1996). 学社融合. 月刊公民館, 全国公民館連合会. 1996(1).

上條秀元(1997). 「学社連携」から「学社融合」へ：国の政策の史的分析を中心として.
　　　　生涯学習研究, 宮崎大学生涯教育研究センター紀要, 2. 1-9.

林田匡(2013). 学社融合への新しい試みに関する考察:熊本市における小学校と社会
　　　　教育施設における事例をもとに. 佛教大学大学院紀要, 41. 37-54.

大森彌(2015). 人口減少時代に立ち向かう. 人口減少時代の地域づくり読本, 公職研.

日高純司 · 小林博典(2021). GIGA スクール構想の実現に向けた校内研修の推進に
　　　　関する研 究. 宮崎大学教育学部紀要, 96, 1-14.

橋本行史(2015). 地方創生の理論と実践―地域活性化システム, 創成社

静岡教育総合センター(2015). 公立学校における地域連携の現状と課題に関する研究―生涯学習社会における学校と地域の連携・協働で「社会に開かれた教育課程」を実現する―. 静岡教育総合センター研究紀要, 1-61.

佐々木保孝・熊谷僕之輔・志々固まなみ・天野かおり(2017). 公民館と「学校支援地域 本部」の連携に関する調査研究―. 天理大学生涯教育研究, 21. 1-25.

佐藤和紀・三井一希・手塚和佳奈・若月陸央・高橋純・中川哲・堀田龍也(2021). 1人1台情報端末の導入初期における児童によるICT活用と教師の指導の特徴. 日本教育工学会論文誌, 45(3).

国立教育政策研究所(2019). OECD 生徒の学習到達度調査(PISA). Programme for International Student Assessment. ~ 2018 年調査補足資料~.

文部科学省(2020). GIGAスクール構想の実現に関する補助事業の概要.

学校施設の在り方に関する調査研究協力者会議(2015). 報告書「学習環境の向上に資する学校施設の複合化の在り方について~学びの場を拠点とした地域の振興と再生を目指して~」

文部科学省(2015). 資料 2015年度 中央教育審議会答申「新しい時代の教育や地方創生の実現に向けた学校と地域の連携・協働の在り方と今後の推進方策について(案)」.

文部科学省(2015). 実践発表資料. 実践発表資料鹿屋市教育委員会.

文部科学省(2015). 「コミュニティスクールって何?」.

文部科学省(2017). 地域学校協働活動の推進に向けたガイドライン参考の手引き.

文部科学省(2017). コミュニティスクール 2017~地域とともにある学校づくりを目指して~.

小林文人(2018). 東アジア的観点からみた学校と地域の連携に対する展望. 제4회 동아시아 평생학습포럼. 학교와 지역연계를 통한 마을교육공동체의 창조. 자료집.

上田孝典(2018). 日本における学校との協働をめぐる政策動向と地域社会. 제4회 동아시아 평생학습포럼. 학교와 지역연계를 통한 마을교육공동체의 창조. 자료집.

제4장

일본의 인도태평양 협력체제와
공생주의 국제교육

윤종혁(숙명여자대학교)

1. '새로운 자본주의'와 국제교육개발협력의 변화

2013년 재집권에 성공한 2기 아베(安倍)내각은 '일본이 돌아왔다(Japan is Back!)'는 구호를 통해서 교육재생을 비롯한 일본의 국가적인 부활전략을 실천하였다. 2000년대 중반 1기 내각의 실패를 교훈삼아 구상한 전략은 신자유주의 정책의 문제점을 극복하고 국제사회에서 재기할 수 있는 국가기반을 조성하는 데 주목하였다. 국가체제 운영과 관련하여 성장과 분배를 조화롭게 일치시키는 선순환 구조에 관심을 가지게 되었으며, 교육전략으로서 교육진흥기본계획을 충실하게 적용하였다. 즉, 언제, 어디서, 누구라도 희망하는 방식으로 일할 수 있는 '근무방식 개혁', 자녀양육에 대한 충실한 지원, 저출산고령화를 맞이하여 국민이 능력에 따라 지원받을 수 있는 사회보장을 실현하고, 동시에 권력, 자본, 자원 등이 집중하지 않도록 Web3.0 이나 블록체인 등의 지역분권형 경제사회를 추구하고자 하였다(日本内閣官房, 2022a).

일본 정부가 추진한 '새로운 자본주의' 혁신전략은 교육개혁에도 큰 영향을 미쳤으며, 국제사회에 대한 개발협력전략 등 교육계 전반의 변혁적 구조를 이끌어냈다. 이와 같은 개혁적 배경 속에서 인간안보와 경제안보를 실현하기 위한 국제교육개발협력의 초안이 구상되었다.

첫째, 개발도상국가에 대한 호혜적인 협력의 근간으로서 경제안전과 인간안전을 보장하는 원칙이 강하게 드러났다. 일본의 '새로운 자본주의' 원칙에 따라서 실리적이며 인간주의적인 개발협력이 결합하는 방식으로 교육 ODA 등을 실천하였다. 이는 건전한 거버넌스를 통해서 자유, 민주주의, 인권, 법의 지배라는 보편적인 가치가 글로벌 이상으로 달성될 수 있다는 것이다.

둘째, 교육개발협력은 인간의 기본적인 웰빙과 지구상의 위험을 안전하고 안심할 수 있는 환경으로 전환시키는 지속가능발전교육 · 시민교육 등의 사회정서를 지원할 수 있도록 한다. 이와 같은 가치관을 공조하는 국가들이 단결하여 자유롭게 열린 경제 질서를 유지 · 강화함으로써 자유무역을 추진하며 불공정한 경제활동에 대한 대응체제를 강화할 수 있다. 바로 이런 관점에서 일본 정부가 추진하는 '자유롭게 열린 인도 · 태평양 프레임워크'(FOIP: Free and Open Indo-Pacific Economic Framework)의 기본 교육철학과 대외경제정책을 살짝 엿볼 수 있는 측면이기도 하다.

셋째, 국제개발협력 그 자체가 막혀 있는 분배연결망을 해소하고 한층 더 발전하는 글로벌 성장을 위해 절대적으로 요청된다. 특히 최근의 코로나19 대유행과 우크라이나 침공사태 등의 국제사회 위험요인을 적극 해소하는 전략으로서 국제 공급망 구축과 온라인, 메타버스 등의 디지털 혁신체계가 주목받고 있으며, 국제사회의 평화와 인권 촉진을 위한 세계시민교육이 새로운 개발협력의제로 추가되었다. 이는 인간에 대한 투자, 과학기술 · 혁신에 대한 투자, 창업(스타트업)에 대한 투자를 통해서 국제교육개발협력을 촉진하면서도, 추가적으로 녹색산업 중심의 그린 변혁(GX:Green Transformation)과 제4차 산업혁명의 중점 기조인 디지털 변혁(DX:Digital Transformation)에 대한 투자 등을 강조하였다. 일본 정부가 강조하는 이른바 '새로운 자본주의 투자의 4대 기둥'이 국제교육개발협력을 위한 글로벌 핵심의제로 부각되었다.

2. 공생공영을 위한 '인도 · 태평양협력' 추진전략

1) 민간-공영주의 교육개발협력

1980년대 이후 냉전구조 속에서 경쟁력을 상실하고 있던 자유방임주의 및 복지국가경제를 극복하기 위해 시장경제 중심의 신자유주의 사고가 등장하였고, 시장경제의 문제점을 극복하기 위하여 자본주의 역사상 제3차 대전환으로서 '새로운 자본주의', 즉 자본주의의 4.0 버전이 나오고 있다. 지금까지의 자본주의 전환 방식은 주로 '시장 대 국가' 혹은 '관 대 민' 사이에서 크게 요동치는 것에 비해서, 새로운 자본주의는 시장만으로 해결할 수 없는 외부환경 자극이 강한 사회적 과제에 대해서 '시장과 국가 모두 함께'라는 관점에서 민관연계 제휴전략으로서 해결하고자 한다(日本內閣官房, 2022a).

'새로운 자본주의'는 해결 과제를 장애물이 아니라 에너지 촉진원천으로 포착함으로써 포용적이며 새로운 성장을 목표로 한다. 즉, '새로운 자본주의'는 시장경제와 국가관여를 모두 인정하며, 두 가지 측면의 인프라가 함께 참여하는 방식으로 과제를 해결하고, 새로운 시장과 성장경제에 주목한다. 국제교육개발협력에 대한 시각에서도 인도주의적인 관점에 중점을 두는 한편으로 개발도상국와 공여국 입장의 일본이 상생할 수 있는 방안에 대해 새롭게 접근하게 된다. 예를 들면, 공여국 관점에서 개발협력을 위한 재원과 물자 지원 방식을 정부 혹은 NGO 이외에 민간기업 등이 사회적 환원 전략으로 참여하는 방식이 국가 수준에서 국익 외교정책(National Interest Policy), 그리고 민간기업과 비정부기구 등이 적극적이며 안정적으로 개발협력사업에 참여할 수 있도록 공익법인(Benefit Corporation) 방식의 인도주의적 실천전략이 장려되었다.

2) 다자주의 지역외교와 일본의 교육협력

일본은 2015년 UN이 새롭게 제안한 지속가능개발목표(SDGs; Sustainable Development Goals) 2030년에 기여하는 국제교육개발협력 전략을 새롭게 구상하였다. 그런 관점에서 기존의 ODA 대강을 대체하여 2015년 2월에 외무성이 '개발협력대강'을 발표하고, 아시아·태평양 지역과 아프리카 권역을 중점협력대상국가로 재구축하는 다자협력권을 구상·실천하고 있다. 특히 최근 부각하고 있는 '자유롭고 열린 인도·태평양 협력체제'(FOIP; Free and Open Indo-Pacific Framework)과 이의 연장선상에 있는 '아세안 신개발전망'(AOIP: ASEAN Outlook Indo-Pacific), 쿼드(Quad), D-10 혹은 T-12 등도 일본이 교육개발협력과 직간접적으로 연계하여 인간의 안전과 평화를 보장하는 인간안보 외교, 개발협력전략을 강조하였다(日本外務省, 2022a).

일본이 2020년에 실시한 공적개발원조(ODA)의 지출 총액은, 약 176억 달러(한화 21조원, 세계 제3위 규모)에 이르고 있다.[1] 사실 지난 10년간 일본의 ODA

---

1   OECD DAC 경제협력개발기구 개발원조위원회 홈페이지(공적개발지원:ODA 데이터검색) https://www.oecd.org/development/financing-sustainable-development/development-finance-standards/official-development-assistance.htm (2022년 5월 16일 출력)

예산규모는 1990년대 초반까지에 비하면 국제적인 역할 분담 측면에서 축소 지향적인 추세라고 할 수 있다. 그러나 2015년 SDGs 2030 전략을 새롭게 실천하는 과정에서 국내외의 여러 가지 긴급 상황, 즉 코로나19 감염질환 사태와 대응 방안, 저출산고령화 심화 및 311동북대재난 이후의 자연재해 복구·대책 등, 일본 내에서 여러 가지 과제를 '국토강인화(國土强靭化)전략'[2] 으로 극복하였다. 이런 일본의 국내 개발사업 경험을 대내외적인 국제협력 전략으로 전환·상승시키는 과정에서 인도·태평양 협력전략에 따른 ODA 지원사업에 적용하고자 한 것이다. 이런 상황을 활용하여 일본은 ODA를 통한 교육변혁, 일본식 발전경험과 국가전략을 소개·적용하는 방식으로 개발도상국에 대한 지원전략을 압축적으로 실천한다. 글로벌 수준에서 민주주의 체제를 유지하고 인권과 자유를 구축하면서 법치 구조를 활용하는 것이 대표적인 사례라고 할 수 있다. 특히, '모든 사람이 안전할 수 있는 체제'(No one is safe until everyone is safe.)를 구축함으로써 글로벌 선도국가 역할과 공여국으로서 개발협력을 성공적으로 수행하게 되었다.

3) 인도·태평양 협력체제와 아시아·아프리카 교육개발협력

최근 일본의 외교정책은 '자유롭게 열린 인도·태평양 경제네트워크'(FOIP; Free and Open Indo-Pacific framework)를 통해서 새로운 다자주의, 공영 협력체제에 따른 개발협력전략을 실천하고자 한다. 외교청서 2022년판 권

---

2 국토강인화(National Resilience)는 자연재난을 예방하고 재난감축과 관련하여 국가 수준의 위험관리 측면에서 강하면서도 유연한 국가를 조성하는 것으로서, 궁극적으로 일본의 산업경쟁력을 강화하고, 안전·안심할 수 있는 생활을 만들기 위해 실천하는 일체의 국가전략이라고 할 수 있다(日本內閣官房國土强靭化推進室 홈페이지 검색 인용, https://www.cas.go.jp/jp/seisaku/kokudo_kyoujinka/index.html 2022년 5월 16일 최종출력)

두언에는 다음과 같이 하야시 요시마사(林芳正) 당시 외무대신의 주장을 싣고 있다.

세계는 미·중 경쟁, 국가간 경쟁의 시대에 본격적으로 돌입하여 파워 균형(Power Balance)이 가속화·복잡화하며, 지금까지 국제사회의 평화와 번영을 받치고 있던 자유, 민주주의, 인권, 법의 지배(법치-인용자 주)라고 하는 보편적인 가치와 국제질서가 심각한 도전에 직면하고 있다. … 2022년판 외교청서는 … '모든 사람이 안전할 때까지는 아무도 안전하지 않다'(No one is safe until everyone is safe-인용자 주)는 강한 의식 아래 2021년에 이어서 코로나19 감염질환에 대한 대책이 중요한 과제라고 본다. 또한 국제사회가 직면하는 커다란 변화 … *미일동맹의 강화, '자유롭고 열린 인도태평양(FOIP)'의 실현, 한국과 중국이라는 주변국가와의 외교, 북한을 둘러싼 여러 현안에 대한 대응, 지역외교의 추진, 경제안전보장을 포함한 자유롭고 공정한 경제질서의 확대, 코로나19·기후변동·군축비확산*(진하게-인용자표기) 등의 지구규모 과제에 맞붙고 있다… · (日本外務省, 2022a).

여기에서 주목할 부분은 국제사회의 보편적인 가치를 자유와 민주주의, 인권, 법치라고 하는 거버넌스로 강조한 측면이다. 일본의 국제협력전략은 이와 같은 민주주의적인 질서 속에서 개인의 탁월하고 절제된 경쟁과 자율적인 운영체제를 지원하는 것에 초점을 맞추고 있다. 대체적으로 이런 관점에서 일본 외무성과 결합하는 문부과학성의 교육지원정책도 일본적인 특성을 갖춘 기초교육과 직업기술훈련, 고등교육 지원방안에 관심을 가짐으로써

'평화와 번영을 위한' 자본주의적인 교육체제를 전수하려고 노력한다.[3]

또한 외교청서 권두언에서 알 수 있는 바와 같이 미국과 연계하는 자본주의 시장경제 원칙을 포용하면서 이런 과정을 지역외교, 즉 ASEAN을 포함한 지역주의적인 결합방식으로 평화와 번영을 강조한다. 이를 교육적으로 해석하면, 일본이 지난 70년간 지속적으로 강조하였던 '평화'를 핵심으로 하는 교육원칙과 이념이 국제이해와 평화교육, 그리고 지속가능발전교육(ESD)으로 정착하면서 이것을 외교와 결합하는 국제교육개발협력을 실천한다고 볼 수 있다. 특히 이런 교육 콘텐츠를 외교정책에 결합하면서 지역적으로 태평양과 인도양 전역을 포괄하는 측면에서 기존의 '포괄적이고 점진적인 환태평양 경제파트너십 체제'가 미국 주도의 쿼드(Quad-lateral Partnership)와 '자유롭고 열린 인도태평양 체제'로 진화한 것이다. 특히 인도태평양 체제는 궁극적으로 동남아시아 중심의 아세안체제, 그리고 아프리카 동안지역과 태평양 군도, 중남미 연안지역권을 아우르는 개발협력체제에 일본식 교육개발협력, 'Japan is Back!' 슬로건의 복귀라고도 할 수 있다.

사실상 인도태평양은 아시아태평양부터 인도양을 거쳐서 중동·아프리카에 이르는 광대한 지역이며, 세계인구의 절반을 넘는 세계의 중핵지대라고 할 수 있다. 인도태평양 지역은 강대한 군사력을 지닌 대국이 다수 있는 관계로 안정적인 질서를 해칠 수 있는 무력분쟁과 테러, 해적행위, 대량파괴

---

3 UN에서 강조하는 2015년 이후 지속가능발전목표 2030 의제에서 Planet(지구;환경), People(사람;교육·보건), Place(도시화), Peace(평화), Prosperity(번영;경제) 등 5P 개념을 강조하여 17개 SDGs와 직간접적으로 연계하는 Partnership(협력전략) 자체가 기본적으로 '새로운 자본주의, 혹은 미국이 주장하는 D-10(민주주의 10개국), T-12(테크노 민주주의 12개국) 등의 다자협력의 민주주의 질서를 통해 중국·북한·러시아 등의 권위주의 체제에 맞대응하는 민주주의(자본주의)체제라고 보는 것이 적정할 듯하다. 뒤에서 살펴보는 지속가능발전교육(ESD)는 이런 과정에 대한 정치적, 교육적, 경제적인 글로벌 합의를 갖추고 있다.

무기의 확산, 자연재해 등에 대한 대책으로서 법의 지배를 통한 자유롭게 열린 질서를 실현하고, 지역 전체적으로 평화와 번영을 확보해야 한다. 이런 배경에서 일본은 2007년 당시 아베(安倍)총리가 인도 국회에서 인도양과 태평양이라는 '두 개의 바다가 교차하여 만나는' 연설을 하는 등 당초부터 인도양과 태평양을 총체적으로 인식하였다. 2016년 8월 이런 구상을 진화시켜서 케냐에서 열린 제6회 아프리카개발회의(TICAD Ⅵ; Sixth Tokyo International Conference for Africa Development) 기조연설에서 아베총리는 '자유롭게 열린 인도 태평양'을 재차 강조하였다. 아베는 국제사회의 안정과 번영을 위해서라도 두드러진 성장세를 보이는 아시아와 잠재력 넘치는 아프리카라는 '두 개의 대륙', 자유롭게 열린 태평양과 인도양이라는 '두 개의 대양'이 서로 만나면서 생기는 역동적인(Dynamism) 실천이 결정적이며, 일본은 아시아와 아프리카의 상호 번영을 실천하는데 함께 할 것이라고 선언하였다(日本外務省, 2022a: p. 24).

이와 같이 '자유롭게 열린 인도·태평양(FOIP)'을 실현하기 위해서 ODA를 전략적으로 활용하면서 소다자주의를 확장시킨 것이라고 할 수 있다. 일본은 원래 지역의 연결성을 강화하기 위해 ODA를 전략적으로 활용하면서 교육체제에 대한 질 높은 인프라 지원과 법적, 제도적인 협력정책에 초점을 맞추고 있다. 특히 일본과 지역적 연대와 문화적 유사성이 강한 아시아태평양 지역 국가를 중점지원 대상으로 선정하는 것도 이와 무관하지 않다. 환태평양 파트너십(CPTPP) 전략이 FOIP와 이를 구체적으로 실천하는 아세안협력방안으로서 제안된 AOIP(ASEAN Outlook Indo-Pacific Framework)를 중심으로 전개하면서도 아프리카 지원전략(TICAD 등)과 결합하고, 중남미 개발협력전략에 전통적인 방식으로 추진하고 있다(日本外務省, 2022b).

3. 지속가능개발목표 2030 체제에 따른 ESD · 시민교육

1) 개발협력대강에 따른 교육협력 추진전략

일본의 개발협력은 2015년 2월에 새롭게 개정한 개발협력대강을 근간으로 하고 있다. 개발협력대강은 국제협력주의에 기초하여 적극적 평화주의 관점에서 국제사회의 평화와 안정 및 번영을 확보하는 것에 적극적으로 공헌한다. 또한 그와 같은 전략을 통해서 일본의 국익 확보를 도모하는 일본의 기본적인 방침을 분명하게 밝히고 있다. 외교정책 측면에서 가장 중요한 수단으로서 정부개발원조(ODA)를 전략적이며 효과적으로 활용하고자 한다.

그러므로 개발협력대강은 '비군사적 협력에 따른 평화와 번영에 대한 공헌', '인간의 안전보장 추진', '자조노력에 대한 지원과 일본의 발전경험과 지식을 근간으로 하는 대화 · 협동하는 자립적 발전을 향한 노력' 등 세 가지 측면을 개발협력기본방침으로 한다. 이와 같은 방침에 따라서 '질 높은 성장과 이를 통한 빈곤박멸', '보편적 가치의 공유와 평화롭고 안전한 사회 실현', '지구규모 과제에 대한 전략을 통한 지속가능하면 강인한 국제사회의 구축' 등 3대 중점과제에 따라서 협력을 추진한다(日本外務省, 2022b).

2015년 UN이 새로운 개발협력 구상으로 제안하였던 SDGs 2030 실천 전략이 구체적으로 드러남에 따라서 일본의 ODA 헌장도 새로운 구상과 미션을 담는 방식으로 개정되었다. 해당 헌장에는 "국제 사회의 평화와 발전에 이바지하여 일본의 안보와 번영을 보장하도록 한다."라는 목표가 설정되어 있다. 해당 헌장은 다시 초안이 작성되어 2015년에 "개발협력 헌장"이라는 이름으로 채택되었다. 개발협력 헌장에는 ODA의 범위를 넘어 "모든 사람을 위한 평화, 번영 및 더 나은 미래를 위하여"를 주제로 삼았다(日本外務省, 2022b).

일본 ODA를 통한 과거의 기여를 인지하고 새롭게 개정된 헌장은 다음의 세 가지 기본 원칙을 강조한다(日本外務省, 2022b ; 안해정 외, 2016: p. 91-92). 첫째, 비군사적 목적의 협력을 통한 평화와 번영에 기여하고자 한다. 일본의 개발협력은 진정성 있는 국제 사회의 평화와 번영을 달성하기 위한 측면에서 높게 평가되고 있다. 그래서 일본은 군사적 목적과 국제적 충돌을 유발할 수 있는 군수물자 및 국방전략지원 등의 반평화적인 개발협력을 하지 않는다는 원칙을 고수하여 적극적으로 국제 사회의 평화, 안전, 번영에 기여한다. 둘째, 인류 안보를 도모한다는 지침에 맞추어서 일본의 개발협력은 개개인에 초점을 맞추어야 한다. 특히 아이들, 여성, 장애인, 노인, 피난민, 국내 난민, 소수 인종 및 원주민 등과 같이 취약한 사람들을 포함한다. 또한 인류 안보를 실현한다는 목표 하에 그들을 보호하고 그들의 권리 신장을 위해 협력을 제공할 것이다. 셋째, 자립적인 개발과 수원국의 주체적인 실천의식을 지원하는 방식으로 추진되어야 한다. 일본 개발협력의 특징은 대화와 협력을 통한 각 부문 위주의 접근으로 개발도상국의 자조적인 노력을 지원하고 미래의 자립적 개발을 목표로 한다. 이러한 전통을 근간으로 하여 일본의 개발협력은 개발도상국이 고유의 이니셔티브를 구축하고 스스로 개발을 위한 노력 및 일본의 경험과 전문성을 활용하면서 대화와 협력을 강화하는 것을 강조함으로써 개도국의 자립적 개발을 도모하는데 목표를 둔다.

2) '지속가능개발목표 2030년'전략과 국제교육개발협력

일본 정부는 2016-2020 기간 동안 '평화와 성장을 위한 학습 전략'이란 이름으로 국제사회가 2015년 유엔 총회에서 SDGs에 합의하였던 양질의 교육을 달성하는 것을 목표로 하였다. 이 정책은 특히 인천에서 열린 세계교육

포럼 2015에서 채택된 교육 2030(Education 2030)에 적용되며 SDG 4 교육목표의 근간이 되었다. 이 정책은 일본의 60년간의 교육 협력에 대한 경험을 활용하여 인류 안보를 보장하기 위한 실천수단과 활용전략으로서 전 지구적 수준의 '평화와 성장을 위한 학습 전략'으로 "All Japan"모드로 협력전략을 적용한다(안해정 외, 2016: p. 98).

일본이 개발협력 대강에 기초하여 실천하고자 하는 세 가지 원칙은 (1) 포용적이고 평등한 양질의 학습을 위한 교육 협력, (2) 산업, 과학, 기술 인적자원 계발 및 지속가능한 사회경제적 개발을 위한 교육 협력, (3) 교육협력을 위한 국제·지역 네트워크 구축 및 확장을 포함한다. 또한 일본의 교육개발협력은 "보다 나은 학습"을 실현하고, "국제·지역 네트워크를 통한 필수 시스템 구축"및 "국제 사회의 성장과 혁신에 적극적으로 기여하고 나아가 지역 및 국제 사회의 안정과 평화에 기여"에 초점을 맞추고 있다(Government of Japan, 2015b: p. 4). 비전과 원칙은 아래 〈그림 4-1〉로 잘 설명된다(안해정 외, 2016: p. 100).

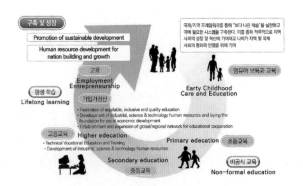

그림 4-1. 일본의 교육개발협력 비전과 원칙

출처: 평화와 성장을 위한 학습 전략: 상호 학습을 통한 양질의 교육 성취 (Government of Japan 2015b, p. 4.), 안해정 외, 2016. p. 100에서 그대로 전재하여 재인용함.

4. 지속가능개발교육 공유사업과 글로벌 교육협력체제

1) 일본의 국제교육개발협력 연계전략

현재 일본의 외교정책에서 분명하게 드러나는 특성은 글로벌 수준의 대표적인 국익외교(National Interest Diplomacy) 정책을 실천하는 것이라고 할 수 있다.[4] 자국민의 개발협력에 대한 공감과 수용을 확대하기 위한 전략으로서 민간기업의 자본을 활용하는 등 채산성 여부가 중요한 변수로 작용하였다. 기존에 부정적인 개념으로 금기시되었던 구속성원조 방식을 포함하여 국가경제를 후원하는 개발협력 외교정책이 강조되고, 심지어 교육개발협력조차도 인도주의적 관점보다는 인재육성과 시장교육원리를 적용하기 시작한 것이 이를 대변한다. 예를 들면, 수원국의 주체의식과 협업체계를 강조하면서도 공여국의 자본과 시스템, 교육제도 등이 자연스럽게 이식 · 체화되는 것이 최근 교육개발협력, ODA 진흥정책이 가지고 있는 현상이라고 할 수 있다.

일본은 국제사회에서 SDG 4번 목표(교육) 2030을 달성하기 위해 다양한 정부 · 공공기구에서 많은 노력을 하고 있다. 우선 외무성은 공공-민간 파트너십을 향상시키기 위한 플랫폼을 구축하여 개도국이 직면한 복잡한 교육문제에 적극 대응하며, 주로 일본의 경험을 잘 활용할 수 있도록 "All-Japan" 방식의 협력이 도모하고자 한다(안해정 외, 2016: p. 101). 사실상 교육개발협력의 핵심적인 추진주체는 일본국제협력기구(JICA)라고 할 수 있다. JICA는 ODA의 정책을 수행하고 SDG 4의 7개 목표 중 네 가지 분야에 교육 협력을 하

---

4 사실상 글로벌 수준에서 2010년대 금융공황에서 촉발된 ODA 효과성에 대한 자국민들의 부정적인 정서와 재정적 위기 등에 대한 대책이 국익외교정책으로 전환된 계기라고 할 수 있다. 이미 영국과 네덜란드, 일본 등이 이를 주도하면서 OECD DAC조차 개발협력재원으로 민간기업 등이 적극 참여하는 전략이 정착되고 있다.

고 있는 기관으로서의 특징을 활용한다. 네 가지 분야는 교육의 질 향상, 기술 개발, 지식 기반 사회, 공정 및 포용이다(안해정 외, 2016: p. 101).

첫째, 학습 향상을 위한 양질의 교육은 주로 수학 및 과학교육에 대한 지원 협력 방식에서 잘 드러나고 있다. JICA는 국제 협력에 있어 가장 풍부한 경험을 가지고 있으며, 아시아와 아프리카에서 지역적 협력 강화를 지원하고 중남미 지역에서는 중등 수학 교재의 개정 및 개발을 위한 기술 지원을 제공한다.

둘째, 평등하고 지속 가능한 성장 장려를 위한 교육협력에 대해 주로 아프리카 지역을 대상으로 지원한다. 특히 ABE 이니셔티브로도 알려진 청소년을 위한 아프리카 비즈니스 교육 이니셔티브 (African Business Education Initiative for Youth)는 일본 회사에 국제 인턴 채용 및 정부리더 육성방안 등이 포함되어 있다.

셋째, 사회의 지식 공동 창출을 위한 교육협력을 아프리카 및 아시아 지역 중심으로 추진한다. 대표적으로 추진한 사례는 이집트-일본 과학기술대 (Egypt-Japan University of Science and Technology (E-JUST))와 말레이시아-일본 국제 기술대(Malaysia-Japan International Institute of Technology (MJIIT))에서 고등교육분야 교류협력을 중점 추진하고 있다.

넷째, 포용적이고 평화로운 사회 구축을 위한 교육으로서 UN을 통해 실천한 오가타 이니셔티브가 대표적이라고 할 수 있다. 2004년 아프가니스탄의 "오가타(Ogata) 이니셔티브"를 통해 신헌법제정을 지원하고, 불안정한 분쟁상황에서 국가재건을 위한 기능·기초문해를 본격적으로 실천하였다(內海成治, 2005: p.16-17). 특히 '오가타 이니셔티브'는 신헌법 속에 문해교육, 유목민교육, 여성교육의 진흥을 명문화하고, 인간생활을 지원하는 풀뿌리 교육협력지원으로서 기초·기능문해, 직업기술훈련 등의 비형식교육을 포함한 지역사회재건사업에 집중하였다(안해정 외, 2021).

향후 일본의 개발협력은 몇 가지 장기적인 과제를 모색해야 한다. 국제사회 전체를 살펴보면, 2015년에 채택한 지속가능한 개발목표(SDGs)와 같은 해에 성립한 기후변동에 관한 파리협정이 지향하는 방향성에 초점을 맞추고 있다. 더구나 2020년 이후 전 세계를 급습한 코로나19 감염질환에 대한 대책도 부각되었다. 이런 모든 과정을 외교적으로 종합하는 관점에서 2016년 이후 제안하였던 '자유롭고 개방된 인도태평양' 전략(FOIP)을 중요한 비전으로 제시하였다. 결국 지속가능한 개발목표(SDGs), 기후변동, 코로나19 대유행, FOIP는 각각 서로 다른 상황이지만 실질적으로는 지구촌 새로운 평화전략으로 부각된 개발협력 방안이라고 할 수 있다. 다만 현재도 코로나 19 감염질환에 따른 경제공황, 사회불안 등의 상황으로 인해서 수많은 SDGs의 목표를 달성하기가 세계적으로 어려운 상황이라고 할 수 있다(日本外務省, 2022b: p.7)

더구나 '인간의 안전보장'을 중시하는 일본의 개발협력은 이와 같은 국제사회의 실천전략의 최전선에서 맞서 대응해야 하며, 기후변동문제는 2021년의 UN 기후변화협약 제26회 조약국회의(COP26)에서 지구의 평균 기온상승을 산업화 이전과 비교하여 1.5도 미만으로 억제할 것을 재확인하였다. 기후변동대책을 실천하는 것이 새로운 경제패러다임이 된다는 근거에 따라서 개발협력에 대해서도 민간투자를 활용한 상승효과를 제고하는 창조적인 기후변동대책에 따른 전략을 실천해야 할 것이다. 자연재난방지대책은 일본 자체적으로도 커다란 개혁과제임과 동시에 일본이 세계에 공헌할 수 있는 전문분야이기도 하다. 자유롭게 열린 질서를 유지하면서 코로나체제 이후 인도태평양 지역을 더 튼튼하게 회복하는 전략(Build Back Better)이 바로 일본의 교육외교와 개발협력의 커다란 사명일 것이다(日本外務省, 2022b: p.7).

현재 UN을 중심으로 하는 국제사회는 지속가능발전목표(SDG)4번 의제로서 '모든 사람에게 포용적이고 공정한 양질의 교육을 확보하고, 평생학습의 기회를 촉진'하는 '교육 2030 실천전략(Education 2030 Framework for Action)'을 달성하기 위해 진력하고 있다. 일본은 2019년 G20 오사카 정상회의에서 제안한 'G20 지속가능한 개발을 위한 인적자본 투자 이니셔티브 ; 포용적이고 강인하며 혁신적인 사회를 창조하기 위한 질 높은 교육'에 따라서 2019년부터 2021년까지 3년간 최소 9백만 명의 아동 · 청소년을 지원하는 '교육×이노베이션' 실천전략을 추진하였다. 2030년까지 모든 아동이 질 높은 초등 · 중등교육을 수료할 수 있도록 촉진하기 위해 가속적으로 혁신적인 전략을 실천한 것이다.

2) 일본의 '아시아판' 교육ODA와 향후 과제

현재까지 다자협력체제를 구축한 일본의 개발협력정책, 특히 교육협력 방안을 ODA 정책으로 확산시키고자 하는 일본 외무성과 문부과학성 등의 노력은 별반 다르지 않은 상황이라고 할 수 있다. 미국과 영국 등의 주요 G7 회원국들은 자연스럽게 교육협력을 통한 국제사회에 기여할 수 있는 국제적인 선도정책, 이를테면 세계시민교육과 지속가능발전교육 등을 포괄하는 UN 주도의 SDGs(Sustainable Development Goals) 2030 정책 등을 모범적으로 실행하였다. 참고로 국제사회의 평화와 공존공영, 개발과 협력을 통괄하는 대표적인 기구가 바로 UN이라고 할 수 있다. 그런데 2022년도 UN의 통상 지출예산은 총액 31.2억 달러 규모, 그리고 평화유지활동 PKO 지원예산은 63.8억 달러에 달하고 있다. 이 중에서 예컨대, 2022년 현재 UN의 경상재원과 평화유지 PKO 활동예산에 대해서도 전 세계 핵심 10개국이 각각 67%, 80%를 차지하고 있다(다음의 〈표 4-1〉과 〈표 4-2〉 참조).[5]

---

5   일본외무성 홈페이지 https://www.mofa.go.jp/mofaj/files/100334590.pdf (2022년 5월 10일

표 4-1. 주요국의 UN 통상예산 분담율(단위: %)

순위	국명	2019-2021년	2022-2024년
1	미국	22.000	22.000
2	중국	12.005	15.254
3	일본	8.564	8.033
4	독일	6.090	6.111
5	영국	4.567	4.375
6	프랑스	4.427	4.318
7	이탈리아	3.307	3.189
8	캐나다	2.734	2.628
9	한국	2.267	2.574
10	스페인	2.146	2.134

출처 : 日本外務省(2022). 外交靑書. p. 191.

일본외무성 홈페이지, https://www.mofa.go.jp (2022년 5월 10일 출력)

표 4-2. 주요국의 UN PKO 예산 분담율(단위: %)

순위	국명	2019-2021년	2022-2024년	2022-2024년
1	미국	27.8908	26.9493	26.9493
2	중국	15.2195	18.6857	18.6857
3	일본	8.5640	8.0330	8.0330
4	독일	6.0900	6.1110	6.1110
5	영국	5.7899	5.3592	5.3592
6	프랑스	5.6124	5.2894	5.2894
7	이탈리아	3.3070	3.1890	3.1890
8	캐나다	2.7340	2.6280	2.6280
9	한국	2.2670	2.5740	2.5740
10	러시아	3.0490	2.2858	2.2858

출처 : 日本外務省(2022). 外交靑書. p. 191.

일본외무성 홈페이지, https://www.mofa.go.jp (2022년 5월 10일 출력)

출력)

앞의 〈표 4-1〉과 〈표 4-2〉에서 알 수 있는 바와 같이, 일본은 지난 65년 이상 국제사회에서 OECD DAC 회원국 중에서 평화와 인도주의, 좋은 거버 넌스의 법치 중심 교육협력을 강조한 대표적인 국가라고 할 수 있다. 1980년 대 중반 이후 DAC 회원국 중에서 ODA 예산 세계 1~2위권을 유지하였으 며, 2000년대 이후 국내경제 상황에 따라서 2021년 현재는 세계 3위권의 실 적을 내고 있다. 그럼에도 불구하고 일본의 국제교육개발협력은 SDGs 2030 실천전략에서 유네스코 등 국제기구의 주도협력국가로서 ESD, 기초교육, 인간 및 과학경제안보외교 정책을 능동적으로 추진하고 있다. 즉, 기존의 국 내 상황에 적합한 예산규모와 아시아 · 아프리카 및 인도 · 태평양 지역을 중 심으로 규모의 개발협력, 평화와 인도주의, 인권과 개발을 위한 교육협력정 책을 적극 실천한다.

〈참고문헌〉

안해정 · 서예원 · 윤종혁 · 김은영 · 임후남 · 박환보 · 최동주 · 김명진 · 이정화(2016). 2030지속가능개발목표 (SDGs) 실천 방안 연구: 교육 분야를 중심으로. 한국교 육개발원.

안해정 · 박효원 · 윤종혁 · 서예원 · 정재원 · 박환보 · 장은하 · 조순옥 · 김신애(2021). 지속가능개발목표(SDGs) 달성을 위한 교육개발협력 연구(Ⅴ) : 문해교육 실천 전략. 한국교육개발원.

윤종혁(2009). 일본의 교육협력. 한국교육개발원 연구포럼자료집. 선진국의 아시아 개 발도상국가와의 교육협력정책, 추진체제 및 협력사례 분석.

윤종혁(2021). 일본의 지속가능발전교육(ESD)과 세계시민교육(GCED)의 쟁점. 한국 일본교육학회 공병호 외(편). 일본의 세계시민교육: 실천과 방향. 학지사.

유네스코한국위원회(2016). 유엔 지속가능발전교육 10년(2005-2014) 최종보고서:

우리가 원하는 미래를 그리다. 유네스코한국위원회 홈페이지

    https://www.unesco.or.kr/assets/data/report/F5nZBIL3ry309mQulBC6TMWu

    T8KAC_2.pdf 2020년 8월 19일 최종출력.

한국교육개발원 교육정책네트워크 홈페이지 '해외교육동향';

    https://edpolicy.kedi.re.kr(2021. 12. 08. 최종검색)

日本外務省(2022a). 2022年版外交靑書

    https://www.mofa.go.jp/mofaj/files/100334590.pdf (2022년 5월 11일 출력)

日本外務省(2022b). 2021開發協力白書

    https://www.mofa.go.jp/mofaj/gaiko/oda/files/100314156.pdf (2022년 5월 11

    일 출력)

日本文部科學省(2020). 文部科學白書; https://www.mext.go.jp. (검색일 2022.5.12.)

小林亮(2018). ユネスコの地球市民敎育が追求する能力:グローバル時代における價

    値敎育の新たな展望. '論叢'玉川大學敎育學部紀要 第18号.

日本文部科學省(2016). G7倉敷敎育大臣會合. 일본문부과학성 홈페이지

    www.mext.go.jp/component/a_menu/other/detail/_icsFile/afieldfile/2016/05/

    15/1370953_02.pdf 2019년 11월 27일 최종출력.

UNESCO(2016). 2016 글로벌 교육 모니터링 보고서. UNESCO(2016. 09. 06) 한국

    교육개발원 홈페이지(http://edpolicy.kedi.re.kr, 2016년 9월 23일 최종출력.

UNESCO(2016). Education for People and Planet: Creating Sustainable Futures for

    All, Global Education Monitoring Report Summary 2016.

구글 홈페이지, www.google.co.kr, 2019년 11월 27일 최종출력.

Government of Japan(2015a). Development Cooperation Charter – For peace,

    prosperity and a better future for everyone.

Government of Japan(2015b). Learning Strategy for Peace and Growth: Achieving

    Quality Education through Mutual Learning. (Original in Japanese: 平和と成

長のための学ひびの戦略―学び合いを通した質の高い教育の実現)

OECD 홈페이지

https://www.oecd.org/dac/financing-sustainable-development/development-finance-

standards/ODA-2021-summary.pdf (2022년 5월 15일 출력)

제Ⅱ부

공생교육
실천 정책

제5장

일본의 공생을 위한 교원정책의 변화

송민영(한국홀리스틱융합교육연구소)

일본의 '공생을 위한 교원정책'은 교사들의 근로환경을 개선하고 교사들의 전문성을 향상시키는 데에 초점을 맞춘 문부과학성의 정책으로, 이러한 정책의 주요 목표는 교사들의 업무 부담을 줄이고 교육환경을 향상시킴으로써 학생들의 학업 성취도를 높이고자 하는 것이다. 이것은 교육 시스템을 보다 지속 가능하고 사회적으로 관련성 있는 것으로 개선하려는 노력을 반영하고 있으며, 이러한 교원정책은 다음과 같은 다양한 방법으로 구체화되고 있다.

1. '교사 전문성 강화'를 위한 교원정책

일본은 교사의 전문성을 강조하며, 교육 시스템을 통해 교사들이 지속적이고 전문적으로 성장 발전할 수 있도록 다양한 지원을 하고 있다. 이를 통해 일본은 교육의 질과 학생들의 학습 성과를 향상시키는 데 주력하고 있다. 학교교육의 성공 여부는 교사의 역량에 달려있다는 것은 주지의 사실이다.

1) '레이와의 일본형 학교교육'의 모습과 교사상

일본은 2020년대를 통해 실현하고자 하는 학교교육을 '레이와(令和)의 일본형 학교교육'이라 하고, 그 모습으로 '모든 아이들의 가능성을 이끌어내는, 개별 최적인 배움과, 협동적인 배움의 실현'이라고 하였다. 또한, 'Society 5.0 시대의 교사의 존재 방식'으로 사명감과 책임감, 교육적 애정, 교과나 교직에 관한 전문적 지식, 실천적 지도력, 종합적 인간력, 소통능력, 퍼실리테이션 능력 등을 들고 있으며, AI와 로봇공학, 빅데이터, 사물인터넷(IoT, Internet of Things) 등 기술이 발전한 Society 5.0 시대의 도래에 대응해 교사의 정보 활용 능력, 데이터 리터러시의 향상을 요구하고 있다. 교사의 모습으로는 '환경의 변화를 긍정적으로 받아들이고, 교직생애를 통해 계속 배우며' '학생 개개인의 배움을 최대한으로 이끌어내는 교사로서의 역할'을 하고 있고, '학생의 주체적인 배움을 지원하는 동반자로서의 능력도 갖추고 있기'를 기대하고 있다(中央教育審議會, 2021.1.26.).

중앙교육심의회는 2019년 4월, '새로운 시대의 초등·중등교육의 존재 방식 특별부회'를 설치해 19차례에 걸쳐 논의를 진행하고, 12월 정리된 논점을 바탕으로 심의를 진행하고 있는 중에 신형 코로나바이러스 감염 확대라는 위기에 직면한다. 2020년 3월부터는 전국에 임시휴업 조치가 취해져 장기간에 걸쳐 아이들이 학교에 다닐 수 없다는 사태가 생겼다. 그 후 온라인 심의를 진행하여, 2020년 10월 분과회의 '중간 정리'된 자료를 기초로 관계자들의 의견수렴 및 관계부처나 총회에서의 심의를 거쳐 2021년 1월 26일

'"레이와의 일본형 학교교육"의 구축을 목표로 하여: 모든 아이들의 가능성을 이끌어내는, 개별 최적인 배움과, 협동적인 배움의 실현(답신)'을 발표하였다. 2021년 답신에서는 2020년대를 통해 실현하고자 하는 '레이와의 일본형 학교교육'의 본연의 방법과 그것을 담당하는 교사 및 교직원 집단이 있어야 할 모습을 나타내고 있다.

2) '레이와의 일본형 학교교육'을 향한 대처

'레이와의 일본형 학교교육'을 향한 대처로서는, 이미 '2017~19년에 걸쳐 개정된 학습지도요령의 실시', '학교에서의 일하는 방식 개혁', 'GIGA(Global and Innovation Gateway for All) 스쿨 구상', '초등학교 35명 학급의 계획적 정비' '초등학교 고학년 교과담임제의 추진'이라는 새로운 시책을 내고, 이러한 시책 이행을 위해 각 지자체에서의 조례정비 등의 대처도 진행하고 있다. 2017~19년에 개정된 학습지도요령은 유치원은 2018년도, 초등학교는 2020년도, 중학교는 2021년부터 전면 실시되고, 고등학교 등에 대해서도 2022년도 입학생부터 연차적으로 실시되고 있다.

학교에서의 일하는 방식 개혁에 대해서도, 2016년에 실시된 교원근무실태 조사 결과에 근거 심의된 '새로운 시대의 교육을 향한 지속 가능한 학교 지도 · 운영 체제의 구축을 위한 학교에 있어서 일하는 방식 개혁에 관한 종합적인 방책에 대해서(답신)'(中央敎育審議會, 2019.1.25.)에 따른 다양한 대처가 진행되고 있다.

또, GIGA 스쿨 구상에 근거한 1인 1대 환경의 실현이나, 공립 초등학교 35명 학급의 계획적 정비 및 고학년 교과담임제 추진 등 교직원 정수의 개선에 의해, 학생 개개인의 개별 최적인 배움과 협동적인 배움의 충실을 실현해 나가는 것을 추진하고 있다. GIGA 스쿨에 대해서는, 재해나 감염증의 발생 등에 의한 학교의 임시휴업 등의 긴급 시에도 걱정 없이 학습을 계속할 수 있다는 관점에서 배움의 보장으로 이어진다는 인식이다. 정부에서는 의무표준법(공립의무교육제학교의 학급편제 및 교직원정수의 표준에 관한 법률)을 개정하고, 2022년부터 5년간 공립 초등학교의 학급편제 표준을 40명(1학년은 35명)에서 35명으로 낮추는 것과 동시에, 이를 위해 필요한 교직원 정원의 계획적인 개선을 도모하고 있다.

3) 교원의 전문성 신장을 위한 방안 모색
-'새로운 교사의 배움 자세' 실현-

이러한 대처의 진전도 염두에 두고, 문부과학대신은 2021년 3월 12일, '"레이와의 일본형 학교교육"을 담당하는 교사의 양성·채용·연수 등의 본연의 모습에 대해' 포괄적인 자문을 실시하였다(中央教育審議會, 2021.3.12.). 주요 검토항목은 ①교사에게 요구되는 자질능력의 재정의, ②다양한 전문성을 가지는 질 높은 교직원 집단의 형성, ③교원면허의 존재방식, 교원면허갱신제의 근본적인 검토, ④교원 양성대학·학부, 교직대학원의 기능강화·고도화, ⑤교사를 지지하는 환경정비의 다섯 가지이다. 여기에서 심의된 내용도 포함하여 중앙교육심의회는, 2022년 12월 19일 제132회 총회에서 '"레이와의 일본형 학교교육"을 담당하는 교사의 양성·채용·연수 등의 본연의 모습에 대해: "새로운 교사의 배움 자세" 실현과, 다양한 전문성을 가진 질 높은 교직원 집단의 형성(답신)'을 정리하였다(中央教育審議会, 2022.12.19.). 이 답신은 2021년 답신(아이들의 배움)과 2022년 답신(교사의 배움)이 연결되어 있다는 것을 보여주고 있다.

문부과학성은 2022년 5월, '교육공무원특례법 및 교육직원면허법의 일부를 개정하는 법률'에 의해, 교원면허갱신제를 점진적으로 폐지하여 '새로운 교사의 배움 자세'를 실현하는 체제를 구축하기로 한다. 교원에게 보다 확실하게 배움의 계기와 기회가 제공되도록, 교육위원회에 있어서 교사의 연수 이력에 대한 기록 작성과 해당 이력을 활용한 자질 향상에 관한 지도 조언 등의 구조가 도입된 것이다. 또, 본 개정을 받고, 2022년 8월, 공립 초등학교 등의 교장 및 교원으로서의 자질 향상에 관한 지표 책정에 관한 지침을 개정함과 동시에, '연수 이력을 활용한 대화에 근거한 수강 장려에 관한 가이드라인'(文部科学省, 2022.8.)을 제시한다.

　개정된 지침(文部科学大臣, 2022.8.31.)은 교사에게 공통적으로 요구되는 자질 능력을 ①교직에 필요한 소양, ②학습 지도, ③학생 지도, ④특별한 배려나 지원을 필요로 하는 어린이에 대한 대응, ⑤ICT나 정보·교육 데이터 활용의 5개 항목으로 재정리함과 동시에, 연수 이력을 활용한 자질 향상에 관한 지도 조언 등에 대해서 그 기본적인 사고방식을 명기하였다. 또, 소속 교사의 역량 강화에 큰 책임과 역할을 담당하는 교장에게 요구되는 자질 능력을 밝히고 동시에 교내 연수 활성화, 연수 성질에 따른 연수 후의 성과 확인 방법 명확화 등의 중요성을 밝히고 있다.

　문부과학성은 2021년 답신으로 나타낸 이상적인 교사 및 교직원 집단의 모습을 실현하기 위해서, '교사의 양성·면허·채용·연수에 관한 제도'의 향후 개혁 방향성으로 다음의 세 가지를 제안한다(中央教育審議会, 2022.12.19.). 주체적으로 계속 배우는 교사의 모습은 학생에게도 중요한 롤 모델로, 아이들의 배우기의 전환과 함께 교사 자신의 배우기(연수관)의 전환을 요구하고 있다.

① 새로운 교사의 배움 자세 실현

  - 아이들의 배움(수업관·학습관)과 함께 교사 자신의 배움(연수관)을 전환해, '새로운 교사의 배움 자세'(개별 최적의 배움, 협동적인 배움의 충실을 통한, '주체적·대화적인 깊은 배움') 실현

  - 양성단계를 포함한 교직생활을 통한 배움에 있어서 '이론과 실천의 교류(往還)' 실현

② 다양한 전문성을 지닌 고품질의 교직원 집단 형성

  - 학교를 둘러싼 모든 과제에 조직으로서 대응하기 위해, 교사 개개인의 전문성 향상과, 다양한 전문성·배경을 가지는 인재 영입에 의해 교직원 집단의 다양성을 확보하여 학교 조직의 탄력성(복원력, 회복력) 향상

  - 학교 관리직의 리더십 하에 심리적 안전성을 확보하고 교직원의 다양성을 배려한 경영 실현

  - '학교의 일하는 방식 개혁'의 적극 추진

③ 교직지망생의 다양화나 교사의 라이프 사이클의 변화를 근거로 한 육성과 안정적인 확보

  - 다양한 교직지망자에 대응하기 위해 교직과정의 유연성 향상

  - 산휴·육휴 취득자의 증가, 정년 연장 등 교사의 라이프 사이클의 변화를 긍정적으로 파악하여 채용이나 배치 등을 궁리

4) 교원의 전문성 신장을 위한 연수

(1) 교원 연수의 방향과 방법

일본은 다양한 전문성을 가진 질 높은 교직원 집단 구축을 위해, 모든 교

원이 공통적으로 요구되는 자질을 갖추는 것은 물론, 그것을 넘어 교원 개개인의 개성이나 장점 신장 도모를 목표로 한 부단한 자질 향상을 요구하고 있다.

이에 적절한 현상 파악과 주체적 · 자율적인 목표 설정 하에 새로운 배움을 위한 수단으로 연수 이력 활용을 추진하고, 교내 연수나 수업 연구 · 보육 연구 등의 '현장 경험'을 중시한 배움과, 연수 실시자나 다양한 주체가 실시하는 교외 연수라든지 최적인 조합에 의해 실시되는 것의 중요성을 이야기하고 있다. 특히 교내 연수 등은 학교의 조직력을 높이고, 효과적인 학교교육 활동에도 기여하는 것으로 활성화를 기대하고 있다.

연수 실시 방법으로는 대면 · 집합형, 온라인(동시 쌍방향형, 온디멘드형) 등 연수의 내용이나 형태에 따라 선택할 수 있도록 하였다. 온디멘드형(オンデマンド型, 비실시간 녹화수업)에 대해서는, 교직원 지원 기구나 교육위원회, 대학, 민간단체 등의 다양한 주체가 제공하는 콘텐츠 활용도 안내하고 있다.

연수 성과 확인은 연수 성격에 따라 명확화 하는 것이 필요하다. 연수로 익힌 지식 · 기능을 확인하거나 배운 이론이나 얻은 과제 의식, 타인과의 대화를 단서로 자신의 실천 내용을 성찰하도록 한다. 특히 지식전달형 온디멘드형에 대해서는 연수 설계 단계부터 성과 확인 방법도 설정하도록 하고, 과제 등의 제출을 요구할 때는 꼭 필요한 것으로 한정하여 교사의 부담경감에 충분히 유의하도록 하고 있다.

(2) 연수 이력을 활용한 대화에 기초한 수강 장려

일본이 '연수 이력을 활용한 대화에 기초한 수강'을 장려하는 이유는, 연수 관리를 강화하는 것이 아니라, 교사와 학교 관리직이 연수 이력을 활용한 대화를 반복하는 가운데, 교사가 스스로의 연수 요구와 자신의 강점이나 약점, 향후 신장시켜야 할 역량이나 학교에서 해야 할 역할 등을 바탕으로 필요한 학습을 주체적으로 실시한다는 것이다. 무의식중에 축적되어 온 스스로의 배움을 객관화한 다음, 한층 더 늘려가고 싶은 분야·영역이나 새롭게 능력 개발을 하고 싶은 분야·영역을 찾아낼 수 있어 주체적·자율적인 목표 설정 및 이에 기반한 역량 강화로 이어진다는 것이다.

지도 조언자와 교원과의 대화 속에서 진행되는 것이 기본으로 기대되는 수준의 연수를 받고 있다고는 도저히 인정되지 않는 등 부득이한 경우에는 직무명령으로서의 연수수강도 상정하고 있다.

이러한 '연수 이력을 활용한 대화에 기초한 수강 장려'는 실제로는 교장이 다른 학교 관리직과도 역할 분담하면서 실시할 수 있다. 단, 학교 규모나 상황에 따라 적절한 권한의 위임 하에 주간교사 등 학교관리직 이외의 사람이 담당하는 것도 가능하다. 수강 장려와 '인사 평가'는 취지가 다르나, 연수 결과로서 발휘한 능력이나 업적은 인사 평가의 대상에 넣을 수도 있다. 연수의 효과적이고 효율적인 실시로부터 취지가 먼, 기록하는 것 자체가 목적이 되는 일이 없도록 하고 있고, 기록 대상으로 하는 연수 등 기록 내용에 관한 기준에 과도하게 신경 쓰지 말고 기록의 간소화를 도모하도록 하고 있다(文部科学省, 2022.8.).

(3) 교사의 ICT 활용 지도력 향상 모색

2016년 11월의 교육직원면허법(教育職員免許法) 개정 및 2017년의 문부과학성령 개정(省令改正)에 의해, 학교 현장의 상황 변화나 교육을 둘러싼 환경 변화에 대응하기 위해 ICT를 이용한 지도법 등이 새롭게 포함되었다. 이미 교원 양성 단계에서는 각 교과 지도법에 정보기기 및 교재 활용이 새롭게 추가되어, 2019년 4월부터 해당 내용이 담긴 교직과정이 시작되었다.

새로운 학습지도요령은 개인 맞춤형 학습과 협동학습을 강조하고, 학습지도방법과 지도체제를 정비함으로써 컴퓨터와 정보통신네트워크를 활용하기 위한 교육환경을 조성하고 있으며, GIGA스쿨 구상을 실천함으로써 새로운 ICT환경을 활용하고, 소규모그룹별 학습지도체제를 중심으로 개별 맞춤형 학습을 시도하고 있다. ICT 환경 정비는 학생에게 보다 좋은 교육적 효과를 가져 오는 것으로, ICT 활용을 통한 질 높은 학습 활동을 위해, 교사는 ICT 환경 정비 상황 등에 부응하여 그것들을 활용한 지도력을 향상시키기 위해 노력하는 것이 중요하게 되었다. 문부과학성은 교사들이 GIGA스쿨에서 ICT를 적극적으로 활용하여 대면·비대면(오프라인·온라인) 교육 활동을 성공적으로 수행하는 것을 기대하고 있다.

또한, 교사의 ICT 활용 지도력 향상과 아울러, 교사로서 요구되는 모든 자질·능력의 향상에 큰 역할을 하고 있는 교원 연수 등에 대해서도, 그 실시에 있어서 ICT 기기를 적극적으로 사용하거나 온라인으로 실시하는 것을 포함하여 보다 효과적인 실시 방법도 요구되고 있다.

(4) 교사 동료성과 상호 배움 문화 만들기

일본은 교직원 집단의 지속적인 성장을 촉구하기 위해 '교사 동료 간 서로 배움' 문화를 만들고, 각각의 강점과 전문성을 끌어내, 집단의 힘을 최대한으로 높여 가는 것을 중요시 한다. 이를 위해 멘토 등도 활용하면서 각 학교마다 연령이 다른 교사 구성과 경험 연수의 균형을 고려하며 현장의 교육과제에 맞는 교내 연수나 수업 연구 등의 일상적이고 조직적인 배우기를 실천하는 것을 권장하고 있다. 또한 안심하고 건설적인 비판이나 조언·제안을 할 수 있는 교내 환경을 조성하여, 대화나 제휴 협동에 의해 문제 해결이 촉진되는 학교 조직 문화를 요구한다(中央教育審議会, 2015.12.21.).

교내 연수 사례로는 모든 교원이 주체적으로 참가할 수 있도록 교내에 복수의 연수팀을 마련하고, 각 팀에 경험 풍부한 베테랑 교원이나 중간 리더 역할이 기대되는 교원, 교직 경험이 적은 젊은 교사나 초임 교원, 기간제 교원을 균형 있게 배치하여 실시하는 연수가 있다. 또한 베테랑 교원이나 중간 리더 그룹의 교원이 멘토로서 젊은 교사에게 지도 조언하거나, 수업연구 등을 하여 팀 내에서 배우는 가운데 초임자 등의 젊은 교사를 육성하는 이른바 멘토 방식의 연수를 도입하여 효과를 올리고 있는 예도 있다. 멘토 방식 연수는 젊은 교사 육성만이 아니라 중간 리더 육성에도 유효한 방법으로, 동일교에서 1명의 멘토가 1명 또는 복수의 초임자 등을 지도할 뿐 아니라, 복수의 멘토와 초임자를 포함한 복수의 젊은 교사가 연수팀을 조직하여 운영하는 방법이 효과적이라고 한다. 문부과학성은 이러한 동료 연수를 통해 임시로 임용된 교원이나 비상근 교원에 대한 연수도 실시되는 것을 기대하고 있으며, 새로운 시대에 있어서의 교사·교직원 집단의 지속적인 성장을 위한 본연의 방법 등에 대해 모색하고 있다(文部科学省, 2021.7.8.).

또한 향후 연수 본연의 자세에 대해서 '교사 개개인의 개성에 맞는, 개별 최적의 배움'과 '협동적인 교사의 배움'을 적절히 설정하는 것을 추구하고 있으며, '새로운 교사의 배움 자세'를 보다 고도의 형태로 실현하기 위해 다양한 연수 형태 및 방법을 제안하고 있다(中央教育審議会, 2022.12.19.)

2. '학교에서 일하는 방식 개혁' 의 추진

1) 개혁 추진 경과

일본은 교사의 지금까지의 일하는 방식을 재검토하고 스스로의 수업을 연마함과 동시에 인간성과 창의성을 높여 아이들에게 효과적인 교육활동을 할 수 있도록 학교에서의 일하는 방식 개혁을 추진하고 있다. 문부과학성은 2016년 4월, '차세대 학교 지도 체제에 어울리는 교직원의 존재 방식과 업무 개선을 위한 태스크 포스'를 설치해, 교직원의 존재 방식과 업무 개선 방책에 관한 검토를 하여, 학교 현장에서의 업무적정화 방안으로 '교사가 담당해야 할 업무에 전념할 수 있는 환경 확보, 부활동 부담을 대담하게 경감, 장시간 노동이라는 일하는 방식 개선, 국가·교육위원회의 지원 체제 강화'의 네 가지를 보고하였다. 2016~17년 2년간 위탁을 통한 교원의 근무실태 실증 분석을 통해 2017년 4월, 교원의 근무시간에 관련된 속보치의 공표를 하여, 간과할 수 없는 교사의 근무실태가 밝혀지고 이 사업에 대해 더욱 박차를 가하게 되었다.

중앙교육심의회에서는 학교에서의 일하는 방식 개혁에 대한 논의를 진행하여 2019년 1월 25일 '새로운 시대의 교육을 향한 지속 가능한 학교 지도·운영 체제의 구축을 위한 학교에서의 일하는 방식 개혁에 관한 종합적인 방책에 대해서' 답신을 정리하였다. 문부과학성은 이 답신을 근거로, 학교와 사회의 제휴의 기점·연결 역할로서, 학교에서의 일하는 방식 개혁을 위한 대처를 추진해 가고 있다. 이에 따라 같은 날 문부과학대신을 본부장으로 하는 '학교에서의 일하는 방식 개혁 추진 본부'를 설치하고, 향후 임해야 할 사항에 대한 공정표를 작성하여 근무시간 관리의 철저나 학교 및 교사가 담당하는 업무의 명확화·적정화, 교직원 정수의 개선 충실, 전문 스태프 혹은 외부 인재의 배치 확충 등 각종 노력을 종합적으로 진행하고 있다.

또한 중앙교육심의회의 답신에 근거하여 문부과학성은 '학교에서의 일하는 방식 개혁에 관한 대처의 철저에 대해서' 통지(2019년 3월 18일) 하고, '학교에서의 일하는 방식 개혁의 추진을 향한 하계 등의 장기 휴업 기간에 있어서의 학교의 업무의 적정화 등에 대해서'도 통지한다(2019년 6월 28일).

2019년 임시 국회에서는 '공립학교 교사의 근무시간 상한에 관한 가이드라인'을 '지침'으로 격상하는 것을 내용으로 하는 '공립 의무 교육 제학교 등의 교육 직원 급여 등에 관한 특별조치법 일부를 개정하는 법률'이 2019년 12월 4일에 성립, 같은 달 11일에 공포되고, 각 지방 공공 단체에서는 동법 개정 등을 근거로 조례나 교육위원회 규칙 등의 정비를 진행하였다.

이어서 문부과학성은 '공립학교교육 직원의 업무량의 적절한 관리 그 외 교육 직원의 복무를 감독하는 교육위원회가 교육 직원의 건강 및 복지의 확보를 도모하기 위해 강구해야 할 조치에 관한 지침의 고시 등'에 대해서 통지(2020년 1월 17일)하고, '교원과 사무직원의 표준 직무의 명확화에 관한 학교 관리 규칙 참고 예 등'에 관한 통지(2020년 7월 17일)를 하는 등 행정적인 제반 근거를 명확화 하고 있다.

2) 교사가 담당하는 업무의 명확화 · 적정화

교사가 담당하는 업무의 명확화 · 적정화를 기하기 위해 문부과학성은 2017년 12월 중앙교육심의회 '중간 정리'에서 제시된 구체적인 방안을 근거로 다음과 같이 조정업무를 제시하고, 각각의 업무를 적정화하기 위한 대처도 괄호 안에 넣거나 설명하여 제안하고 있다(文部科学省, 2017.12.26.). 본 내용은 중앙교육심의회 2019년 1월 답신에도 제시되어 있다(中央教育審議会,

2019.1.25.).

· 기본적으로 학교 이외에서 담당해야 할 업무

① 등하교에 관한 대응

② 방과 후부터 야간까지 순회, 아동 학생이 유괴되었을 때의 대응

③ 학교징수금의 징수 · 관리

④ 지역 자원봉사자와의 연락 조정

· 학교 업무이지만 반드시 교사가 담당할 필요가 없는 업무

⑤ 조사 · 통계 등에 대한 회답 등(사무직원 등)

⑥ 아동학생의 휴가시간에 있어서의 대응(윤번, 지역 자원봉사 등)

⑦ 교내 청소(윤번, 지역 자원봉사 등)

⑧ 부활동(부활동지도원 등)

· 교사의 업무이지만 부담 경감이 가능한 업무

⑨ 급식 지도(학급담임과 영양교사와의 연계 등)

⑩ 수업 준비(보조적 업무에 서포트 스태프 활용 등)

⑪ 학습 평가 및 성적 처리(보조적 업무에 서포트 스태프 활용 등)

⑫ 학교 행사 준비 · 운영(사무직원 등과의 협력, 일부 외부 위탁 등)

⑬ 진로지도(사무직원 및 외부 인재와의 연계 · 협력 등)

⑭ 지원이 필요한 아동학생 · 가정에의 대응(전문 인력과의 연계 · 협력 등)

각각의 업무를 적정화하기 위해 '등하교 지도'와 '학교 주변 순찰'은 지방공공단체 등이 중심이 되어, 학교, 관계 기관, 지역의 제휴를 한층 강화하는 체제를 구축하는 대처를 진행시키고, '학교징수금의 징수 · 관리'는 '공회계화(公会計化) 도입을 향한 가이드라인을 작성해, 각 지방공공단체서 추진'하도록 하고 있다. 특히 교사들에게 큰 부담이 되고 있는 '부활동' 지도에 대해서는 '운동부 활동의 존재 방식에 관한 종합적인 가이드라인'을 작성하여,

부활동지도원이나 외부 인재를 적극적으로 활용하도록 하고, 부활동을 지역 단위의 대처로 하여 학교밖의 외부기관 등이 담당하는 것도 검토하고 있었다.

신학습지도요령의 원활한 실시와 학교에서의 일하는 방식 개혁을 위한 환경 정비를 위해 2018년도 예산안에, '학교지도 · 운영체제의 효과적인 강화 · 충실, 교원 이외의 전문 스태프 · 외부 인력 활용, 학교가 담당해야 할 업무의 효율화 및 정선'으로 나눠 예산배정을 하고 있다. 신규 사업으로 학습 프린트물 등의 인쇄 업무, 수업 준비의 보조 등, 교원의 지원을 담당하는 한국의 행정실무사에 해당하는 '스쿨 · 서포트 · 스태프'의 3,000명 배치(12억 엔)와 도도부현 단위로 통합형 교무지원시스템을 도입 · 촉진하는 방안을 위해 3억 엔을 배정하고 있다. 교직원 정수에 대해서는 복잡하고 곤란한 교육 과제에 대한 대응 몫을 포함하여 총1,595명의 충원을 하였다고 한다(文部科学省, 2017.12.26.).

2019년 1월의 중교심 답신을 근거로 하여 문부과학성은 교사 등이나 사무직원의 '표준 직무 예'를 작성하여 2020년 7월 17일, 각 교육위원회에 참고예로 송부하였다. 학교에 있는 직의 직무내용은 복무감독권자인 교육위원회가 정하는 것이며, 본 표준 직무 예는 이를 위한 기초자료로서 각 교육위원회의 기존 규정과의 정합성이나 학교 · 지역의 실정에 따라 활용하는 것을 상정하고 있다. 학교장은 적절한 교무 분장을 하는데 있어서 표준 직무 예에 제시되지 않은 직무라도 각 학교 · 지역 등의 실정에 따라 필요하다고 인정하는 직무에 대해서는 교무 분장에 넣는 것이 가능하다.

조규복(2023)이 2018년에 실시된 OECD의 국제 교수-학습 조사(Teaching and Learning International Survey, TALIS) 결과를 간추린 자료(OECD, 2019)를 활용하여 교사의 주요 업무별 근무시간을 정리한 자료에 의하면, 일본은 56.0시간으로 한국 34.0, 미국 46.2, 영국 46.9, 프랑스 37.3, 핀란드 33.3, 스웨덴 42.3, 덴마크 38.9, 싱가폴 45.7, 대만 35.7(OECD평균 38.8)시간에 비해 교원의 업무시간이 가장 많다. 특히 일본은 동아리 등의 교과 외 활동 시간이 매우 높은 7.5시간(OECD 평균 1.7시간)으로 일본에서는 이 문제 해결을 위해 많은 연구와 정책이 진행되고 있다.

3) '전국 학교의 일하는 방식 개혁 사례집' 발간

교육위원회에서는 학교의 일하는 방식 개혁을 위한 대처로 '교직원의 근무실태의 파악 상황, 구체적인 대처 상황, 대처의 좋은 사례 등'에 대해 2019년도부터 매년 조사하고 있으며, 2020년도에 일본의 지자체는 시범사업 등을 진행하여 교직원 업무의 적정화 및 효율과 관련 사례 등을 수합하여 보고서로 공개하고 있다.

문부과학성은 교육위원회나 학교 현장에서 임하고 있는 일하는 방식 개혁을 위한 우수 사례를 널리 알려 현장에서 활용할 수 있도록 '학교의 일하는 방식 개혁 포럼: 우수사례 대집합! 퍼져라 실천의 고리'(2020년 1월 31일)을 개최하고, 2021년 3월 220쪽의 『전국 학교의 일하는 방식 개혁 사례집』을 발간하였다. 이듬해인 2022년 2월에는 250쪽의 『개정판 전국 학교에서의 일하는 방식 개혁 사례집』을 발간하고, 2월 25일에 '"개정판 전국 학교의 일하는 방식 개혁 사례집"의 소개: ICT를 활용한 교무 효율화 & 교원업무지원원 활용의 포인트'라는 주제로 포럼을 개최하였다. 22년 개정판에는 21년에 발간된 사례집에 새로운 사례가 추가되었고, 전체적으로 보다 활용하기 쉽게 개정되었다. 또한 이 개정판 사례집 중에서 다루는 ICT를 활용한 교무 효율화와 교사의 부담 경감에 도움이 되는 교원업무지원원의 활용에 관한 다큐멘터리 영상도 제작 첨부되었다. 포럼에서는 개정판 사례집이나 영상을 소개하는 것과 동시에, 실제로 학교 현장에서 실천하고 있는 교사들이 발표에 참여하여 생생하게 대처법을 전하였다. 이어서 2023년 3월에는 265쪽의 『전국 학교에서의 일하는 방식 개혁 사례집(2023년 3월 개정판)』(文部科学省, 2023.3.a)이 발간되고, 3월 22일 자료 활용을 위한 포럼(文部科学省, 2023.3.22.)이 개최되었다.

(1) 『전국 학교의 일하는 방식 개혁 사례집』(2021)

文部科学省(2021)의 『전국 학교의 일하는 방식 개혁 사례집(全国の学校における働き方改革事例集)』은 220쪽의 PDF 문서로 제공되고 있다.

이 자료집은 전국의 학교로부터 수집한, 어느 학교에서나 실현 가능할 수 있는 대처에 대해서, 분야마다 삭감 시간과 함께 기록해 정리하였다. 학교 업무를 정선할 때는 "아이들에게 필요한지 어떤지?"를 기준으로 하였다고 한다. 교원들이 필요로 하는 요구사항에 맞게 20개로 유형 분류를 하고, 클릭하면 쉽게 찾아갈 수 있도록 하여 사용하기 편리하게 제작되어 있다. 초ㆍ중ㆍ고ㆍ특수학교에 해당되는 내용인지도 구분할 수 있도록 안내되어 있다.

'구체적으로 개선하고 싶은 업무가 있는 교원'을 위해 17유형(학습지도, 학습평가, 학생지도, 진로지도, 특별활동, 동아리활동, 교외활동, 출결ㆍ보건정보관리, 학부모응대, 교무, 조사, 시설관리, 교무분장, 교직원의 직무ㆍ회의, 연수ㆍ연구, 회계업무, 복무)의 업무에 대한 대처 방법을 제공하고 있다. 각 유형별로 1~6개의 구체적인 업무 효율화 사례가 정리되어 있으며, 업무별 대처 방법을 절약 시간(일별, 연간)과 함께 구체적으로 안내하고 있다.

'일부의 교직원에게 부담이 치우쳐 있는 것을 해소하고 싶은' 경우를 위

해서는 '업무분담재검토'라는 영역에서 교과담임, 학급담임, 교무분장의 3개 소영역으로 구분하여 대처 방법을 제시하고, 교과담임 업무의 분담에 관한 대처법과 담임 업무나 교무 분장 등 발생하기 쉬운 업무의 재검토에 대해 소개하고 있다. '전원 · 팀 담임제(全員 · チーム担任制)', '그룹 담임제(グループ担任制)' 도입이 흥미로우며, 학급 담임을 기피하는 한국 현실에 좋은 방법이라 생각된다. 그러나 담임수당 지급, 책임 한계 등의 문제 해결이 선행되어야 할 것이다. 중학교에서 팀 담임제를 담당하는 한 명의 교원이 아침회의에 나와 1교시 수업을 담당하고, 다른 교원은 2교시부터 출근하여 부활동을 지도하기로 하여 업무 부담을 분산하고, 시차출근제를 도입할 수가 있었으며, 베테랑교사와 저경력 교사의 조합으로 젊은 교사의 성장에 큰 성과가 있었다고 한다. 1학년(6학급)의 2개 학급을 3명이 담임하는 그룹 담임제에 의해, 학급 담임의 업무 부담 감소나, 학년 팀으로서의 학생 지도에 연결하고 있다고 하는 니가타현 니가타 시립 우치노 중학교의 사례도 있다.

'집무에 사용할 수 있는 시간이 적어 곤란한 교원'에게 '집무 시간의 창출'을 위한 일과표의 재검토에 관한 대처 찾기, 전화 접수시간 제한에 대한 노력 찾기, 집무 환경의 정비에 관한 대처 찾기 등 집무 시간을 늘리기 위한 일과표의 짜는 방법이나 동선의 재검토 등에 대해 14개의 업무효율화 사례를 소개하고 있다.

'외부 인재 모집 · 활용이 곤란한 교원'에게 '외부 인재의 확보 · 활용'을 위해 효율적인 인재를 찾는 방법 다섯 가지를 제공하고, 학교 지원 직원의 하루 일하는 방식 이미지 보기를 통해 외부 인력에게 어떤 업무를 어떻게 맡기는 것이 좋은지에 대해 소개한다. 특히 신종 코로나 감염증 대책을 위해서 소독 작업이나 건강 관찰 등 늘어난 학교 업무에 대해 학교 지원 직원이나 지역 주민들의 협력을 얻어, 전국 각지에서 교원의 부담이 경감되고 있다고도 한다.

또, 'GIGA 단말을 활용한 교무 효율화를 시도하고 싶은 교원'을 위해 '그룹웨어 활용 매뉴얼'을 통해 그룹웨어 활용 방법 찾기와 Google Workspace for Education™, Microsoft Teams에서 가능한 업무 개선 노하우를 소개하고 있다. 이것은 2022년도부터 본격적으로 시작되는 GIGA(Global and Innovation Gateway for All)스쿨 구상에 수반해, 교직원의 ICT 환경 구비도 대폭 진행되는 것을 상정해 ICT 환경을 통한 교무 효율화의 예를 소개하고 있는 것으로, 119~219쪽까지 100여 쪽의 많은 지면을 할애하고 있다. 기타 좋은 사례를 제공한 학교 관계자 및 사례집에서 취급한 대처를 실천해 성과를 내고 있는 교육위원회와 학교에 대한 인터뷰내용도 싣고 있다.

(2)『개정판 전국 학교의 일하는 방식 개혁 사례집』(2022년 2월)

2022년 2월에 250쪽의 PDF 문서로 제공된 개정판은 전체적인 구성부터 달리하여 현장의 의견을 수렴 반영하여 3파트로 제작되었다. 전체를 비롯하여 각 파트별로도 따로 제공하고 있다. GIGA 스쿨 구상의 진전에 따라 중요성이 증가하고 있는 'ICT를 활용한 교무 효율화'나, 일하는 방식 개혁에 크게 기여하는 '교원업무지원원의 효율적 활용'에 초점을 맞추고, 보다 많은 교직원들이 활용할 수 있도록, Part1과 같은 특집 이외에도 토픽으로 중요성이 증가하고 있는 사례의 추가나 전체적인 디자인·레이아웃 변경도 포함해 개정하였다.

특집으로 기획된 'Part1. 학교 리포트/우리들의 일하는 방식 개혁'에서는 후쿠오카현 구루메 시립 사사야마초등학교(福岡県久留米市立篠山小学校)의 '교직원간의 정보 공유에 있어서의 과제를 ICT로 해결'한 사례와 기후현 기후시립 기후추오중학교(岐阜県岐阜市立岐阜中央中学校)의 '배움을 멈추지 않는 ICT'에서 '일하는 방식 개혁의 ICT'로의 사례, 치바현 치바시립 가소리중학교(千葉県千葉市立加曽利中学校)의 '교원업무지원원의 활용으로 교사의 부담 경감'에 대한 사례를 다큐멘터리 영상과 함께 제공하고 있다.

'Part2. 실례로 알기/업무 개선의 구체적인 방법'에서는 2021년도 발간된 자료집에서 제공하고 있는 교원들이 필요로 하는 요구사항에 맞게 분류된 내용이 전국의 학교, 교육위원회로부터 전해진 '이전 사례'와 대처에 대한 '인터뷰'를 기반으로 구성되어 있다. 현장의 요구에 따라 '각각의 사례 뒤에 어떤 배경이 있어 어떻게 과제를 극복했는지에 대한 것'도 추가하여 페이지 내의 이동이 쉽고 편리하게 하였다.

'Part3. 내일부터 가능/그룹웨어 활용법'에서는 GIGA 스쿨 구상의 진전에 따라 중요성이 증가하고 있는 'ICT를 활용한 교무 효율화'를 위해 그룹웨어를 어떻게 일하는 방식 개혁에 활용해 나갈지 구체적인 도구의 사용법을 정리한 파트로 주고받기 · 일정관리 · 조사 등의 업무를 간소화하도록 하였다.

또한 GIGA 스쿨 구상에서의 단말 정비와 동시에, 많은 지자체에서 도입된 그룹웨어로 대표적인 Google Workspace for Education™, Microsoft 365 Education을 이용해 할 수 있는 업무 개선 노하우를 정리해 두었다.

(3) 『전국 학교의 일하는 방식 개혁 사례집』(2023년 3월 개정판)

문부과학성의 조사에 의하면 전국에서 일하는 방식 개혁이 진전을 보이고 있는 한편 지자체 · 학교 간 차이를 보여, 각 학교에서 스스로 일하는 방식 개혁 상황을 파악해 한층 업무 개선에 활용할 수 있도록 '일하는 방식 개혁 체크 시트'를 넣어 새롭게 2023년 3월 개정판을 제작하였다. 이 체크 시트는 업무 개선 내용을 1~14로 분류하고 있으며, '대처 예'를 참고하면서 자교의 대처 상황을 학년 초, 중간, 학년말에 확인함으로써 업무 개선의 전체상을 파악하고, 한층 더 나은 대처의 검토 · 실행에 활용할 수 있게 되어 있다. 체크 시트는 사례집에 게재하고 있는 많은 대처와 링크되어 있으므로, 대처 상황의 파악과 동시에 개선 방법의 이미지를 교직원간에 공유하면서 업무 개선의 검토를 할 수가 있다.

이 밖에 일하는 방식 개혁을 추진하는데 있어 중요한 '사무직원'에 초점을 맞춘 특집(Part1)과, 학교 측뿐만 아니라 학부모 등의 부담 경감에도 기여하는 '학교 · 학부모 사이의 연락수단 디지털화'에 관한 도입의 포인트(Part3)를 작성하여 추가하였다.

이 사례집은 각 학교나 지역의 실정에 맞게 일하는 방식 개혁 추진을 위한 자료로 활용하고, 쌓아온 업무에 대해서 아이들에게 필요한지 어떤지, 또, 재검토가 적절한지 어떤지를 고려하면서, 보다 효과적 · 효율적인 존재 방식을 찾을 때 사례집이 도움이 될 것이라고 명시하고 있다.

3. 교원의 근태관리와 처우 개선

일본의 학교교육이 직면하고 있는 과제 중 '교원의 장시간 근무' 상황은 심각하여 2016년도 교원근무실태 조사에 의하면, 초등학교에서는 월 약 59시간, 중학교에서는 월 약 81시간의 시간외 근무가 이루어졌다고 한다(中央教育審議会, 2017.11.6.). 이에 병행하여 피로를 호소하여 병 휴직을 내거나 입원하는 교사들이 늘고 있어 교사 부족은 더욱 심각화 되고, 교직에 대한 인기는 떨어지고 있는 실태이다.

이에 문부과학성은 교원의 과도한 초과근무를 방지하며 건강하게 교직생활을 할 수 있는 방안을 모색하기 위해 적극적으로 '학교에서의 일하는 방식 개혁'을 추진하며, 교원의 근태 관리와 처우 개선을 도모하고 있다.

공립학교 교직원은 일부의 규정을 제외하고, 노동기준법(지방공무원법 제58조)이 적용된다(厚生労働省, 2017.1.20.). 이에 교장은 모든 교직원의 근무시간을 파악하는 것이 의무화되어 있다. 또한 학교에서의 일하는 방식 개혁을 추진하는데 있어서 학교 현장에서는, 우선 근무시간 관리의 철저를 도모하도록 하고 있다. 모든 교사의 근무시간을 정확하게 파악함으로써, 교직원 간 업무의 평준화나 교무 분장의 재검토 및 과도한 일에 대한 업무조정을 할 수가 있는 것이다.

복무감독권자인 교육위원회 등은 근무시간 관리에 있어서 최대한, 관리직이나 교사에게 업무 부담이 되지 않도록 최근에는 IC카드 등으로 출퇴근 시간 관리를 하도록 하고 있다. 근무시간 관리에 대해 2019년 1월 25일에 상한 가이드라인이 정해지고, 문부과학성과 교육위원회 등은 이러한 근무시간 파악 및 분석을 통해 교직원 업무의 개선과 근무환경의 정비를 진행하고 있다(文部科学省, 2019.1.25.).

'급특법(給特法: 〈공립의무교육학교 등의 교직원 급여에 관한 특별법〉의 약칭)'은 교육이 교원의 자발성, 창조성에 근거하는 근무에 대해 기대하는 면이 크다는 것을 근거로, 일반 행정사무에 종사하는 직원과 같은 시간적 관리를 하는 것은 적당하지 않다는 것에 따라 1976년에 제정된 것이다(中央教育審議会, 2017.3.29.). '급특법'에 의해 교원은 현행제도상 '초과근무 4개 항목(超勤4項目)'(교외 실습 등 학생의 실습에 관한 업무, 수학여행 등 학교행사에 관한 업무, 직원회의에 관한 업무, 비상 재해의 경우나 학생 지도에 관해 긴급 조치를 필요로 하는 경우 등 부득이한 경우에 필요한 업무) 이외의 근무시간외 업무는 내용에 관계없이 교원의 '자발적 행위'로 정리되어 수당지급을 하지 않는다. 또한 공무수행성이 없기 때문에 공무재해보상의 대상도 되지 않는다. 그러나 조사결과에 의하면 교사들은 '초과근무 4개 항목'에 들지 않는 본질적인 교원의 각종 업무로 인해 초과근무를 많이 하고 있었다. 이런 관점에서 교사의 근무가 있는 방식을 근거로 한 근무시간 제도, 특히 '급특법'으로 정하는 제재조치를 검토한 후 '자발적 근무'도 포함하는 노동 시간의 상한 설정, 모든 교내 근무에 대한 시간외 근무 수당 등의 지불을 원칙으로 하는 것으로부터 일하는 방식 개혁의 논의를 시작해야 한다는 인식이 크게 작용하고 있다.

또한 '급특법'에 의해 시간외 근무수당 및 휴일급을 지급하지 않고, 초과근무시간의 여부를 불문하고 포괄적으로 평가하여 교직조정액 4%가 지급되는데, 이에 대해 '인재확보법'이 정하는 '일반 공무원의 급여 수준에 비해 필요한 우대 조치'가 상대화하고 있는 가운데, 현재 교사의 근무실태를 근거로 하면 불충분하다는 지적이 있어 금액을 올리고자 하는 시도도 있다.

더불어 '교원의 근무시간 탄력화'가 될 수 있는 '1년 단위의 변형 노동 시간제(変形労働時間制)' 도입도 고려하고 있다. 학업처리, 성적처리 등으로 바쁜 시기에 통상보다 많이 할당한 근무시간만큼, 장기 휴업 기간 등에 확실히 휴식할 수 있는 것도 가능하다는 것이다(文部科学省, 2023.3.b).

교육위원회는 교사가 보호자 대응이나 외부로부터의 문의 대응을 이유로 시간외 근무하는 일이 없도록, 자동 응답기의 설치나 메일에 의한 연락 대응 등의 체제 정비를 하도록 하고 있다. 실제로 퇴근 시각 설정 후 자동 응답기를 설치한 것으로, 월간 평균 잔업 시간이 약 20시간 감소한 초등학교의 예도 보고되고 있다(文部科学省, 2022.12.).

일본은 교원들의 일과 생활의 조화를 위한 근무시간 조정 및 잔업 감소

등과 함께 처우개선에 대한 노력을 지속하고 있다.

4. 일본의 교원면허갱신제 폐지

1) 일본의 교원면허갱신제 도입

일본은 공교육을 담당하는 교사의 자질 유지, 향상 및 그 증명을 목적으로 한 교육직원면허법(敎育職員免許法) 개정(2007년 6월 27일 성립)에 의해, 2009년 4월 1일부터 교원면허갱신제(敎員免許更新制)가 도입되었다. '교원은 교육직원면허법이 수여하는 해당 직무수행의 면허장을 가진 자여야 한다(면허법 제3조 제1항)'는 것에 따른 면허장주의와 관련한 것이다. 면허장은 유효기간 10년의 '보통면허장', '특별면허장'과 유효기간 3년의 '임시면허장'의 3종으로 나뉜다. 단, 면허장주의의 예외로 특별비상근강사제도(特別非常勤講師制度)와 면허외담임제도(免許外担任制度)가 있다. '특별비상근강사'는 교원면허장을 가지지 않지만 다양한 전문적 지식·경험을 가진 사람을 교과 지도에 활용하는 제도이며, 비상근 강사로서 교과 영역의 일부를 담임할 수 있다. '면허외 담임' 제도는 중·고등학교에서 면허장을 소유한 자를 교과 담임으로 채용할 수 없는 경우에 교내의 다른 교과의 교원면허장을 소유한 교사가 1년에 한하여 면허이외 교과 담임을 할 수 있는 제도이다.

교원면허장은 모두 원칙적으로 도도부현교육위원회(都道府県教育委員会)가 수여한다. 현직 교원에게는 10년마다 면허장 갱신 강습을 수강할 의무가 있어, 수강하지 않는 경우에 면허장은 실효한다. 2년간 30시간 이상의 면허장 갱신 강습을 수료하고 도도부현교육위원회에 신청해 수속을 진행하는 것이 필요하다. 면허장 갱신 강습은 대학이나 도도부현의 교육위원회가 개설하는

데, 강좌는 필수 영역(6시간), 선택 필수 영역(6시간, 2016년 4월 1일부터 도입, 수강자는 영어 교육이나 교육의 정보화 등, 문부과학성령에 정해진 사항으로부터 자기의 흥미 관심 등에 따라 선택하여 수강), 선택 영역(18시간, 수강자는 대학 등이 자유롭게 개설하는 강습 중에서 임의로 선택하여 수강)으로 나뉘어 개설되고, 매년 약 9만 여명이 면허장을 갱신하고 있다(中央教育審議会, 2021.1.26.).

2) 교원면허갱신제 존재 방식의 재검토

교원면허갱신제는 교사로서 필요한 자질·능력이 유지되도록 정기적으로 최신 지식·기능을 익히는 것으로, 교사가 자신감과 자부심을 가지고 교단에서 사회의 존경과 신뢰를 받는 것을 목적으로 하고 있지만, 채용권자가 실시하는 연수와의 중복 부담감이 과제로 지적되어 왔다. 또한, 신형 코로나 바이러스 감염증의 영향으로 많은 현직 교원이 면허장 갱신 강습이 진행되고 있는 기간 중에도 아이들의 배움 보장에 주력해야 하는 상황이 발생하는 등 교사 부족 문제를 호소하고 있었다.

그 외에 35인 학급을 시행하기 위한 조치로 교원면허갱신제의 대폭적인 축소나 폐지를 요구하는 사항도 있었고, 교사의 근무시간 장시간화나 교사 부족의 심각화로 필요한 교사를 폭넓게 확보하기 위해, 다양한 지식 또는 경험을 가진 사회인이 일하면서 교원면허장을 취득하는 것이나 교원면허장 보유자가 재학습을 거쳐 학교 현장에서 일하는 것 등 교육직원면허법의 근본적인 재검토에 대한 요구 등도 있었다. 한편, 교원면허갱신제소위원회에서는, '갱신 강습에 의해 최신의 지식이나 기능을 획득할 수 있어 교원이 실시하는 교육 활동에 좋은 영향을 주고 있다는 의견을 많이 듣고 있다. 면허갱신제도는 교사의 질 향상으로 연결되어 있다고 생각하며, 교장회의 교장 측에서 갱신 강습을 그만두는 것이 좋다는 의견은 없다'라는 의견도 제시하고 있다(文部科学省, 2021.8.23.).

따라서 일본은 교원면허갱신제 그 자체의 성과나 최근 지적되고 있는 이러한 상황 등과 함께 교원면허갱신제나 연수를 둘러싼 제도에 관해서 보다 포괄적인 검증과 종합적인 검토에 집중한다. 이런 배경에서 2020년도에는 검증 경과를 보고하고, 2021년도부터 필요한 대책의 검토를 추진하고 있다.

문부과학성 위탁(2021.6.30.)으로 진행된 '2021년도 면허갱신제 고도화를 위한 조사 연구 사업 보고서'에 의하면, 교원면허갱신 강습 내용의 만족도에 비해 비용 부담 등을 포함한 종합 만족도는 일반적으로 낮게 나오고, 갱신제도 그 자체의 폐지, 혹은 대상자를 한정하는 등의 조치를 바라는 소리가 많았다고 한다. 따라서 앞으로는 개최자에 의한 기획 · 운영의 궁리에 의해, 수강자의 부담을 줄이면서 만족도가 높은 연수를 실시함과 동시에, 갱신 강습 · 현직 연수 각각의 제도 그 자체의 재검토에 대해서도 병행할 필요가 있다고 제안하고 있다.

3) 교육직원면허법의 일부 개정에 따른 조치

중앙교육심의회는, 2021년 3월 12일에 '"레이와의 일본형 학교교육"을 담당하는 교사의 양성 · 채용 · 연수 등의 본연의 자세에 대해' 포괄적인 자문을 실시하였다. 그 중 교원면허갱신제에 대해서는 "필요한 교사수 확보와 그 자질 능력 확보를 양립할 수 있는 근본적인 검토 방향에 대해 선행하여 결론을 얻어 주셨으면 한다"라는 요청이 있었다. 이에 부응해, 특별부회 아래에 교원면허갱신제소위원회를 설치해 6차례 심의 후, 2021년 11월에 '"레이와의 일본형 학교교육"을 담당하는 새로운 교사의 배움 자세 실현을 향해

(심의 정리)'를 한다. 즉, '교육공무원특례법 및 교육직원면허법의 일부를 개정하는 법률'에 의해, 교원면허갱신제를 점진적으로 폐지하여, '새로운 교사의 배움 자세'를 실현하는 체제를 구축하기로 한 것이다.

이에 따라 정부는 '교육공무원특례법 및 교육직원면허법의 일부를 개정하는 법률안'을 제출하여 2022년 5월 11일에 성립하고 교원면허장의 유효기한에 관련된 시행일을 2022년 7월 1일로 정하였다. 같은 해 8월 31일에 문부과학성은 '공립의 초등학교 등의 교장 및 교원으로서의 자질의 향상에 관한 지표의 책정에 관한 지침'을 개정함과 동시에 '연수 이력을 활용한 대화에 기초한 수강 장려에 관한 가이드라인'을 정하였다(文部科学省, 2022.8.).

또한, 같은 해 12월 2일에는 연수 이력 기록 시스템·교원 연수 플랫폼의 일체적 구축과 대학·교육위원회 및 학교 법인 등에 의한 '새로운 교사의 배움'에 대응한 온디맨드형(비실시간 녹화수업) 연수 콘텐츠와 교원 연수의 고도화 모델 개발에 관한 경비가 담긴 2022년도 보정예산(補正予算)도 성립하였다(文部科学省, 2022.12.).

4) 교원면허갱신제의 점진적 폐지 및 교원 연수의 고도화

일본 문부과학성은 홈페이지에 '교원면허갱신제에 관한 규정의 폐지(教員免許更新制に関する規定の廃止)'를 주제로 '법률 또는 정령의 명칭: 교육공무원특례법 및 교육직원면허법의 일부를 개정하는 법률안/ 규제명칭: 교원면허갱신제에 관한 규정 폐지/ 규제 구분: 폐지/ 담당 부국: 종합교육정책국 교육인재정책과/ 평가 실시 시기: 2022년 2월'에 대한 내용을 탑재하고 있다.

규제 완화의 내용에 대해서는 '규제완화의 경우 모니터링의 필요성 등 "행정비용"의 증가 가능성에 유의하여 본 건은 규제의 완화가 아니라 규제의 폐지'라고 보았다. 또한 '본 개정에 대해서는 시행으로부터 5년 이내의 적절한 시기에 사후평가를 실시한다.'고 명기하고 있다.

中央教育審議会(2022.12.19.)는 교원면허갱신제와 관련하여 부정적인 평가를 하였다. 즉, "모든 교사에게 일정한 학습을 요구하는 교원면허갱신제가 오히려 교사가 항상 최신의 지식 기능을 계속 배워야하는 '새로운 교사의 배움 자세'와 일치하지 않는 것으로 평가"하였다. 그리고 현실적으로 교원면허장을 갱신하지 않으면 직무상 지위의 상실을 초래할 수 있다는 제약 상에서의 배움 자체가 형식적인 것이 될 수밖에 없기 때문에 교원면허갱신제의 점진적 폐지(発展的解消)를 제언하였다.

즉, 교원면허갱신제에 대해서는 다음과 같은 조치들이 시행되었다.

① 교원면허갱신제의 점진적 폐지

'교육공무원특례법 및 교육직원면허법의 일부를 개정하는 법률'에 의해, 교원면허갱신제를 점진적으로 폐지하여, '새로운 교사의 배움 자세'를 실현하는 체제를 구축하기로 하였다. 이에 의해, 보통면허장 및 특별면허장 중, 2022년 7월 1일의 시점에서 유효한 면허장(휴면 상태의 것도 포함)에 대해서는 같은 날 이후 유효기간이 없는 것으로 되었다. 또, 갱신하지 않아 실효한 면허장에 대해서도 도도부현교육위원회에 재발급 신청을 하는 것으로 유효기간이 정해지지 않은 면허장을 받는 것이 가능해진다.

② 다른 학교종의 보통면허장을 부여받을 때 필요한 최저 재직연수의 완화

아울러, 이 법에 따라 보통면허장을 가진 자가 다른 학교종의 보통면허장을 받고자 할 경우에 필요한 최저 재직연수에 대해 해당 연수에 포함할 수 있는 근무 경험의 대상을 확대했다. 예를 들면, 중학교 교원이 초등학교에서 전과 지도를 했을 경우의 경험도 최저 재직연수에 통산할 수 있게 되어, 현

직 교원의 초·중 면허 양쪽의 보유가 촉구되는 것 외에 일본인 학교나 국제협력기구(JICA) 해외협력대, 혹은 외국 교육시설 등에서 교사로서 근무한 경험을 가산하는 것이 가능해지며, 다양한 경험을 쌓은 교사의 폭넓은 등용이 촉진되게 된다.

③ 특별면허장 수여 지침 개정

문부과학성은 도도부현교육위원회 주관 특별면허장의 적극적인 발급에 기여하는 관점에서 2021년 5월에 '특별면허장 수여에 관한 교육직원검정 등에 관한 지침'을 개정하였다. 구체적으로는 학교나 재외 교육 시설 등에서 교과에 관한 수업에 종사한 경험에 대해서, 600시간 이상이라는 요건을 삭제한 것 외에, 기업 등에 추가하여 NPO 등에서의 다양한 근무 경험을 추가하는 취지를 명기하는 등의 개정을 하고 있다.

또, '새로운 교사의 배움 자세'를 보다 고도의 형태로 실현하기 위해서는, 교육위원회 등이 실시하는 연수뿐만이 아니라, 대학이나 민간 사업자 등이 제공하는 프로그램도 포함해 다음의 '세 가지 구조'를 일체적으로 구축하는 것을 구체적으로 구상해 나가는 것이 필요하다고 하였다(中央教育審議会, 2022.12.19.).

ⓐ 명확한 도달목표가 설정되어 도달목표에 따른 내용을 갖추고 있는 질 높은 것이 되도록 학습콘텐츠의 질 보증을 실시하는 구조

ⓑ 학습 콘텐츠 전체를 바라보고 원스톱으로 정보를 집약하면서 적절하게 정리·제공하는 플랫폼과 같은 구조

ⓒ 학습 성과를 가시화하기 위해 개별 테마를 체계적으로 배운 것을 전국적인 관점에서 질이 보증된 것으로 증명하는 구조

문부과학성(文部科学省)(2023.2.21.)은, 〈레이와의 일본형 학교교육〉을 담당하는 교사의 양성·채용·연수 등에 관한 개혁 공정표(안)'를 만들어, '1. 〈레

이와의 일본형 학교교육〉을 담당하는 새로운 교사상과 교사에게 요구되는 자질 능력, 2. 다양한 전문성을 지닌 고품질의 교직원 집단 형성, 3. 교원 면허의 존재 방식, 4. 교원 양성 대학·학부, 교직 대학원의 존재 방식, 5. 교사를 지원하는 환경 정비'에 대한 2022~25년까지 4개년간의 추진일정을 문부과학성, 교직원지원기구, 대학, 교원양성대학·학부, 교육위원회, 대학·교육위원회가 역할을 나눠서 추진할 계획을 구체적으로 제시하고 있다.

일본의 '공생을 위한 교원정책'과 '공생전략'은 교육 분야에서 교원과 학교가 지역사회와 협력하여 더 나은 교육을 제공하고 지역사회의 발전을 촉진하는 데 기여할 뿐 아니라, 지속 가능한 발전과 사회적 상생을 추구하는 정책과 전략을 나타낸다. 이러한 교원정책과 공생전략은 교사와 학교가 학생들의 교육뿐만 아니라 사회 전반에 긍정적인 영향을 미치도록 하는 데 중점을 두며, 일본 교육체계의 개혁과 발전을 촉진하는 방향으로 이뤄지고 있다.

〈참고문헌〉

조규복(2023). 일본의 교원 업무 적정화 추진 정책 현황과 시사점-'팀으로서의 학교조직'을 중심으로. 제138차 한국일본교육학회 연차학술대회 겸 제177차 KEDI 교육정책포럼자료집. 59~69.

厚生労働省(2017.1.20.). 勤務時間管理の現状と在り方について. 労働時間の適正な把握のために使用者が講ずべき措置に関するガイドライン. p. 7.

中央教育審議会(2015.12.21.). これからの学校教育を担う教員の資質能力の向上について~学び合い, 高め合う教員育成コミュニティの構築に向けて~(答申).

21, 23, p. 69.

中央教育審議会(2017.3.29.). 今後の教員給与の在り方について(答申). p. 53.

中央教育審議会(2017.11.6.). 公立学校の教育公務員の勤務時間等について. 学校における働き方改革特別部会資料5-1. p. 18.

中央教育審議会(2019.1.25.). 新しい時代の教育に向けた持続可能な学校指導・運営体制の構築のための学校における働き方改革に関する総合的な方策について(答申). 16~21, 28~29, 44~50, p. 81.

中央教育審議會(2021.1.26.). 「令和の日本型学校教育」の構築を目指して~全ての子供たちの可能性を引き出す, 個別最適な学びと, 協働的な学びの実現~(答申). p. 97.

中央教育審議會(2021.3.12.). 「令和の日本型学校教育」を担う教師の養成・採用・研修等の在り方について. 令和3年3月12日 文部科学大臣 萩生田光一 諮問. p. 5.

中央教育審議会(2022.12.19.). 「令和の日本型学校教育」を担う教師の養成・採用・研修等の在り方について~「新たな教師の学びの姿」の実現と、多様な専門性を有する質の高い教職員集団の形成~(答申). p. 57.

文部科学省(2017.12.26.). 学校における働き方改革に関する緊急対策[概要]. p. 4.

文部科学省(2021.3.). 全国の学校における働き方改革事例集. p. 220.

文部科学省(2021.7.8.). 教師・教職員集団の持続的な成長. 第131回初中分科会資料2-2. 第2回「令和の日本型学校教育」を担う教師の在り方特別部会(R3.6.28). 7, p. 13.

文部科学省(2021.8.23.). 教員免許更新制小委員会(第1~3回)における委員からの主なご意見. 参考資料4. 1, p. 8.

文部科学省(2022). 교원면허갱신제에 관한 규정의 폐지(教員免許更新制に関する規定の廃止). https://www.mext.go.jp/a_menu/hyouka/kekka/1421037_00004.htm에서 2023.09.28.인출.

文部科学省(2022.2.). 改訂版全国の学校における働き方改革事例集(令和4年2月). p. 250.

文部科学省(2022.8.). 研修履歴を活用した対話に基づく受講奨励に関するガイドライン. 令和4年8月(令和5年3月一部修正). p. 23.

文部科学省(2022.12.). 令和４年度教育委員会における学校の働き方改革のための取組状況調査[結果概要] 令和4年12月. p. 30.

文部科学省(2023.2.21.).「令和の日本型学校教育」を担う教師の養成・採用・研修等に関する改革工程表(案)令和5年2月21日最終更新. p. 9.

文部科学省(2023.3.a). 全国の学校における働き方改革事例集(令和5年3月改訂版). p. 265.

文部科学省(2023.3.b). 公立学校の教育職員における「休日のまとめ取り」のための1年単位の変形労働時間制~導入の手引き~. p. 14.

文部科学省(2023.3.22.). 令和4年度学校における働き方改革フォーラムについて/学校における働き方改革フォーラムについて(令和5年3月22日).https://www.mext.go.jp/a_menu/shotou/uneishien/detail/1422164_00003.htm에서 2023.09.28.인출.

文部科学省委託(2021.6.30.). 令和3年度免許更新制高度化のための調査研究事業 事業報告書. みずほリサーチ&テクノロジーズ株式会社. 74~75, p. 79.

文部科学大臣(2022.8.31.). 公立の小学校等の校長及び教員としての資質の向上に関する指標の策定に関する指針(令和4年8月31日改正). 文部科学省告示第百十五号. p. 20.

OECD(2019). Chapter 2 Teaching and learning for the future, 〈Table I.2.27 Teachers' working hours〉. p. 1.

제6장

비경제활동청년 증가 원인과 대안
: '공생(共生)'을 위한 한일사회 진로교육 비교분석

이은주(명지전문대학교)

1. 비경제활동 인구증가 개요 및 원인

본 장에는 한국과 일본 사회가 초저출생고령화 사회로 진입함에 따라 발생하는 '비경제활동 청년' 인구증가 현상에 주목하였다. 한국과 일본사회는 사회적, 경제적 발전에서 상당한 유사성을 공유하고 있으며, 교육개혁 측면에서는 무한경쟁을 기반으로 하는 대학입시 중심의 개혁이 실천되어 왔다. 그럼에도 불구하고, 세계에서 가장 빠르게 초저출생고령화가 진행되고 있는 한국과 일본 사회는 근로연령 인구감소와 청년층의 경제적 비활동 증가 등 새로운 문제에 직면하게 되었다. 즉, 서열중심 교육에서 탈피하여 모든 아동, 청소년, 청년이 학습과 삶이 연계된 '독립적 인간'으로 성장할 수 있는 교육 패러다임으로의 전환이 시급한 상황인 것이다.

마크 프렌스키(2023)는 MZ 세대를 지칭하는 '디지털 네이티브' 세대를 정의한 인물로, AI 시대에 가장 필요한 역량은 오히려 '인간과의 관계성'이라고 강조하였다. 이에 본 장에서는 AI 시대로의 변화의 교차점에서 다양한 진로를 탐색하고 다양한 생산활동에 참여하며 서로 공존할 수 있는 방안으로서, 모든 아동, 청소년, 청년을 위한 진로 교육의 개선방안을 제안하고자 한다.

통계청의 '경제활동인구(Economically active population) 조사서(2023)'에 의하면 경제활동인구란, 만 15세 이상 인구 중 상품이나 서비스를 생산하기 위하여 실제로 수입이 있는 일을 하는 취업자와, 일을 하지는 않았으나 구직활동을 한 실업자를 가리킨다. 반면 '비경제활동인구(Economically inactive population)'란 만 15세 이상 인구 중 취업도 실업도 아닌 상태에 있는 사람을 가리킨다(통계청, 2023). 이들은 주로 가사 또는 육아를 전담하는 주부, 학교에 다니는 학생, 일을 할 수 없는 연로자 및 심신장애인, 자발적으로 자선사업이나 종교 단체에 관여하는 자 등이 해당된다고 정의하였다. 그러나 한 매체에 따르면 2023년 3월 현재, 통계청 국가통계포털(KOSIS)의 보고에서 지난 2월 비경제활동인구(취업자나 실업자가 아닌 인구) 중 활동 상태를 '쉬었음'이라고 답한 청년층은 49만 7000명으로 증가하였다고 보고하였다. 이는 1년 새 4만 5000명(9.9%)이 증가한 수치이며 2월뿐 아니라 모든 월을 통틀어 2003년 1월 통계 작성 이래 가장 큰 규모임을 알 수 있었다(국가통계포털, 2023). 또 다른 매체에서는 20대 쉬었음 인구가 50대를 추월했음을 발표하였다. 2005년부터 2020년까지 전례가 없던 일이 최근 3년 사이 빈번하게 나타나고 있는 것이다. 20대의 경제활동참가율은 심지어 60대 초중반 세대보다도 낮게 나타났다. '국가통계포털(KOSIS) 연령 · 활동상태별(쉬었음) 비경제활동인구 통계'에 따르면 20대 쉬었음 인구는 38만 6000명으로 전년동월대비 3만 8000명 늘었다. 이는 30대(27만 4000명), 40대(24만 8000명)는 물론 50대 쉬었음 인구(36만 5000명)보다도 2만 1000명이 더 많은 수치이다(헤럴드경제, 2023). 이 조사에 의하면 20대의

'니트족화'는 질 좋은 일자리의 감소 및 채용과 인력의 미스매치도 심각함을 지적하였다. 이는 일본의 2000년대 초반에 나타난 현상과 유사하다.

한편 10대 청소년들의 일상화된 비대면 수업은 학력격차 및 등교거부 증가 등의 문제를 양산하였고 포스트 팬데믹 이후, 사람을 대하는 것에 대한 어려움을 호소하는 청소년이 증가하고 있으며, '학교'라는 '공간'의 무용함을 전세계의 인류가 경험하고 있다(공병호 외, 2022: 20-50). 실제 일본의 비경제활동 청년들의 '일하지 않는' 가장 큰 원인이 학력저하 및 부적응으로 인한 초 · 중 · 고 중도탈락이 원인이 되어 그것이 장기화되고 있다는 결과도 나왔다(공병호 외, 2022; 후생노동성, 2003).

비경제활동 청년층으로 상징되는 '니트족'[1]과 '프리타족'[2] 및 '히키코모리' 문제는 한국사회에서도 관심을 갖고 있지만, 장기간동안 일본의 선례로 연구되어왔고, 한국에서는 이를 예방하는 차원에서 연구되어 온 게 사실이다(김광희, 2020: 467; 박지선, 2020: 19; 양미진, 2007: 119; 시사매거진, 2019: 40). 일찍이 1970년대부터 '히키코모리' 증가 문제로 골머리를 앓아왔던 일본 또한 2022년 현재 약 146만 명의 히키코모리가 존재하고 있고 10대부터 은둔생활을 하던 그들이 50대가 되면서 '8050문제'[3]라는 신조어가 양산될 만큼 심각한 사회적 이슈가 되고 있다(아사히, 2022; 辻本哲士, 2021). 한국에서도 이러한 청년에 대해, '은둔형외톨이'라는 용어로 일본과 유사하게 6개월 이상 집안에 거

---

1 니트족: Not in Education, Employment or Training의 준말로 미취학이며 무업(無業)의 상태인 사람들(한경경제용어사전, 네이버)

2 프리타족: 아르바이트로 생계에 필요한 정도의 일만 하는 청년층(한국경제, 2018. 3. 26)

3 80대의 부모가 자립하지 못한 50대 자녀를 부양하면서 나타나는 다양한 가족 간의 갈등 상황을 상징하는 사회적 용어.

주하면서 외부와의 접촉을 차단한 상태로 정의되고 있다.[4] 그러나 '실업'으로 규정되어 왔던 청년의 비경제 활동 현상을 최근에는 '그냥 쉬는 청년'으로 명명하여 집계한 통계청 자료를 보면 자발적으로 구직을 유예하거나 기피하는 청년들이 증가하고 있다는 결과를 보이고 있어(통계청, 2023), 그 원인에 관한 연구와 지원정책이 시급히 필요하다.

2. 비경제청년 증가 이론적 배경

팬데믹 창궐을 계기로 전 인류는 '초연결 사회'라는 비대면 사회에 익숙해져 있고, 빠른 사회변화의 주기는 'AI 시대'가 가져다 줄 변화에 관심과 우려가 높아지고 있다. 특히 AI가 대체할 직업의 범주에 관한 관심이 높아지면서 한일사회 모두 진로교육개선에 더욱 주력하고 있는 현실이다. 이러한 가운데 비대면 강의에 익숙해진 청년세대를 중심으로 취업을 유예하거나 진로에 관해 고민하는 기간이 길어지는 현상이 심화되고 있다. 이에 관해 전문가는 "일자리가 없다기보다 청년층이 하고 싶어 하는 일자리가 줄어든 게 비경제활동인구 증가의 가장 큰 이유"라며 "최근 청년들은 원하는 회사나 직무가 아니면 취업을 기피하는 경향이 있다, 이는 일자리 미스매치를 만든 고용환경이 문제"라고 지적하였다(중앙일보, 2023).

한편 일본사회에서는 '쉬었음 인구' 혹은 '비경제인구'를 '무업자(無業者)'로 칭하며, '무업사회(無業社会)' 및 '청년무업자(若年無業者)'가 사회문제화 된 지 오래다. '청년무업자'란 '15세 이상 40세 미만으로 고교 및 대학 등 학교

---

4 미국이나 한국에서도 일본사회의 현상과 요인이 유사한 부분에 관심을 두면서 '히키코모리(Hikikomori)'라는 원어를 그대로 사용하는 경향이 있음.

나 학원 등에 다니지 않는 독신으로, 수입이 없는 상태'를 칭한다(人事用語集, 2022). 일본의 '인사용어사전'에서는 청년층의 무업자를 세 가지 타입으로 정리하여 제시하였다. 첫 번째 '구직형'으로 취직을 희망하고 있으나 실제로는 근무하지 않는 타입, 두 번째, '비구직형'으로 취직을 희망하고 있으나 구직활동을 하지 않는 타입, 세 번째, '비희망형'으로 취직을 희망하지 않는 타입으로 분류하고 있다(人事用語集, 2022).

또한 일본의 비경제인구 중에서 많은 비중을 차지하는 계층을 '니트', '프리타', '히키코모리'로 분류할 수 있는데 특히 히키코모리는 일본사회에서 심각한 사회적 비용을 지불해야하는 문제로 오랫동안 주시되어 왔다(檜垣昌也, 2021: 3, 田澤雄作, 2021: 1401; 辻本哲士, 2021: 674, 久徳重和, 2008:17; 中島修, 2023: 15).

규토쿠 시케카즈(久徳重和, 2002)는 그의 저서에서 부등교가 장기화하면서 히키코모리의 원인이 되는 과정을 분석하였고, 히키코모리의 가장 큰 원인을 부모와의 관계 및 가정환경으로 설명하였다. 여기서 말하는 가정환경은 '빈곤' 혹은 '학대' 등의 문제라기보다는, 맞벌이 가정 및 한자녀가 증가하면서 타인을 대면하고 갈등을 해결하는 것에 취약해진 아이들이 사람과의 대면을 거부하는 경향이라고 해석하였다(久徳重和, 2002: 15-30). 같은 맥락에서 NHK 조사에 의하면 일본의 히키코모리의 원인에 관하여 대인관계와 우울증을 들었다(NHK, 2023). 이들의 은둔 기간이 장기화하면서 일본 노동시장에서 비경제활동 인구는 지속적으로 증가하고 있고 이를 위한 대책으로 다양한 청년 지원제도 및 외국인 유입 완화 제도까지 확대하고 있는 현실이다. 이와 같은 배경에서 일본에서도 '삶의 힘'이 되는 교육으로 문부과학성을 중심으로, 유치원 과정에서부터 진로교육에 주력하고 있는 현실이다. 이와 관련하여 도쿄대학 기타무라(北村友人) 교수는 '삶의 힘'이 되는 교육을 위해, 향후 학생들에게 요구되는 역량을 '새로운 가치를 창조하는 역량', '대립과 딜레마에 대응하는 역량', '책임 있는 행동을 하는 역량'으로 분류하여 설명한 바 있다(北村友人, 2023). 또한 마크프렌스키(2023)와 권두승(2023)의 미래세대에게 필요한 역량에 관해 〈그림 6-1〉과 〈표 6-1〉과 같이 정리할 수 있다. 〈그림 6-1〉에서 부모세대는 그림 좌측의 '쓰기, 연구, 학습'을 중시한 세대라면, 현 대학의 강의형태는 그림 가운데 부분의 '토론과 협업'을 중시하는 형태라고 할 수 있다. 그리고 향후 공생되어야 할 부분은 그림 우측의 '사랑, 창의, 윤리' 등 이라고 제시하였다. 〈표 6-1〉은 지금까지의 주요 자본이 물적 및 인적자본이었다면 앞으로는 '상호호혜적인 관계'를 중시하는 '사회적 자본'이 중시되는 사회가 될 것을 지적하고 있다(권두승, 2023: 211; 마크프렌스키, 2023: 54).

여기서 한국 학계에서의 사회적 고립 청년인 히키코모리에 관한 연구를 살펴보면 양미진 외(2007)는 '은둔형 부적응 청소년 사회성 척도 개발연구'에서 한국의 은둔형 부적응 청소년의 척도를 불안, 사회적 기술, 사회적 철회, 대인 예민성, 공격성의 다섯 가지 요인으로 분석하였다(양미진 외, 2007: 119). 일본과의 비교연구로써 김광희(2020)는 '한국의 청년 실업과 히키코모리 문제'에서 일본의 중장년화 하는 히키코모리 사례를 분석하여 향후 한국에서도 증가할 '은둔 청년'에 관한 지원의 필요성을 피력하였다(김광희, 2020: 467).

한일 진로교육 비교분석의 시점에서 '커리어교육'에 관한 연구도 소수 존재하여, 초·중·고등 과정의 진로교육의 커리큘럼이 대학진학 및 진로 설정에 반영되어야 함을 강조한 연구가 있다(이은주, 2019: 37). 지역연계형 진로교육에 관해서는 장지은 외(2013)가, 일본 공립학교의 커리어교육이, 살아가는 힘을 키우는 폭넓은 경험 확대 뿐아니라, 지역연계활동으로서 체계적으로 유형화되어 왔음을 분석하였다(장지은·이로미, 2013: 1)

이와 같은 연구성과에도 한국의 히키코모리를 포함한 비경제청년 인구에 관한 연구는 '심리적' 차원 혹은 '교육개혁적' 차원에서 연구되어 온 것이 주류이다. 그로인해 여전히 청소년 및 청년들의 부적응 정도, 즉 심리정서적인 문제의 유무를 구분하는 수준에 머물러 있다고 할 수 있다. 이러한 가운데 최근 연쇄적으로 발생한 고립 청년들의 범죄가 사회적으로 큰 이슈가 되면서 한국사회에서도 고립청년에 대한 관심이 상당히 높아질 것으로 예상된다(중앙일보, 2023).

이러한 선행연구 및 사회적 이슈에 착안하여, 자발적으로 취업을 유예하거나 포기하는 청년들의 비경제활동의 진행 과정을 '실업', '취업유예', '비경제활동' 상태의 세 단계로 분류하여, 시기별 및 사회적 요인을 분석하여 일본의 현실과 비교한다.

그림 6-1. 시대변화에 따른 공생관계 변화

이미 공생관계에 있는 것	공생관계를 향해 가는 것	아직 공생관계가 아닌 것
• 읽기	• 토론	• 사랑하기
• 쓰기(논픽션)	• 비판적 사고	• 꿈꾸기
• 정보접근	• 프로젝트 관리	• 상상하기
• 연구조사	• 아이디어 연결하기	• 느끼기
• 계산	• 쓰기(픽션)	• 온정
• 번역	• 음악과 예술	• 존중하기
• 협업	• 말하기	• 공감하기
• 학습	• 대화	• 윤리적인 사람되기
• 기민성	• 관계 맺기	• 동정심
• 투지	• 고유성	• 창의성
	• 사회참여 실현	

자료: 마크프렌스키 '세상에 없던 아이들이 온다' p.54 편집하여 그림으로 재구성

표 6-1. 세대 간의 자본의 변화

단 계	핵심자본	수 단	성 과
1세대 자본	물적 자본	하드웨어	하드웨어에 기술을 체화
2세대 자본	인적 자본	휴먼웨어	사람의 머릿속에 기술이 체화 근육 속에 숙련기술을 체화
3세대 자본	사회 자본	네트웨어	정직성, 신뢰, 네트워크 상호호혜성(협력의 중요성)

자료: 권두승 '영원한 베타' p211에서 인용

3. 한일사회의 비경제 인구증가 요인 분석

1) 한국사회의 비경제활동인구 증가 현상

(1) 교육적 요인 및 지원제도 검토

한국은 장기간에 걸쳐 정부주도적으로 다양한 형태의 청년지원책을 강구하고 있으나, 그 내용을 보면 일시적 지원금에 국한된 경우가 대부분이라고 할 수 있다(온라인청년센터, 2023). 〈표 6-2〉와 〈표 6-3〉은 2022년 현재 한국의 연령 및 활동상태별 '쉬었음' 인구 증가 추이를 나타내고 있다. 15세 이상 30세 미만의 '쉬었음' 인구가 가장 큰 폭으로 증가하고 있고, 쉬는 원인에 관해서는 여성을 중심으로 '가사' 형태의 원인이 6천여 명으로 가장 높고, 그다음으로 '이유 불명'이 3천 명 이상의 비율로 높게 나타났다. 수치적으로 나타나지 않는 다양한 사람들을 감안했을 때 그 숫자는 더욱 크다는 것을 예상할 수 있다(통계청, 2022).

한국의 구체적인 청년 지원정책을 살펴보면 크게 취업지원, 창업지원, 생활복지지원, 주거 및 금융지원 등으로 나눌 수 있다(온라인청년센터, 2023). 그중에서 취업지원 제도를 보면 청년 구직활동지원금과 실업수당, 청년수당 등으로 직접적인 금융지원이 주가 되고 있음을 알 수 있다. 그외 고용노동부의 '취업성공패키지' 지원 사업이 존재하는데, 청년에 국한된 제도가 아닌, 만 18세 이상 69세 이하의, 취업취약층[5]을 대상으로 하는 지원제도이다. 구체적 프로그램 내용을 살펴보면 초기상담, 직업심리검사, 집중상담, 취업지원 계획 수립 등으로 상담자의 재량에 의존하는 개별 상담중심 제도라고 할 수 있는 단계인 것이다(고용노동부, 2022).

한편 한국사회에서는 일본사회와 동일하게 청년층이 비경제활동을 자처하는 원인을, 학력저하 및 중도탈락 등의 요인으로 파생된 프리타 및 히키코모리 증가로 규정짓기는 어려운 단계라고 할 수 있다. 그 이유는 우선 수치적으로 여전히 한국사회는 세계적으로 유일하게 대학입학률이 70% 이상을 유지하고 있고, 전국 학생의 78.3%가 사교육에 참여하는 등 한국 학생들의 학구열이 여전히 높다고 볼 수 있기 때문이다.[6] 이는 저출생 및 한자녀 증가로 인해, 부모들이 더욱 집중적으로 사교육을 시킨다는 것을 방증하는 부분이다. 이러한 경쟁이 여전히 유효한 학력사회에서 명문대생들도 본인의 대학 및 학과에 만족하지 못하고 중도탈락 하는 현상 또한 나타나고 있다. 그 요인 중 가장 큰 이유가 의과 대학에 입학하기 위함이라는 조사결과까지 나왔다(YTN, 2023). 이처럼 한국사회 전체적으로 사교육비 투자 대비 그에 상응하는 직업 선택이 여전히 획일적임과 동시에, 노동층의 인력은 부족한, 양가적인 사회문제가 존재하는 특수성을 갖는다. 즉 청소년은 대학입시를 위해 여전히 경쟁적 학습을 하고 있고, 고등학교 및 대학 졸업 이후부터 '청년'으

---

5   중위소득 60% 이하의 가구원, 여성가장, 위기청소년, 니트족, 북한이탈주민, 결혼이민자, 결혼
     이민자의 외국인자녀 등(고용노동부, 취업성공패키지, 사업개요에서 인용)
6   반면 한국 10대 자살률이 여전히 세계적으로 가장 높고, 그 원인이 '성적'으로 나타나는 것은
     여전히 주시해야 함

로서의 지원정책의 혜택을 받는 식의 연령대별로 상이한 진로제도가 실천되고 있다.

표 6-2. 비경제활동 연령별('쉬었음') 인구 추이 (단위: 천명)

연령별	2016. 8	2018. 8	2019. 8	2020. 8	2021. 8	2022. 8
전체	15,962	16,172	16,330	16,864	16,758	16,246
15-19세	2,753	2,500	2,382	2,247	2,108	2,039
20-29세	2,229	2,275	2,377	2,512	2,438	2,229
30-39세	1,755	1,621	1,569	1,663	1,614	1,407
40-49세	1,609	1,608	1,654	1,768	1,706	1,650
50-59세	1,954	1,940	1,952	2,030	1,971	1,864
60세 이상	5,662	6,228	6,397	6,646	6,922	7,057

출처: 통계청 '연령 · 활동상태별('쉬었음') 비경제활동인구(2022. 11)'자료에서 연구자가 편집하여 재구성함.

표 6-3. 비경제활동 원인별 인구 추이 (단위: 천명)

활동상태	2022. 10	2022. 11	2022. 12	2023. 1	2023. 2	2023. 3
계	16,192	16,231	16,658	16,965	16,751	16,304
육아	959	929	938	931	923	877
가사	5,875	5,941	6,111	6,282	6,163	6,043
통학	3,422	3,441	3,454	3,302	3,224	3,313
연로	2,464	2,439	2,466	2,501	2,490	2,441
심신장애	466	466	470	471	467	467
그 외	3,007	3,015	3,220	3,478	3,483	3,164
취업준비	753	728	699	692	685	668

출처: 통계청 '연령 · 활동상태별('쉬었음') 비경제활동인구(2022. 11)'자료에서 연구자가 편집하여 재구성함.

(2) 비경제활동 청년 증가 원인

한국의 비경제청년 인구의 학력을 살펴보면, 일본의 2000년대 초반과 유사하게, 남성은 저학력층에서, 여성에게는 고학력층에서 비경제활동 인구수가 높다는 결과가 나왔다(고용노동부, 2023). 한국은 2000년대 이후 여성의 대학입학률이 남성 입학률을 상회하기 시작하여 여성을 포함한 고학력 실업률이 더욱 높아질 것으로 예상된다. 또한 대졸 청년들은 3D 직종보다는 행정직을 선호하고 있어서 구직의 기회가 더욱 협소해지는 요인으로도 분석할 수 있다. 서두에도 언급했듯이 '비경제활동'을 자처하는 이유는 다양하다고 할 수 있다. 예를 들면, 전문대학 재학생 청년 A는 아래와 같이 학교에 머무는 이유를 증언하였다.

국가장학금이 잘 되어 있어서 심화과정을 진학할 수도 있고, 편입도 계획하고 있다. 국가장학금 수혜를 받을 수 있는, 최대한 8학기 동안은 계속 학교에 머물고 싶다. 활동분야보다는 행정직으로 일하고 싶은데 나의 학력으로, 더구나 여성으로서 할 수 있는 일이 거의 없다. 아직 취업하는데 두려움이 있는 것도 사실이다.

심지어 취업 후 일에 대한 만족도가 낮아서 대학원 진학을 희망하는 경우도 있다. 예를 들면 대학원을 준비하는 여성 B는 대학원을 준비하는 이유에 대해서 아래와 같이 증언하였다.

나는 화학과를 나왔다. 그래서 원하던 화장품 관련 회사에 취업하였고 나름 열심히 일을 했다. 그런데 화장품을 제조하는 과정에서 대학원생들이 만든 매뉴얼을 나는 그대로 실행만 해야 하는 입장이었다. 그래서 조만간 직장을 그만두고 대학원에 진학할까 생각 중에 있다.

또한 프리터를 자처하고 있는 27세 청년 C는,

> 나는 예술 활동을 하고 싶은데, 돈이 너무 안된다. 식당에서 설거지하는
> 것으로 생계를 유지하고 있고 한 달에 한번 꼴로 들어오는 행사를 진행
> 하면서 지내고 있다. 그나마도 코로나 창궐 이후는 일이 뚝 끊겨서 극단
> 적인 생각까지 했었다. 예술가 지원금도 있지만 하늘의 별따기이다. 내
> 가 가난한 것을 증명해야 하는 절차도 비참하다. 자유로운 삶에서 활동
> 을 하고 싶은데 아직은 생계 때문에 힘든 게 사실이다.

인터뷰 내용과 매체 보도를 토대로 청년들이 '취업유예'를 선택하는 이
유를 분석해 보면, 우선 직업 선택의 협소함으로 인해 희망하는 직업을 찾기
위한 유예상태를 들 수 있다. 대졸이상의 학력의 학생들은 행정직 및 전문직
을 가장 선호하고 있으나, 일반 회사에서의 사무직은 저성장 시대 및 사회변
화에 따라 채용이 축소될 가능성이 높다. 두 번째로는 일시적 지원금 지급에
국한된 국가장학금 및 청년취업 지원제도로 인한 복지 무임승차가 증가하는
이유이다. 이에 관한 문제제기로 현 정부에서는 실업급여를 대대적으로 개
선한다고 하는데, 이 또한 특별한 대안이 없이, 결국은 지원금마저 축소될 가
능성이 높아졌다(경향신문, 2023). 세 번째로 무기력감 및 대인관계를 들 수 있
다. 잡코리아 조사 결과에 따르면 퇴사 경험이 있는 직장인 2천 288명을 대
상으로 조사한 결과 52%가 퇴사 이유를 밝히지 않고 퇴사했다고 했으며, 그
이유는 '어차피 바뀌지 않을 거니까'라고 답변하였다고 한다. '차마 밝힐 수
없었던 퇴사 사유'에 관해서는 1위가 '상사 및 동료와의 갈등', 2위가 '조직

문화가 안 맞아서', 3위가 '직급, 직책에 대한 불만'으로 나타난 결과를 제시하였다(연합뉴스, 2020).

이처럼 한국사회에서는 서열중심적으로 초 · 중 · 고등학교를 졸업하고, 적성보다는 성적에 맞는 대학에 입학하여 또다시 양질의 일자리를 위한 경쟁을 하고 있다고 할 수 있다. 양질의 일자리가 아닌 경우 생계를 위협받고 있으며 그러한 과정에 좌절하면서 대학원을 선택하거나 취업을 유예하고 있는 경향이 나타남을 알 수 있다.

2) 일본사회의 청년 비경제인구(청년무업자, 若年無業者)증가 현상

서두에서 언급한 바와 같이 일본은 장기불황에 들어서는 1990년대 말부터 청년실업이 심각한 사회문제가 되었으며 이와 관련된 주류 연구는 니트, 프리타, 히키코모리 증가에 초점을 두었고, 가정 및 개인적인 문제로 연구된 것이 사실이다. 특히 2019년 가와사키시의 아동 집단 살생 사건[7]과 그해 6월 일본 고위간부의 장남살해사건[8]을 계기로 일본사회는 중장년 히키코모리 당사자와 가족의 고립에 의한 '8050문제'가 본격적으로 논의되기 시작했다(小川祐喜子, 2020: 159; 田中, 2019 : 1). 여기에서는 일본의 청년층 비경제인구 증가 문제를 사회적 배경과 초 · 중 · 고 학교 부적응 등의 요인으로 구분하여 문헌을 토대로 분석하기로 한다.

---

7   50대 히키코모리 이와사키 류이치(岩崎隆一 · 51)가 초등학교 인근에서 학생들의 등교시 일으킨 범죄로, 초등학생 1명이 사망, 총 18명의 사상자를 낸 사건(뉴시스1, 2019).

8   구마자와 히데아키(熊澤英昭 · 76) 가 히키코모리 성향을 가진 아들을 흉기로 찔러 살해하였고, 그 이유에 관해 '아들이 주위에 폐를 끼쳐선 안된다고 생각했'고 하였다. 이 사건은 구마자와가 일본의 고위 관료였기에 사회적 파장이 더욱 컸음(뉴시스1, 2019)

(1) 비경제인구 증가 배경

일본의 청년무업자는 코로나 창궐시기인 2020년에 더욱 증가하였고, 그 중에서 15-24세의 청년층이 상대적으로 크게 증가하고 있는 추세이다. 특히 일본의 비경제활동 인구증가 현상은 1990년대 말부터 2000년대 초반의 경기불황에 따른 실업증가 시기부터 점차적으로 그 원인이 다양해졌다(檜垣昌也, 2021: 3, 田澤雄作, 2021: 1401; 辻本哲士, 2021: 674, 久德重和, 2008: 17). 예를 들면 2003년 일본 후생노동성은 '청년커리어지원연구회보고서'를 통해 노동을 기피하는 프리타족 증가의 원인 등을 다각적으로 분석한 결과를 제시하였다. 그 결과를 살펴보면 일본 기업 측에서는 '청년층의 의욕 부족'을 들었고, 학교 관계자들은 '학력저하' 문제를 주요 원인으로 제시하였다(厚生労働省, 2003).

현 한국사회의 '취업유예'의 시기는 일본의 2000년대 초반과 유사하다고 할 수 있는데, 이 시기에 일본은 '프리타족'을 자처하는 청년 증가에 관한 다양한 조사와 연구가 진행되었다. 예를 들면 일본후생노동성(2011)이 조사한 '프리터가 된 이유'에 관한 조사에서 '원하는 업무를 위해 공부 및 준비를 하기위해' '학비나 생활비를 위한 일시적 유예' '그냥'이라는 세 항목의 응답이 순서대로 가장 높았는데, 2006년도에는 '그냥'이라는 응답이 두 번째로 높게 나타난 시기임을 보고하였다(厚生労働省, 2022). 같은 조사에서 학력별 프리타 비율을 보면 중졸이 가장 높게 나타나, 학교 중도탈락의 원인이 청년무업현상과 연계가 있음을 지적하였다. 이 결과를 토대로 일본에서는 공립학교의 초등학교 시기부터 청년까지 연계되는 커리어교육(キャリア教育)을 본격적으로 추진하기 시작한 것이다.

(2) 사회적 및 교육적 요인 분석

일본에서 2000년대 이전까지의 히키코모리와 청년실업자 문제는 현 한국사회와 유사하게 자기책임과 개인적 요인으로 축소화되어, 사회문제로서 인식되지 못했다. 그러나 히키코모리에 대한 사회적 관심이 높아지면서 청년자립을 위한 다양한 지원책을 펼쳐왔다고 볼 수 있다. 예를 들면, 일본 정부는 2003년부터 [청년자립 · 도전플랜]을 책정하면서 본격적으로 청년 비경제인구 증가에 대한 대책을 내세웠는데, 그 상세한 내용을 〈표 6-4〉로 정리할 수 있다. 우선 유치원에서 청년까지 연계하는 '커리어교육(キャリア教育)'이라는 진로교육이 강화되었다. 한국의 '자유학년제'에 해당하는 커리어(career) 교육은 1999년 11월 12일 중앙교육심의회 답신 '초등중등 교육 및 고등교육과의 연계 개선에 관하여'를 계기로 점차 확대되었다. 즉 커리어교육은 '아동의 작업관 · 근로관 함양'을 최종 목표로 하여, 고등학교 및 대학진학 등 진로에 긍정적 영향을 주기 위한 내용으로 프로그램화되어 있는 것이 특징이다(文部科学省, 2004). 청년기 이후에는 취업에 의욕이 있는 청년을 대상으로 한 직업안정소, 청년 잡카페가 운영되고 있다. 그리고 히키코모리에 대한 집중적 지원을 하는 '지역청년서포터스테이션'이 지자체를 중심으로 운영되고 있는 것이다. 특히 히키코모리가 중장년화하면서 가정 내 갈등은 물론 사회적 문제를 양산하고 있음에 착안하여, 기숙사에서 전문적 상담과 취업체험 등의 실천적인 자립을 위한 플랜이 가동되고 있는 것이다. 일본은 이러한 정부 지원 외에도 은둔형 외톨이 자립을 위한 다양한 민간단체 프로그램이 운영되고 있다.

일본의 히키코모리 문제의 최고 권위자인 쓰쿠바대학의 사이토 타마키 교수는 30년간 사회적 고립 상태의 청년을 위해 고민한 일본의 심각성을 언급하며 "고립의 기간이 짧은 사람일수록 생활패턴 수정이 쉽고, 사람을 사귀는 것도 수월하다, 그러니 확실히 초기대응에 집중할 필요가 있다고" 지적하였다.[9] 일본사회에서는 청년의 자발적 비경제활동에 관해 청년의 심리적 상태를 원인으로 보기보다는 유년시절 학력저하 및 부적응의 연장이라는 지적이 확대되고 있는 것이다. 그리고 일부 발달 장애 등의 질병의 원인이 높아지고 있다고 한다.[10] 이러한 지적으로 인해 '학력저하' 문제에 관한 해결책에 문부과학성을 중심으로 학력과 삶을 연계하는 진로교육이 더욱 강화되고 있는 것이다.

표 6-4. 일본의 청년자립 · 도전플랜 내용

프로그램명	내 용
주니어인턴십 커리어대책 프로그램	공립학교에서 취업으로의 원활한 이행을 촉진하기 위한 혁신적 대책 - 커리어교육 등의 진로교육 확대
직업안정소	1. 신졸응원헬로워크(新卒応援ハローワーク) 　- 고등학교 및 대학교의 예비졸업자 대상 2. 청년헬로워크(わかものハローワーク) 　- 파트타임 및 아르바이트를 하고있는 청년 대상
청년 트라이얼 고용 잡카페	프리터에서 정규노동자로의 이행을 촉진시키기위한 대책
지역청년 서포터스테이션 (현재 전국 177개소 운영 중, NPO법인 및 주식회사 운영)	히키코모리 청년 지원 중심 일에 대한 청년의 의욕과 능력을 향상시키는 대책 - 커리어 컨설턴팅 등의 전문적 상담 - 커뮤니케이션 훈련 - 협력기업에의 취업체험 - 다양한 관련 강좌 프로그램

자료: OECD, 2010, 小川祐喜子(2020)를 인용하여 연구자가 표로 작성.

9　SBS스페셜 '사회적 고립 청년' 방영분 (2020. 3. 29. 오후 11시)

10　일본 동경도 중앙구 교육위원회 직원 I씨와의 인터뷰 내용의 일부(2023. 8. 19. 11시 장소: 서울시 역사박물관)

4. 진로교육 '커리어교육'과 '자유학년제' 비교

일본의 진로교육인 '커리어교육'은 1999년 중앙교육심의회답신 [초등중등교육과 고등교육과의 연계 개선에 관하여]의 발표로 진로교육을 초등단계[11]부터 아동발달단계에 따른 개선을 추진하기 시작하였다. 일본의 커리어교육은 초등학교에서는 커리큘럼에서의 다양한 직업 소개, 스포츠 활동, 체험활동 중시이며, 중등과정에서는 기업인턴 체험[12] 및 교내 심화학습을 들 수 있다. 그리고 그를 바탕으로 고등과정에서는 본격적인 대학입시를 위한 학과 및 진로를 선택하는 과정에 있다.[13] 〈표 6-5〉와 같이 한국과 일본의 진로교육의 의의를 간략히 정리할 수 있다. 한국의 자유학기제는 혁신중학교를 중심으로 시작되어 자유학년제로 확대되고 있고, 고등학교의 고교학점제까지 발전하기에 이르렀다. 그러나 이 자유학년제와 고교학점제는 현 정권에서 관심과 지원이 축소되고 있고, 대학입시와 직결되지 못하는 현실에 학부모의 반응도 좋지 못한 것이 현주소이다. 서열중심적이며 경쟁적 직업선택은 지금까지 분석한 바와 같이 비경제청년의 증가의 가장 큰 요인이 될 수 있다. 직업의 다양화, 창업환경 조성, 청년지원제도의 세밀화와 더불어, 기성세대의 진로와 자립에 관한 인식개선 또한 절실히 필요하다.

---

11 일본의 커리어교육의 당초 플랜은 '유치원에서 청년까지'의 삶과 연계되는 교육을 내세우고 있음

12 일본 커리어교육에서 가장 반응이 좋은 제도임

13 일본 동경도 중앙구 교육위원회 직원 I씨와의 인터뷰 내용의 일부

표 6-5. 커리어교육과 자유학년제 및 고교학점제 개요

구 분	일 본	한 국	
	커리어교육	자유학기제	고교학점제
실시기간	1999-현재	2013-현재	2025년 (일부 시범 실시 중)
추진배경	정보화 · 글로벌화 · 초고령화 · 소비사회 등에 대비	혁신학교 중심으로 유연한 교육과정 운영 및 진로탐색 시간 설정 자유학년제로 연장 운영	학생맞춤형 교육 미래사회에 필요한 역량 함양 학생 개개인 다양성 지원
교육내용	인간관계 형성능력 정보활용 능력 장래설계 능력 의사결정 능력	진로탐색, 체험활동 예술 · 문화 · 동아리활동 등	진로탐색 유연한 교육과정 운영
상세내용	초등- 진로관련 커리큘럼 및 체험활동 중등- 1주간 기업인턴 활동 등 고등- 선택형 과목 단위제 등	주제선택 활동 예술체육 활동 동아리 활동 진로탐색 활동	학생이 기초 소양과 기본 학 력을 바탕으로 진로 · 적성 에 따라 과목을 선택하고, 이 수기준에 도달한 과목에 대 해 학점을 취득 · 누적하여 졸업하는 제도

자료: (일본)문부과학성 자료 [중학교 커리어교육 안내서] 2011. 5. p10-33, (한국) 교육부 학교정책관 공교육진흥과 [중
학교 자유학기제 확대 · 발전 계획] 2017. 11. p3-5 내용 참고. 그 외, 일본전문가 인터뷰 내용 및 한국 경기도 A고
등학교 고교학점제 내용 참고로 작성

5. 공생을 위한 교육제도 및 인식개선 제언

서두에서 언급했듯이, 한국과 일본은 사회경제적으로 유사한 경제 발전
과정을 거치며 무한경쟁적 입시제도가 실천되어 왔다. 초저출생고령화 사회
로의 진입에 있어서도 양국 모두 20여년 만에 빠르게 진입하면서 그 심각성
또한 동일한 사회적 과제이다. 특히 압축경제 성장을 거쳐오면서 베이비부
머 세대를 중심으로, 과열된 사교육을 포함하여 자녀양육의 형식에도 유사
성이 존재한다. 그리하여 나타나는 부작용 또한 유사하며 본 장에서는 그중

에서 청년층의 비경제활동 인구증가에 착안하여 그 유사점에 관해 고찰해보 았다. 그 결과를 우선 시기적으로 〈표 6-6〉과 같이 정리할 수 있다. 장기불 황 시기의 '청년실업'과 '고학력 무업자' 증가가 나타난 시기가 있고, 그러한 시기에 급증한 '프리타족'을 중심으로 점차적으로 '취업을 유예'하는 시기가 나타났으며, 현재의 '비경제활동' 상태로 구분할 수 있다. 이러한 시기를 거쳐 일본은 다양한 지원정책의 효과는 물론 단카이세대의 대거 퇴직러시 및 생산 인구 감소에 따른 취업률 향상의 효과를 보고 있다. 그러나 이러한 효과 또한 일시적인 부분에 불과하다는 지적 또한 존재한다. 그 이유는 단카이세대의 인 구수에 맞춰져 있던 사회시스템이 저출생사회로 재구성 되어 가면서 노동시 장을 비롯한 경제지형이 급변할 수밖에 없다는 지적이다(山岸直司, 2008: 19).

일본의 커리어교육에서의 가장 큰 시사점은 유치원부터 청년 시기까지 연계적으로 실시한다는 부분을 들 수 있다. 지자체를 중심으로 전국의 공 립학교는 연간교육 활동 전반에서 커리어교육을 실시하고 있다. 또한, 초 · 중 · 고의 커리어교육이 단절되지 않도록 지자체의 교육위원회를 중심으로 연계적으로 운영하고 커리어패스포트와 같은 포트폴리오를 활용하는 지역 이 다수 있다(교육정책네트워크정보센터, 2023). 커리어패스포트에서 우리가 특히 주목할 만한 사실은 각 지역 특성을 살린 프로젝트를 수행함에 있어, 초 · 중 · 고 학생들이 지역과 환경문제에 관해 주체적으로 기획하고 활동하는 내 용을 중시한다는 점이다(교육정책네트워크정보센터, 2023). 또한 일본은 고교 졸업 이후의 진로 지원에도 구체적인 플랜 개선에 주력하고 있는 현실이다.

이에 비해 한국의 경우는 초등과정에서는 높이 평가받던 혁신학교 프로 그램이 중고등 과정에서는 입시와 직결되지 못하는 사유 등으로 활성화되지 못하는 현실이다.

결론적으로 현 한국사회에서는 향후 더욱 증가하게 될 프리타족과 히키코모리족 증가에 대비한 구체적인 지원정책이 필요할 것이며 초등교육 과정에서부터 실천적 진로교육이 적극 추진되어야 하고, 이것이 대학입시 전공 선택은 물론 입시평가와 연계되어야 할 것이다. 현재는 앞서 소개한 혁신 중·고등학교를 중심으로 진행되는 자유학년제와 고교학점제 등이 진로교육이 유형화 된 한국의 대표적 사례라고 할 수 있다.

취업유예가 장기화하는 이유에 관해서 일본사회는 유년시절의 부등교와 학력저하 문제에 초점을 두고, 그것이 히키코모리화 하는 것을 방지하기 위한 지원에도 중점을 두고 있다. 한국의 경우는 여전히 초·중·고 시기의 사교육비가 최고치를 경신하고 있는 반면, 청년층을 중심으로 취업을 유예하거나 포기하는 현상이 점차 증가하고 있는 것이다. 이에 대해 현재의 지원 수준은 여전히 '청년실업'에 초점을 맞춘 일시적 지원에 머물러 있으며, 은둔화 하고 있는 청년에 대한 수치 파악도 명확하지 않은 상태라고 할 수 있다.

이미 한국사회도 1차 베이비부머가 대거 퇴직을 하고 있으며, 그에 따른 일시적 취업률 상승이 나타날 것이다. 이를 대비해서라도 과거의 무한경쟁 속의 선발적 교육 및 취업의 유형이 아닌, 즉 '청년실업'의 시대에서 '청년자립'을 위한 시대로의 기조전환이 필요하다. 일본 이외에, 미국과 독일의 사례를 살펴보면, 미국은 2014년 '단절청년'을 위한 성과동반 시범사업을 진행하고 있으며, 독일은 중학교 교육과정에서 진로교육에 주력하고 있는 현실이다. 졸업을 완료하고 직업훈련 종료 단계까지 '교육사슬 지원', '잠재력 분석', '직업탐색 프로그램', '직업선택패스', '양성훈련 동반지원' 등의 구체적인 프로그램이 진행되고 있다. 핀란드의 경우는 20세 미만 혹은 최근 졸업한 30세 미만의 청년을 대상으로, 실직한 지 3개월 이내에 직장, 학습공간(Study place)이나 워크숍, 재활 기간을 제공하는 제도를 시행하고 있다(머니투데이, 2022).

　이처럼 유수 선진국에서도 '프리타' '단절청년' '외톨이 청년' '비경제활동 청년' 등의 용어로 시사되는 문제를, 잠재적 히키코모리 청년으로 범주화하고 있다. 그리고 그들을 위해 구체화 된 학습 과정을 구성하여, '직업', '커리어', '경제적 독립'을 위한 커리큘럼으로 개선하고 있는 노력이 보여진다.

표 6-6. 한국과 일본의 시기별 비경제활동 유형 현황

구 분	실업 (1990년대부터 2000년대 초반)	취업유예 (2000년대 초반 이후부터 2010년 전후)	비경제활동 (2010년 이후부터 2023년 현재)
일 본	청년실업 증가	니트족 · 프리타족 · 히키코모리 증가 취업유예	비경제인구의 중장년화 단카이세대의 퇴직러시 청년인구 감소로 인한 일시적 취업률 상승 외국인 채용 증가
주원인	장기불황, 저성장	학력저하, 한자녀 및 장애아 증가 등	초고령소자화 (超高齡少子化) 사회 부적응 등
한 국	IMF에 따른 전체인구의 실업 급증	청년실업 비정규직 확대	취업유예 및 비경제활동 청년 증가
주원인	경제위기, 기업도산에 따른 해고 증가	장기불황 초입 고학력 인플레이 등	고용과 구직자 간 미스매칭 부적응, 청년퇴직 증가 등

　한국과 일본의 청년층을 중심으로 한 비경제인구 증가의 원인을 문헌조사 결과를 바탕으로 비교분석한 결과는 다음과 같다. 비경제인구 증가 현상을 시기별로 '실업', '취업유예', '비경제활동'으로 구분했을 때, 한국은 현재 '취업유예'의 상태에 해당되며, 향후 비경제활동을 자처하는 청년들이 더욱 증가할 가능성을 도출하였다.

일본의 선례를 보면 타인과의 관계에서 취약한 한자녀 가정이 급증하고 있고, 그 외 장애아 출산 증가 등의 현상은 우리나라도 곧 직면할 미래이다. 베이비부머 세대에 맞게 설정되었던 사회경제적 배경에 현 시대의 교육방식으로는, 청년세대가 순응하기가 어려워졌다. 이에 관해 빅데이터 전문가 송길영(2023)은 '핵개인의 시대'라고 명명하였다(송길영, 2023). 즉 성과와 효율을 중시하던 베이비부머 세대가 세팅해놓은 사회구조에 MZ세대는 순응할 수도, 하지도 않을 것이라는 지적이다. 즉 기존의 경쟁 중심적이며 선발 중심적인 입시제도는 더 이상 시대변화에 부합하지 않는다. 생성 AI 시대라는 새로운 패러다임의 변화 속에서 여전히 수능시험 준비를 위해 매진하고 있는 한국 청소년 및 청년들에게 다양한 직업 선택의 기회와 창업의 기회가 주어져야할 것이며, 특히 내가 나고 자란 지역에서 '공생'을 실천할 수 있는 역량을 함양해야 할 것이다. AI가 대처할 직종이 증가하면서 타인 혹은 지역과 공생할 수 있는 능력이 가장 중요한 미래의 핵심역량으로 평가받는 시대가 된 것임을 직시해야 할 것이다.

일본의 지원제도의 경우, 지자체의 공교육기관인 교육위원회를 중심으로 유치원 시기부터 '커리어교육'을 통한 인턴십 교육이 진행되고 있으며, 이것이 고등학교 진학은 물론 대학입시 및 대학생 조기취업과 연계되고, 졸업 이후에는 청년 대상 '청년자립플랜'으로 연계되고 있다. 물론 일본사회도 여전히 지원제도의 비현실성을 비판하고 있는 전문가들이 일부 존재한다. 정부 및 지자체의 노력에도 불구하고 히키코모리가 지속적으로 증가하고 있고, 그들이 중장년화함으로 인한 사회적 비용이 막대하기 때문이다(NHK, 2022). 그럼에도 최근 청년 취업률이 상승하고 출생률이 회복되고 있음은, 초저출생고령화 사회로의 진입을 앞둔 한국사회에 중요한 시사점을 제시한다.

한 자녀 가정의 증가로 인해 부모들은 사교육에 더욱 집중하고 있으나,

아이들의 독립심은 점차 감소하는 현상이 나타나고 있다. 이러한 현상은 미래사회에 다양한 부작용으로 나타날 수 있으며, 그 중 하나의 현상이 본 장에서 논의한 비경제활동 청년 증가로 볼 수 있다. AI 시대로 인해 인간의 여가시간이 과도하게 증가함에 따라, 미래에 요구되는 역량은 일상생활과 삶의 영역에서 창의성과 공감능력을 함양하며, 타인과 공생 하는 삶이라는 인식전환이 필요하다.

〈참고문헌〉

공병호 외(2022). 뉴노멀 시대 일본교육의 변화와 실제, 한국학술정보, 2022.

권두승(2023). 영원한 베타, 교육과학사

김광희(2020). 한국의 청년 실업과 히키코모리 문제: 일본의 중장년 히키코모리와 8050 문제를 중심으로. 무역연구, 16(3), p467-480.

박지선(2020). 일본의 히키코모리 지원체계 고찰과 한국에의 시사점. 사회적질연구, 4(2), 19-45.

송길영(2023). 시대예보: 핵개인의 시대, 교보문고.

시사매거진(2019. 6 24). 히키코모리: 취업 실패가 부른 '방콕', 한국 30만명 추산, 40-41.

양미진(2007). 은둔형부적응청소년 사회성척도 개발연구, 아시아교육연구, 2007, 8(2), p119-134.

유기웅외(2018). 질적연구방법의 이해, 박영스토리, p56-59

이시균 외(2008). 실업, 비경제활동인구 현황분석 및 시사점, 한국고용정보원 연구자료, p17.

이원석(2020). 질적 연구방법으로서 사례연구의 특성, 질적연구, 21(2), p91-95.

이은주(2019). 학력저하 예방을 위한 공교육 개선방안 연구: 혁신교육과 유토리 교육의 비교연구, 한국일본교육연구, 24(1), p37-60.

장지은 · 이로미(2013). 지역연계에 토대한 일본의 커리어교육 정책의 사회적 유용성: 중등교육 사례분석, 한국진로교육연구, 26(4), p1-23.

小川祐喜子(2020). 若年無業者支援の現状と課題, 東洋大学人間科学総合研究所紀要, 22号-2020, 159-168.

久徳重和(2002). ここまで治せる 不登校 · ひきこもり, ビタミン文庫, p17.

北村友人(2023). AIデジタル時代における日韓間の持続可能な協力関係への方策と課題, 韓国日本教育学会春季学術大会, 2023. 6. 24

檜垣昌也(2021). 'ひきこもり'を分析する視点の再考：社会が問題化するp程とその変遷に焦点をあてて, 千葉商科大学大学院政策研究科 policy studies review (48), p3-23.

辻本哲士(2021). ひきこもりに対する地域支援 (特集 社会につながれない 隠された ひきこもり：8050問題. 公衆衛生, 85(10), p674-679.

中島修(2023). 東京都を中心としたひきこもり支援の展開 (特集 福祉と教育の接近性を改めて問う), ふくしと教育, 34, 12-15.

山岸直司 (2008). 大学院職業人教育プログラムの現状と大学経営への含意, 東京大学大学院教育学研究科大学経営事例研究(1) 報告書, 19-25.

교육부 고교학점제 포털 https://www.hscredit.kr/hsc/intro.do

경향신문(2023. 8. 2). "시립급여" "샤넬" 비난하기 전에…'이 현실'은 왜 말 안 해요?" https://m.khan.co.kr/national/national-general/article/202308021413001#c2b 에서 2023. 8. 30. 인출.

뉴스1(2021. 12. 26). "은둔형외톨이 문제, 한국이 일본보다 심각할 수도. 경각심 가져야" https://www.msn.com/ko-kr/news/national/에서 2023. 5. 4. 인출.

머니투데이(2022. 7. 9). "'니트족'이 낳은 '히키코모리'…일본 · 핀란드는 이렇게 챙겼다" https://news.mt.co.kr/mtview.php?no=2022070815174462932에서 2023. 6. 24. 인출.

연합뉴스(2020. 4. 13). "직장인 절반, 퇴사 이유 숨겼다밝히지 못한 진짜 이유는" https://www.yna.co.kr/view/AKR20200413049900003에서 2023. 8. 24. 인출.

오마이뉴스(2023. 4. 21). "초 · 중 · 고생 사교육비 지출 역대 최대. 더 많은 교육 공론
　　장이 필요하다"
　　https://www.ohmynews.com/NWS_Web/View/at_pg.aspx?CNTN_
　　CD=A0002920891&CMPT_CD=P0010&utm_source=naver&utm_
　　medium=newsearch&utm_campaign=naver_news에서 2023. 6. 21. 인출.

중앙일보(2023. 5. 17). "2023 '그냥 '쉬었음' 지난달, 66만명, 4050 처음 앞질렀다".
　　https://www.joongang.co.kr/article/25162989#home 에서 2023. 8. 30. 인출.

통계청(2023. 7. 12). 경제활동 인구조사 지침서
　　https://kosis.kr/statHtml/statHtml.do?orgId=101&tblId=DT_1DA7147S&vw_
　　cd에서 2023. 7. 30. 인출.

KOSIS 국가통계포털(2023. 4. 12). 연령별 활동상태별 비경제활동인구
　　https://kosis.kr/statHtml/statHtml.do?orgId=101&tblId=DT_1DA7145S에서
　　2023. 7. 20. 인출.

YTN(2023. 1. 25). SKY 재학생 천8백여 명 자퇴..."의학계열로 이동한 듯".
　　https://www.ytn.co.kr/_ln/0103_202301251132463886에서 2023. 6. 21. 인출.

헤럴드경제(2023. 5. 14). '일하지 않고 일할 의지도 없다' 20대 급속 '니트족'화…쉬었
　　음인구, 50대보다 많아.
　　https://news.heraldcorp.com/view.php?ud=20230513000117&pos=naver에서
　　2024. 2. 3. 인출

厚生労働省(2022). フリーターになった理由
　　https://www.mhlw.go.jp/file/06-Seisakujouhou-11600000-Shokugyou
　　anteikyoku/0000105821.pdf에서 2023. 6. 24. 인출.

厚生労働省(2008). 外国人労働者の現状
　　https://www.mhlw.go.jp/content/12602000/000391311.pdf에서 2023. 6. 24.
　　인출.

제7장

기초교육을 보장하는 일본형 공교육
: 2016년 교육기회확보법 제정과 야간중학교의 재검토

요코제키 리에(다쿠쇼쿠대학 홋카이도 단기대학교)

1. 들어가며

최근, 일본 공교육의 본래 모습이 급격히 변하고 있다. 일본에서는 부등교 아동 학생이 현저히 증가하는 추세에 있으며, 외국 국적을 가진 아이들이 증가하고 있고, 학령기에 충분히 교육을 받지 못한 사람들도 많아 국가 수준에서 이들을 위한 보상교육이 절대 필요하다는 인식이 커지고 있다. 이런 측면에서 오모모·세토(大桃俊之·背戸博史, 2020)는 일본의 학교교육법에 있어서 1조교를 중심으로 한 교육 보장의 구조를 "일본형 공교육"으로 파악하고, 그러한 차이나 재편 과제란 무엇인가에 대해 주목하면서 연구를 진행하고 있다. "일본형 공교육"이란, 학교교육법 1조에 해당하는 학교(이하, "1조교")를 중심으로 한 구조를 말한다. 1조교는 유치원, 초등학교, 중학교, 고등학교, 중등교육학교, 의무교육학교, 특별지원학교, 대학이다. 여기에 포함된 1조교는 일본의 교육시설에 있어서 특별한 자리매김이 이루어져 왔다. 설치자는 "공적인 성격"을 지니는 것으로 되어 있으며, 국가, 지방 공공 단체, 학교법인에 한정되었다. 취학의무의 이행은 1조교에 한정되어, 불이행에 대해서는 벌칙 규정 항목이 설치되어 있다. 의무교육에 관한 학교(초·중등학교)의 설치는 시 정촌으로 하고, 특별지원학교의 설치는 도도부현으로 의무화되어 있다. 또 한, 시정촌에는 경제적인 이유로 취학이 곤란하다고 인정되는 아동 학생들 의 보호자에게 필요한 원조를 실시하는 것으로 규정되어 있다.

또한, 의무교육단계 1조교에서는 국립·공립학교 모두 수업료는 무료이 고, 교과서도 국공사학을 불문하고 무상급여화로 되어 있다. 이와 같이 교육 보장의 구조가 1조교에서 정비되어 1조교에서 교육을 담당하는 교원은 교 원자격을 취득하는 것이 법률로 상세히 정해져 있다. 전국 어디에서나 같 은 면허를 가진 교원이 교과서에 따라 같은 내용의 교육을 보장한다는 이른 바 "보편적이고 공통적 교육"의 보장을 목표로 하였다(大桃俊之, 2005; 大桃俊之, 2014). 일본형 공교육은 국가, 지방자치단체의 존재를 전제로 하여 성립하는 공교육이다. 그러나 공교육의 분석 방법은 논자에 따라 다양하다는 것이다. 예를 들면, 마노(真野宮雄, 2002)는 공교육을 "법률에 의하여 국가 또는 지방자 치단체에 의해 관리되는 교육" 또는 "사립학교를 포함한 공적기관에 의해 관리의 대상이 되는 교육기관", 또는 "사회교육 등을 포함한 공공기관의 직 접적인 관리의 대상이 되는 교육"으로 정의하고 있다. 사이토(齊藤純一, 2000) 는 공공성을 "국가에 대한 공적인 것", "특정 누군가가 아니라 모든 사람들 과 관련된 공통적인 것", "누구에게나 열려 있는 것"으로 파악하고 있다. 이 처럼 오늘날 일본의 공교육 개념은 결코 절대적인 것은 아니다. 구조개혁 특 별구역으로 한정되어 있지만, 1조교의 설치 주체가 국가와 지방공공단체, 학 교법인이라는 규제가 풀어져, 주식회사나 NPO의 참가도 인정되고 있다. 1 조교를 담당하는 교원도 다양한 인재의 채용이 이루어지고 있다. 또한 교육

개선을 위해 민간(영리, 비영리조직)과 연계되어 다양한 참가자가 관여하게 되어 있다. 공과 사교육의 경계선이 종래보다 분명하지 않고 차이가 생기고 있다. 마찬가지로, 빈곤과 격차가 심각해지는 가운데, 부등교의 문제가 사회 문제화되는 가운데, 학교 교육 이외의 민간 단체가 학습을 지원하고, 교육과 복지와의 관계를 이해하는 방법도 변용되고 있다는 것이다.

이러한 관점에서 일본형 공교육의 차이 개념을 파악한다면, 본고에서 다룰 야간 중학교도 그 중 하나이다. 자세한 것은 후술하겠지만, 1945년 제2차 세계대전 패전 이후의 의무교육제도 속에서 야간중학교라는 학교는 존재하지 않았고, 지금껏 정통적으로 위치하는 학교로는 인식되어 오지 못하였다(江口怜, 2016). 2016년 의무교육 단계에서 보통교육에 상당하는 교육 기회 확보 등에 관한 법률(이하, 교육기회 확보법)이 성립된 이후로 정통적으로 자리매김하게 되었다. 실로 공교육 제도의 소용돌이 속에서 추진하던 중에 있었던 학교의 한 형태이다. 1970년대 이후 야간 중학교에 다니는 학생의 나이가 문제시되었고, 심지어는 부등교 정책과도 밀접하게 얽히면서 야간 중학 운영 방침이 형성되어 갔다. 1970년대 도쿄도의 야간 중학 입학자 정책의 전환에 대해서는, 오타와(大多和雅絵, 2017)가 자세하게 거론하고 있으며, 또한, 필자도 도쿄도의 사례를 소개하고 있지만(橫関理惠, 2011, 2012, 2019), 지금까지 국가의 야간 중학 정책에 관한 연구는 적다고 할 수 있겠다. 그래서 본고는 일본의 의무교육 미수료자와 기초교육 보장 관점에서 정부의 야간중학 정책의 최근 동향을 정리하고, 교육기회 확보법 법제 측면에서 각 지자체의 야간중학정책이 지닌 과제와 전망을 검토하겠다.

2. 일본의 의무교육 미수료자 현황

일본의 의무교육 제도는 만 6~12세까지의 어린이를 초등학교로, 15세까지를 중학교로 취학시키는 의무를 보호자에게 부여하고 있다(학교교육법 22조). 그 특징은 학령(學齡)주의에 강하게 영향을 받는 점에 있다고 할 수 있다.

1) 일본에서의 의무 교육 미수료자의 실태

일본의 의무교육 취학률은 거의 100%라 할 만큼 높은 비율을 나타내며, 의무교육을 수료하지 못한 아이들은 거의 없는 것으로 알려졌지만, 실은 그렇지 못하다. 1945년 제2차 세계대전 패전에 따라서 미군정기 신학제(新学制)를 거친 이후 2000년까지 의무교육 중퇴자는 126만명, 취학면제자는 25.1만명으로 추산되고 있다(日本辯護士聯合會, 2006). 최근 문부과학성은 교육의 기회를 누릴 수 없는 아동 학생에 대한 조사를 하였다. 재일 외국인 아이들의 미취학에 관한 조사에서 입학 예정자에 해당하는 외국국적 아이 중에서 미취학의 가능성이 있다고 여겨지는 사람들의 수는 약 2만 명으로 추산되고 있다(文部科學省, 2016). 호적이 없는 아동학생에 관한 조사에서는 2016년 3월 10일 시점에서 191명(초등학생 상당 연령 154명, 중학생 상당 연령 37명)이 미취학이라고 판명되고 있다(2016). 후생노동성도 총무성 통계국의 국세 조사(취업상황 등의 기본조사)를 활용하여 거주지가 불명확한 아동에 관한 조사를 실시하였는데, 2016년 5월 1일 시점에서 이런 아동수는 2,908명으로 조사되었다. 국세조사는 일본 국내에 거주하는 모든 사람과 세대를 대상으로 국내 인구와 세대 실태를 밝히는 것을 목적으로 한다. 여기에서 "교육"에 관한 「재학 · 졸업 등 교육의 상황」에 관한 조사는 10년마다 이루어지고 있다. 인구조사 대상자는 책임을 지고 조사에 답할 수 있는 원칙 20세 이상의 자에 해당된다. 2010

년의 국세조사는 최종 졸업 학교 "재학중·졸업"에 있어서, 의무교육 졸업자가 응답한 옵션은 "초등학교·중학교"에 있어서, "초등학교만의 졸업자" "중학교 중퇴학자"라는 선택사항이 없어서 통계적으로 확실하지 못하였다. 문부과학성은 이 문제를 개선할 것을 총무성에 요망하여, 2020년 인구조사에서 '재학중·졸업자'의 선택사항을 "초등학교·중학교"에서 "초등학교" 및 "중학교"로 구분하였다. 이번 국세조사 결과(2020년 10월 시점)에 따르면, "미취학자"는 약 9만 명(94,455명(일본 국적 85,414명, 외국적 9,024명))이며, "초등학교 졸업"이 약 80만 명(804,293명(일본 국적 784,536명, 외국적 19,731명))존재하는 것이 확인되었고, 약 90만 명에 달하는 학령을 초과한 의무교육 미수료자가 존재함이 확인되었다(표 7-1).

표 7-1. 2022년 국세조사 결과(미취학자 초등학교졸)

	미취학자				최종졸업학교가 초등학교인자			
	총수 (명)	일본인(명)	외국인(명)	총수에 차지하는 외국인의 비율	총수 (명)	일본인 (명)	외국인 (명)	총수에 차지하는 외국인의 비율
총	94,455	85,414	9,024	9.6	804,293	784,536	19,731	2.5
15~19세	1,760	1,563	197	11.2	302	144	157	52
20~24세	2,632	1,706	926	35.2	1,084	484	600	55.4
25~29세	2,721	1,665	1,056	38.8	1,424	643	781	54.8
30~34세	3,402	2,346	1,053	31.0	1,976	803	1,172	59.3
35~39세	3,794	2,885	908	23.9	2,245	988	1,255	55.9
40~44세	4,357	3,514	841	19.3	2,707	1,148	1,558	57.6
45~49세	5,102	4,239	863	16.9	3,456	1,454	2,002	57.9
50~54세	4,753	3,956	797	16.8	3,417	1,393	2,002	59.2
55~59세	5,246	4,659	586	11.2	3,246	1,659	1,587	48.9
60~64세	5,912	5,489	420	7.1	4,308	2,923	1,385	32.1
65~69세	7,456	7,181	274	3.7	6,333	5,013	1,320	20.8
70~74세	8,404	8,205	197	2.3	9,217	8,220	996	10.8

	미취학자				최종졸업학교가 초등학교인자			
	총수 (명)	일본인(명)	외국인(명)	총수에 차지하는 외국인의 비율	총수 (명)	일본인 (명)	외국인 (명)	총수에 차지하는 외국인의 비율
75~79세	8,212	8,042	169	2.1	20,159	19,229	928	4.6
80~84세	9,832	9,594	237	2.4	61,422	59,975	1,446	2.4
85~89세	10,028	9,831	195	1.9	279,791	278,202	1,584	0.6
90~94세	7,221	7,027	194	2.7	276,503	275,795	702	0.3
95세 이상	3,623	3,512	111	3.1	126,703	126,463	236	0.2

※1: "미취학자"의 정의: 초등학교에도 중학교에도 재학한적이 없는 사람 또는 초등학교를 중도 퇴학한 사람
※2: "최종졸업학교가 초등학교인자"의 정의: 초등학교만 졸업한 사람 또는 중학교를 중도 퇴학한 사람
출처: 총무성(2022) "2020년 국세조사 결과"

2) 일본 학령기 아동들의 부등교 실태

다음으로, 학령기 아이들의 부등교의 실태에 대해 살펴보기로 하겠다. 문부과학성은 "아동학생의 문제 행동·부등교 등 학생 지도상의 여러 문제에 관한 조사"(이하 "부등교 조사")를 매년 실시하고 있다.

2021년도의 "부등교 조사"에 의하면, 초·중학교에 있어서의 장기 결석자 중, 부등교 아동 학생수는 244,960명(전년도 196,127명)이며(〈그림 7-1〉), 아동 학생 1,000명당의 부등교 아동 학생수는 25.7명(전년도 20.5명)이 되어 있고 (〈그림 7-2〉), 부등교 아동 학생 수는 9년 연속으로 증가하여, 과거 최다가 되었다.

3) 일본에서의 재류 외국인의 추이변화

일본에서는 재류 외국인이 급증하고 있다. 일본에 체류하는 외국인수는 2012년에 약 200만명(2,033,656명)에서 점차로 증가해, 2022년에는 약 300만

명(3,075,213명)이 되어 과거 최고가 되었다(《그림 7-3》). 이들 중에는, 모국에서의 의무교육을 충분히 받지 못한 채 취업 등을 위해 일본에 온 성인이나 그 가족의 학령기 상당의 아이들이며 일본 학교에 취학할 수 없는 사람이 포함되어 있다.

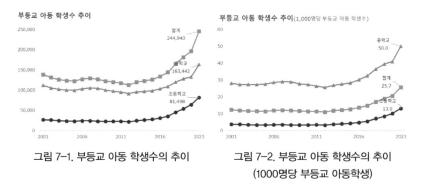

그림 7-1. 부등교 아동 학생수의 추이

그림 7-2. 부등교 아동 학생수의 추이
(1000명당 부등교 아동학생)

출처: 문부과학성(2021) "아동학생의 문제 행동 · 부등교 등 학생지도상의 제문제에 대한 조사"

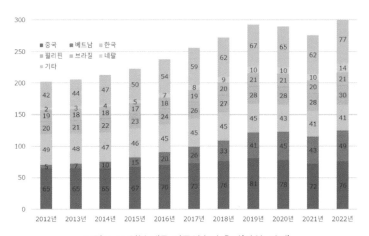

그림 7-3. 일본 재류 외국인수의 추이(단위: 만명)

출처: 출입국 재류관리청 "2022년말 현재, 재류 중 외국인수"

이어서, 문부과학성 '외국인 어린이 취학상황 등 조사결과(2023년도)'에 따르면 '미취학' 가능성이 있는 학령기의 외국인 어린이 수는 8,183명으로 보인다.

일본에서는 제2차 세계대전 패전 이후 초기의 방대한 수의 의무교육 미수료자가 존재하고 있었다. 그러나 현재의 미수료자는 인원도 비율도 적다고 말할 수 있지만, 의무교육을 받지 못한 아이들이나, 취학하여도 조기에 이탈하는 아이들이 끊임없이 존재한다. 이러한 아이들은 장래, 사회적으로 배제될 가능성이 지극히 높기 때문에, 학령기에 의무교육을 받지 못한 의무교육 미수료자의 교육 기회를 어떻게 보장할 것인가가 긴급한 교육 정책의 과제가 되어 있다. 실제로 일본에서는 이러한 의무교육 미수료자를 위한 재배움의 장소가 충분히 정비되어 있지 않은 형편이다.

일본의 의무교육법제는 조기이학(早期離学)하는 것이 아니라는 전제로 만들어졌기 때문에 조기탈락자의 배움을 보상하기 위한 제도나 정책이 국가 차원에서 주도적으로 만들어져 왔다고는 하기 어렵다. 그러나 그러한 제도·정책 상황 속에서도 몇 가지 의무교육 기회를 보상하는 배움의 장소가 제도 내외에서 몇 가지 존재는 해왔다. 구체적으로는 제도 외에는 프리스쿨 (永田佳之, 2019; 武井哲郎·宋美蘭他, 2022)이 있지만, 제도 내에서는, 중학교 야간학급(이하, 야간 중학¹)이 있다. 국가는 학령기를 초과해도 의무교육 내용을 배울 수 있는 야간 중학의 잠재적 필요성이 있다고 파악하고 각 지자체에서 야간 중학교의 신규 설치와 기존의 야간 중학교를 수용 확충할 것을 요구하고

---

1   야간 중학교란 중학교(학교 교육법 1조교)에 있어서, 주로 밤 시간대에 수업이 행해져, 정규 중학교의 교육 과정을 제공하는 것이다. 수업료는 무상이며, 주 5일간 수업이 있고, 교원 면허를 가진 교원이 수업을 실시하여, 모든 과정을 수료하면, 중학교 졸업이 인정된다.

있다.

3. 교육기회 확보법 성립 이후의 야간 중학정책의 동향

1) 야간 중학교의 변화와 현황

야간중학은 학교교육법 시행령 제25조 제5호에 규정되어 있는 「2부 수업」에 근거를 두고 있으며, 그런 의미에서는 법적으로 인정되는 제도이지만, 학교 교육 법에 "야간 중학"이라는 명칭의 학교 종별로 규정되어 있는 것은 아니다. 제2차 세계대전 패전 이후에, 일본 전국에서 학교에 다닐 수 없는 다수의 아이들이 존재하고 있었고, 그대로 학령기를 놓쳐 성인이 되었다. 야간 중학은 이러한 사람들에게 교육 보상을 하는 것으로서, 극히 한정된 지자체에서만 야간 중학교라는 것이 개설되어 존속해 왔다.

1945년 제2차 세계대전 패전 이후에 야간 중학의 역사는 1947년에 일본에서 시행된 신학제에 의해 중학교가 의무교육이 된 것으로부터 시작된다. 당시 가정의 경제적 사정으로 인해 낮에는 취업을 강요당하고 중학교를 장기 결석할 수밖에 없는 학령자가 많았다. 이러한 학생들을 위해 교직원이 독자적으로 야간에 수업을 시작한 후에, 시정촌 교육위원회가 관여하게 되었고 야간 중학교가 개설되었다. 1950년대에는 전국에서 80개교가 넘어 10대의 일본인 젊은이들이 많이 다녔다. 1960년대에 들어가서는 사회정세의 변화나 취학원조 장려책의 도입으로 인해 학령기 학생들의 장기 결석 문제가 해소되고, 응급적으로 개설된 야간 중학교는 점차 감소되어, 1960년대 중반에는 20개 정도가 되었다.

1966년에는 행정관리청에 의한 야간 중학의 폐지 권고가 나왔지만 상당

수의 학령기 초과의 의무교육 미수료자가 남아있어, 이러한 사람들의 교육권 회복을 요구하는 야간 중학 증설 운동이 1968년부터 전개되어, 1969년에 오사카 시립 텐노지 야간 중학교가 개설되었다. 그 이후에 오사카부 내에서 야간 중학교가 점차 증가하여 전국 학교 수도 30개가 넘었다. 학생들의 변화를 보면 1970년대부터 재일 한국조선인이 급증한 뒤에 중국 잔류 고아가 더해지게 되었다. 1980년대에는 부등교 경험자가 배움을 하게 되었고, 1990년부터는 취업·결혼으로 일본을 방문한 외국인 아이들이 급증하여 현재 다수파가 되어 있는 상황이다(横関理恵, 2012).

최근에 들어와, 2006년에 일본 변호사 연합회에 의한 정부에 대한 의견서가 제출되어, 의무 교육을 충분히 받지 못한 사람을 위해 교육 보상을 요구하는 움직임이 일어나, 야간 중학교의 존재가 사회적으로 주목 받게 되었다. 또한 2016년에는 교육 기회 확보법(의무 교육 단계에서 보통 교육에 상당하는 교육 기회 확보에 관한 법률)이 제정되었다. 이 법에 있어서는 "야간 그 외 특별한 시간에 수업을 실시하는 학교에서 취학의 기회 제공"(제2조 4)이 정부와 지방 공공 단체의 책무로 되었다. 의무교육 미수료자에 대한 교육 기회 확보 및 그 교육기관으로서 야간중학교가 법률로 규정된 것은 일본의 의무교육법제가 새로운 교육보상의 기회를 명확하게 한 것이다. 이 법의 제7조에 근거한 기본방침에서도 모든 도도부현에 적어도 하나의 야간중학을 설치하는 것이 포함되어 있다. 이에 따라 최근에는 각 지자체에서 야간 중학교의 설치·충실를 위한 움직임이 보이고 있다.

또한, 동법 제정의 전년인 2015년에 실질적으로 중학교에서 배울 수 없었지만, 형식적으로 졸업 증서를 받은 "형식 졸업자"나 학령기의 부등교 학생에게 야간 중학에 입학할 수 있다고 인정되는 통지가 문부 과학성으로부터 나왔다. 이는 지난 30~40년 정도 동안 취해 온 각지의 야간 중학 운영 방침과는 다른 새로운 대처라 할 수 있다. 종래에는 각지의 야간 중학교가 받아 들여온 것은 학령기 초과의 의무 교육 미수료자였다. 형식졸업자나 학령기 학생들은 받아들이지 않았지만, 최근에 형식졸업자를 받아들이는 야간중학교가 늘고 있다. 2022년 3월에 가가와현 미토요시에 전국 최초의 "부등교 특례교"로서의 야간 중학교가 탄생하여 전국에서 유일한 학령기의 학생을 받아들이는 야간 중학교가 탄생하였다.

2) 정부 주도 야간 중학의 설치 추진 · 완비를 위한 각의 결정

2016년 12월에 교육 기회 확보법이 교부되어, 동법 제14조에 있어서, 모든 도도부현 및 시정촌에 대하여, 야간 중학교등의 설치를 포함한 취학 기회의 제공, 그 외의 필요한 조치를 강구하는 것이 의무화되었다. 2017년 3월 31일, 문부 과학성은 교육 기회 확보법(제7조)에 근거해 "의무 교육 단계에 있어서의 보통 교육에 상당하는 교육 기회의 확보 등에 관한 기본 방침"(문부 과학 대신 결정, 이하, "기본 방침")을 책정했다.[2]

기본방침에서는, "3. 야간 기타 특별한 시간에 수업을 실시하는 취학 기회의 제공 등에 관한 사항"에 있어서 ①야간 중학 등의 설치 촉진, ②야간 중학 등에 있어서 다양한 학생의 수용 추진이 포함되어 있다. "4. 그 외 교육

---

2   교육 기회 확보법에 근거하는 「기본 지침」에는, 사회적 자립을 할 수 있도록 개별에 응한 필요한 지원을 실시하는 등이 기본적인 생각으로서 제시되어있으며, 그 구체적인 예로서, 「부등교 특례교」나 '프리 스쿨', '야간 중학'에 대한 통학 등을 들 수 있다. 일본에 있어서의 「부등교 특례교」란, 부등교 아동 학생의 실태를 배려해 특별히 편성된 교육 과정에 근거하는 교육을 실시하는 학교로, 2005년의 학교 교육법 시행 규칙 개정으로 제도화되었다. 2021년 4월 1일 현재 시점에서 지정교 숫자는 17교(공립 8, 사립 9)가 있다. 또한, 「프리스쿨」은, 부등교의 아이에 대해서, 학습 활동, 교육 상담, 체험 활동 등의 활동을 실시하고 있는 민간의 시설이다.

기회 확보법 등에 관한 시책을 종합적으로 추진하기 위해 필요한 사항"에서는, 각 지방자치체의 야간 중학의 필요성을 파악하기 위한 조사연구, 국민의 이해 증진, 인재 확보, 교재 제공 기타 학습지원, 상담체제 등의 정비 등 종합적으로 추진하는 것이 포함되어 있다. 기본 방침을 하기 위해 몇 가지 교육법제 등이 정비되었다. ①도도부현이 설치하는 야간 중학 등의 교직원 급여에 필요한 경비를 국고 부담 대상으로 한다(의무 교육비 국고 부담법의 일부 개정), ②"중학교 학습 지도 요령"의 "총칙"에 지도 방법의 궁리 개선에 노력하는 등, 학령기 초과자에 대한 배려를 명기(학습 지도 요령의 개정), ③학령 초과자에 대하여 지도할 때는, 실정에 맞는 특별 교육 과정을 편성할 수 있도록 제도(교육 과정의 특례를 창설)를 정비했다.

2017년 4월, 문부과학성은 "야간 중학의 설치·충실을 향한 "지침서"를 작성하여, 최신의 동향이나 제도 개정을 포함한 야간 중학의 설치에 필요한 정보를 담아, 각 도도부현 등에 야간 중학을 설치하는 것을 한층 더 추진하도록 통지하였다. 게다가 같은 해 8월에 교육위원회 담당자를 대상으로 한 최초의 야간 중학교 설명회를 개최하여, 교육 기회 확보법의 취지나 기본 방침의 내용, 야간 중학교 등의 활동 실태 등을 설명했다(2019년 2월, 2020년 1월). 같은 해 11월 7일에는 야간 중학교의 설치 등의 검토 상황이나 현상 등에 대해 상세한 조사 결과를 공표했다(文部科學省, 2023).

2018년 3월 29일 문부과학성은 야간 중학 설치에 관한 필요성조사 가이드라인을 공표했다. 국가가 지방공공단체 등을 대상으로 해 온 조사연구의 성과를 바탕으로 각 지자체에서도 야간중학의 설치를 촉진하기 위한 필요성 조사를 실시하는 것을 추진해 왔다. 그러나, 필요성 조사의 방법이 시정촌에 대한 조회나 인구조사에 의한 의무교육 미수료자의 파악에 머물러 있어 잠재적 필요성을 찾는 방법으로서 유효한 방법이 되지 못했다(주식회사 토크아이,

2018: "1.2 자치체에 있어서의 필요성 조사의 대처", 2017년 〈중학교 야간 학급의 설치 촉진 등의 추진 사업 : 야간 중학 설치에 관한 필요성 조사 가이드라인(위탁 연구 III)〉, 3쪽에서 인용). 그 때문에, 정부는 각 지방자치단체가 야간중학의 설치를 검토함에 있어서 잠재적 요구를 파악하기 위한 효과적인 조사방법을 정리하여 웹사이트에 공표하여 조사방법의 개선을 촉구했다. 그런 배경에서 야간중학교를 개설하고자 하는 취지가 포함된 "제3기 교육진흥기본계획"을 각의 결정했다. 여기에는 교육 기회 확보법 등에 근거하여 모든 도도부현에 적어도 하나의 야간 중학교를 설치하도록 촉진하는 내용을 명기하여 야간 중학교 교육 활동의 충실과 수용할 학생들의 확대를 도모하는 등 이에 따라 교육 기회 확보 등에 관한 시책을 종합적으로 촉진하는 것이 명기되었다. 2018년 8월 22일에 도도부현 · 지정 도시 교육장 앞으로 "제3기 교육 진흥 계획 등을 근거로 한 야간 중학교 등을 설치 · 충실하게 운영하기 위한 대처방안에 대해서"의 통지를 발행하여, 야간 중학교 등의 설치를 촉진하였다.

또한, 야간 중학교 등에서의 다양한 학생의 수용을 추진하기 위해, 2018년 7월 8일, 야간 중학교에 있어서의 일본어 지도 연수회가 처음으로 개최되었다. 야간 중학교에 있어서의 일본어 지도를 충실하게 운영하기 위해, 교직원 등을 대상으로 한 연수회를 실시한 것이었다(2019년 8월에도 개최). 같은 해 11월에는 야간 중학 설치 추진 · 충실 협의회가 설치되었다. 교육 기회 확보법 부칙 제3조에 근거해, 동법의 시행 상황에 대해서 검토를 하기 위해서, 학식 경험자외, 야간 중학교를 설치하는 자치체나 자주(自主)형 야간 중학교의 관계자 등을 중심으로 야간 중학교의 설치를 촉진하고, 충실한 운영을 목표로 하기 위한 협의회가 설치되었다. 같은 해 12월에는 '외국인재 수용, 공생을 위한 종합적 대응책'을 관계관료회의에서 결정했다. 새 재류자격의 창설, 새 재류 자격 "특정 기능"을 2019년 4월에 창설하였다(出入國在留管理廳

2019년 4월에 창설된 재류자격 '특정기능'을 바탕으로 일본에 외국인의 수용과 공생을 위한 대응책 속에 야간중학교의 설치를 촉진하고 충실하게 운영하는 것이 강조되었다. 같은 해 6월에 "외국인재 수용 · 공생을 위한 종합적 대응책의 충실에 대해서"(외국인재 수용 · 공생에 관한 관계 각료 회의)라는 보고서를 발표하였다. 이 보고서는 야간 중학교에 대해서는 "(5) 외국인 자녀에 관련된 대책" 항목에서 다음과 같이 정리하였다. 첫째, 야간중학교는 외국인 자녀의 본국이나 일본에서 의무교육을 충분히 받지 못한 자에게 사회적 · 경제적 자립에 필요한 지식 · 기능 등을 습득할 수 있는 교육기관이다. 그러므로 인구 규모나 도시기능을 감안하여 모든 도도부현이나 지정 도시에 적어도 하나의 야간 중학을 설치해야 하며, 신설 준비에 수반하는 요구 파악이나 설치를 위한 대처 지원, 지방공공 단체용의 연수회의 개최, 충실한 홍보 활동을 통해 관련 정책을 촉진시켜야 한다. 둘째, 교사의 일본어 지도 자질을 지속적으로 향상시켜야 하며, 지역교실과 제휴하거나, 일본어 교사, 일본어 지도 보조자 등의 외부 인재를 활용하는 등, 야간 중학교의 일본어 지도를 포함한 충실한 교육 활동을 강조하였다. 또한 같은 해 6월에 "경제재정 운영과 개혁의 기본 방침 2019"가 각의 결정되어 처음으로 "야간 중학의 설치 촉진"이 포함되었다. 같은 해에 "교육 기회 확보법의 시행 상황에 관한 논의의 정리(야간 중학교 설치 추진 · 충실 협의회 등)"를 통해 야간 중학교의 현상과 과제를 검증해, 설치 추진 · 충실을 도모하는 관점에서 종합적이면서 효과적으로 추진하는 방책을 강조하였다. 같은 해 11월에 각의 결정된 「아이들의 빈곤 대책에 관한 대강」(내각부)에도 "인구 규모나 도시 기능을 감안해, 모든 지정 도시에 야간 중학교가 설치되도록 추진하는 것 등"이 포함되었다.

2020년 6월에는 "일본어 교육의 추진에 관한 법률"(2019년 법률 제48호)에 근거해 "일본어 교육의 추진에 관한 시책을 종합적이면서도 효과적으로 추진하기 위한 기본적인 방침"(동년 6월 23일 각의 결정)이 제시되었다. 이 기본방침에서는 야간중학교는 본국에서나 일본에서 의무교육을 받지 못한 사람들에게 사회적·경제적 자립에 필요한 지식·기능 등을 습득할 수 있는 교육기관인 것으로 나타났다. 같은 해 7월 "경제재정운영과 개혁의 기본방침(중심방침) 2020"이 각의 결정되어 다양한 학생들을 받아들이는 야간중학의 설치를 촉진하는 것으로 나타났다. 2021년 1월에는, 제204회 국회, 중의원 예산 위원회에서, 야간 중학교의 설치에 대해, 스가 요시히데 내각 총리 대신은 계속해서 야간 중학교의 교육 활동을 지원할 것과 동시에, 향후 5년간 모든 도도부현·지정 도시에 적어도 하나는 설치하는 것을 목표로 하여, 전국 지사회나 지정 도시 시장회의 협력을 얻어, 추진하고 있는 취지(제204회 국회 중의원 예산 위원회 회의록 제2호 20페이지 2021 년 1월 25일)로 답변하고, 목표로 하는 정비 시기에 대해서도 구체적으로 제시하였다.

2023년 6월 16일 「제4기 교육 진흥 기본 계획」(각의 결정)에서는, 모든 도도부현·지정 도시에 적어도 하나의 야간 중학교가 설치되도록 추진하는 것을 내걸고, "목표 7.다양한 교육의 필요성에 대한 대응과 사회적 포섭"에서 모든 도도부현·지정도시에 적어도 1교의 야간중학이 설치되도록 추진하는 것으로 나타났으며, 5년 후의 수치 목표로 하였다. 같은 해 6월의 "경제 재정 운영과 개혁의 기본 방침 2023"(2023년 6월 16일 각의 결정)에서는, 부등교 특례교나 학교 내외의 교육 지원 센터, 야간 중학교의 전국적인 설치 추진·기능 강화, 양호교사에 대한 지원 체제의 추진, 학교상담사(SC)·학교복지사(SSW) 등의 배치의 촉진, 이러한 전문가나 경찰에게 언제라도 상담할 수 있는 환경 정비와 복지와의 제휴를 포함한 조직적인 조기 대응을 도모하는 것으로 나타났다.

3) 지방자치단체의 동향:야간 중학의 설치·검토 상황

다음의 〈그림 7-4〉와 같이 최근에는 각지에서 야간중학의 설치를 위한 움직임이 확산되고 있다.

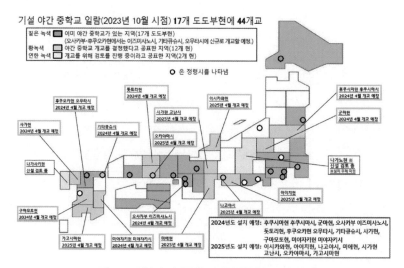

그림 7-4. 일본의 야간중학교 설치 현황(2023년 기준)

출처: 일본문부과학성홈페이지

2019년도에는 2교(사이타마현 가와구치시, 지바현 마쓰도시), 2020년도에 1교(이바라키현 조소시), 2021년도에는 전국 최초의 현립으로서 고치현, 도쿠시마현에서 각각 1교씩 설치되었다. 2022년도에 홋카이도 삿포로시, 가나가와현 사가미하라시, 가나가와현 미토요시, 후쿠오카현 후쿠오카시, 2012년에는 미야기현 센다이시, 지바현 지바시, 시즈오카현, 효고현 히메지시가 개교, 17도도부현에 44교 설치되었다(2023년 10월 시점). 2024년도 설치를 예정하고 있는 곳은 후쿠시마현 후쿠시마시, 군마현, 오사카부 이즈미사노시, 돗토리현, 후쿠오카현 오무타시, 기타큐슈시, 사가현, 구마모토현, 미야자키현 미야자키시가 설치 예정이며, 이것을 더하면 30도도부현·지정 도시로 52교의 야간 중학이 설치된다. 또한, 2025년 설치를 예정하고 있는 곳은, 이시카와현, 아이치현, 나고야시, 미에현, 시가현 고난시, 오카야마시, 가고시마현이 각각 개교를 목표로 하고 있으며, 이것을 더하면 36 도도부현·지정도시에 58개교의 야간중학이 개설되게 된다(文部科學省HP「야간중학의 설치상황」).

4) 야간 중학교의 실태

(1) 학생 수·학생 구성 등

문부과학성이 실시한 "2022년도 야간 중학교 등에 관한 실태 조사"(이하, 2022년도 야간 중학교 조사)에 의하면, 학생 수는 지난번 조사 시의 1,729명으로부터 1,558명으로 감소되었고, 외국 국적자가 1,384명에서 1,039명으로 크게 감소되었다(〈그림 7-5〉).

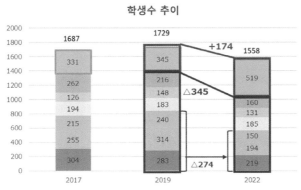

그림 7-5. 文部科學省 "2022년 야간 중학에 관한 실태 조사"

출처: 文部科學省 홈페이지.

특히 16~39세의 젊은 층 감소가 현저하다. 또한, 체류 외국인의 통계에 있어서도 젊은 층의 감소에 그 경향이 있다. 국적별 학생 수 내역을 보면, 중국(344명, 33.1%), 네팔(233명, 22.4%), 한국 · 조선(121명, 11.6%), 필리핀(113명, 10.9%), 베트남(52명, 5.0%), 태국(30명, 2.9%), 브라질(21명, 2.0%), 파키스탄(19명, 1.8%), 아프가니스탄(17명, 1.6%), 페루(16명, 1.5%), 인도(16명, 1.5%), 시리아(10명, 1.0%), 기타(47명, 4.5%)[3]이다(〈그림7-6〉).

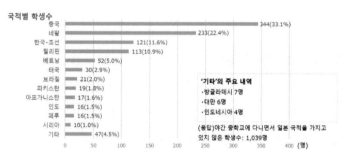

그림 7-6. 文部科學省 "2022년 야간 중학 실태 조사"

출처: 文部科學省 홈페이지.

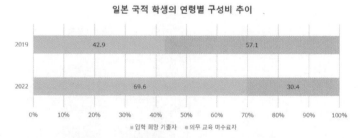

그림 7-7. 文部科學省 "2022년 야간 중학 실태 조사"

출처: 文部科學省 홈페이지.

---

3   방글라데시 7명, 대만 6명, 인도네시아 4명

한편, 일본 국적을 가진 자는 345명에서 519명으로 증가하였다(〈그림 7-7〉). 특히 10~30대까지의 젊은 층에서는 2배 이상 증가하였다. 연령별로는 60세 이상이 54.5%에서 37.8%로 감소하였으며, 40~50대에서는 18.9%에서 19.3%로 약간 증가하였고, 16세~39세까지는 26.6%에서 42.9%(92명에서 223명)로 급증하였다.

속성별로는 의무교육 미수료자 수가 57.1%에서 30.4%로 감소한 한편, 입학 기졸자가 42.9%에서 69.6%로 높아졌기 때문에, 부등교 등의 다양한 사정으로 실질적으로 충분히 교육을 받지 못한 자(형식 졸업자)가 증가되었다고 생각되며 이러한 사람의 요구가 높아지고 있는 경향에 있다고 할 수 있다.(〈그림 7-8〉).

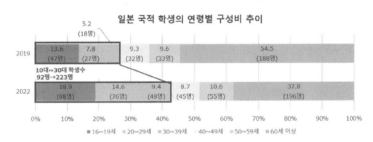

그림 7-8. 文部科學省 "2022년 야간 중학 실태 조사"

출처: 文部科學省 홈페이지.

(2) 입학 이유

2022년도 야간 중학교 조사에 따르면 야간 중학교에 입학하는 이유로서는 일본 국적을 가진 학생(519명)은 "중학교의 학력을 갖고 싶기 때문에"(45.3%) "고등학교에 입학하기 위해서"(17.5%)), "중학교 교육을 수료해 두고 싶기 때문에"(13.3%), 기타(11.8%) 등이 있다(〈그림 7-9〉). 또한, 일본 국적을 갖지 않는 학생

(1,039명)은 "일본어를 할 수 있기 위해서"(27.9%), "읽고 쓸 수 있기 위해"(18.1%), "고등학교에 입학하기 위해"(17.4%), "기타"(14.3%)가 있다(〈그림 7-10〉).

일본 국적을 가진 학생들의 입학 이유는 의무교육 내용의 학력 획득과 고등학교 진학을 위해 중학교 졸업 자격이 필요하기 때문에 입학한다. 또한, 졸업 자격이 이미 있는 기졸자(형식 졸업자)의 경우, 졸업 자격보다도 중학교에서의 학력을 갖고 싶기 때문에, 입학을 하는 학생이 일정수 있는 것을 알 수가 있다.

한편, 일본 국적을 갖지 않는 학생들의 입학 이유는 일본어 어학력의 획득이지만, 일본에서의 고교 진학을 목표로 하기 때문에 일본에서의 중학교 졸업 자격을 취득하기 위해 입학하고 있는 것을 알 수 있다. 또한 일본 국적을 가진 학생, 없는 학생들에게 공통적으로 입학 이유로는 '그 외'를 꼽고 있는 것이 일정 수 있다. 야간 중학교 졸업 후의 상황(2021도 졸업생)에 대해서는, 일본 국적을 가지는 학생 중에서, "고등학교 진학"이 12.1%, "취업"이 1.1%, "기타"가 17.8%이다. 일본 국적이 없는 학생 중에서 고등학교 진학이 36.7%, 취업이 7.2%, 그 외가 25%이다. 일본 국적의 유무에 관계없이 고등학교 진학을 하는 비율이 가장 많다. 다음으로 많은 것이 "기타"이다. "기타"의 주요 내용은 "가사 도움"이나 "확실하지 않음"을 포함한다.

① 일본 국적자

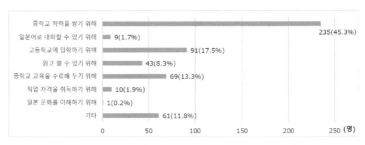

그림 7-9. 文部科學省 "2022년 야간 중학 실태 조사"

출처: 文部科學省 홈페이지.

② 일본국적 이외의 국적자

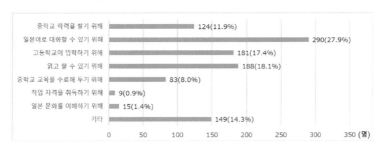

그림 7-10. 文部科學省 "2022년 야간 중학 실태 조사"

출처: 文部科學省 홈페이지.

이와 같이, 야간 중학교의 입학 목적은 의무 교육 내용에 있어서의 학력 취득이나, 생활에 필요한 일본어의 어학획득이며, 고교 진학 준비에 관련되는 것이다. 또한, 졸업 후의 상황에 대해서도, 고등학교 진학이 가장 많다. 입학목적이나 입학후 상황으로는 "기타"가 일정수 있다. 고등학교에 진학을 입학의 목적으로 하지 않고, 생활에 필요한 교육 내용으로 배우는 것(읽고 쓰기를 포함)을 입학의 목적으로 하고, 졸업 후의 진로가 고교 진학이나 취직이 아닌 사람들의 필요성은 구체적으로 어떠한 것이 있는지에 대한 검토가 요청되고 있다.

5) 공립 야간 중학교: 도쿠시마현립 시라사기 중학교

도쿠시마현에는 의무교육 미수료자 1,425명(2010년 국세조사), 중학교의 부등교자 641명(2018년도 조사), 외국인 노동자 4389명(2018년도 조사)이 존재한다. 야간 중학교의 필요성이 확인되었고, 2019년 3월에 야간 중학 설치를 위한 기본 계획이 책정되어, 2021년 4월에, 도도부 현립으로서는 전국에서 최초의 야간 중학이 도쿠시마 현립 도쿠시마 중앙 고등학교(정시제 : 야간부·주간부, 통신제)의 부지 내에 통상의 중학교와는 병설하지 않는 단독교로서 개교되었다. 학생 수는 42명(2023년 5월 시점)이며, 16세부터 80대 고령층까지 다양한 연령층이 재적하며, 도쿠시마현내의 시정촌을 뛰어넘는 광역으로부터 다니고 있다. 입학 요건으로는, ①학령기가 지난 사람, ②초등학교 혹은 중학교를 졸업하지 않은 사람, 의무 교육의 재학을 희망하는 사람, ③원칙으로서 도쿠시마현에 살고 있거나, 도쿠시마현에서 일하고 있는 사람(국적)은 입학 자격을 따지지 않는다고 한다. 도쿠시마현에서는, 한사람이라도 많은 분들이 "배우고 싶다"라고 하는 구상을 실현하기 위해, 홍보·주지 활동을 중시하여, 각 단체(각 지구의 민생 위원회 정례회, 현 노동자 복지 협의회, 현 노인클럽연합회, 현 인권교육 연구협의회 등)을 방문하여 야간중학교에 관한 설명을 실시하였다.

시라사기 중학교의 교육 과정에서는 배우는 목적과 내용에 따라 4개의 코스로 나뉘어져 있다. 수업시간은 1시간당 40분이다. "챌린지 코스"(3 코스)에서는, 국어나 수학 등 주간 중학교와 같은 9교과를 배운다. 일본어 지도를 중점으로 한 "베이직 코스"(1 코스)에서는 주로 외국 국적의 사람들이 배우고 있다. 연령이나 학년이 아니라 배우는 목적에 맞추어 코스가 나뉘어져 있기 때문에 10대부터 80대까지의 학생들이 같은 교실에서 공부할 수 있다.[4]

폭넓은 연령대의 학생들이 다니기 때문에, 학교건물은 장애 친화적으로 되어 있으며, 보건실과 양호교사도 배치되어 있다. 교실에는 인터넷 환경이 갖추어져 있으며, 전자 칠판으로 수업이 진행되고 있다. 수업자 외에, 돌봄교원이 한명 붙으며, 질문을 하기 쉬운 환경을 만들고 주고 있다. 개별적 필요성과 학력에 따른 지도(소인수 지도 · 개별 지도 · 보충 학습)를 실시하고 있다.

사회과의 수업을 담당하는 사토 준야 교사는 "80대의 학생(5명)들이 자신들의 경험을 다른 학생에게 이야기하는 경우가 있다.예를 들면, 석유 위기 시대에 다녔던 회사원은 그 당시의 사건에 대해 이야기 해 준다거나 하는 일이다. 교과서에 쓰여진 것보다 생동감있게 같은 학생들의 입에서 전해지므로 구체적으로 이해할 수 있으며 그것을 배우고 있는 같은 반 학생들의 이해로 전해진다"[5]라고 한다.

시라사기 중학교에는 상근, 비상근 합해 15명의 교원이 있다. 폭넓은 학생들의 교육의 필요성에 부응할 수 있도록 주간 중학교 이외에도 초등학교나 고등학교에서 부임하고 있다. 영어과 수업을 담당하는 니우 타쿠무 교사는 이렇게 말한다. "영어 수업에 참가하고 있는 학생은 지금까지 한 번도 영어를 배운 적이 없는 분이 있기 때문에 교재를 모두 직접 손으로 만든다. 고령자에게도 알 수 있도록 영어의 프린트에는 가타카나로 루비를 달아 읽기 쉽도록 교재를 만들고 있다. 야간 중학교에 부임한 당초에는 주간 중학교와는

---

4   2021년 8월 25일, 필자가 직접 야부우치 준이치로 교감에 대한 인터뷰에 의한것이다.

5   도쿠시마현 홍보(2021) "아와 리포 '도쿠시마 현립 시라사기 중학교' 개교 1년째의 도전"에 따른다.

달리, 당황도 했었지만, 학생들의 반짝반짝 빛나는 눈으로 열심히 다시 배워 보고 싶다는 것이 전해져 오므로, 매우 보람을 느끼고 있다. 고령자의 학생들에게는 건강 상태의 관찰, 목소리를 크게 천천히 말하도록 유의하는 등, 학생들의 입장과 같은 시선에 서도록 확실히 커뮤니케이션을 해 나가는 것에 유의하고 있다".[6]

일본 문화를 배우는 수업으로는 도쿠시마현의 전통과 문화를 학습하는 프로그램(아와오도리, 미술·기술,전통공예품 만들기, 쪽염색, 학교 행사,걷기 순례) 등이 있다. 현립 도쿠시마 중앙 고등학교의 부지 내에 있기 때문에 야간부와 문화제나 체육제로 교류를 실시할 수 있다.[7]

"기본 코스"의 "일본어 지도"에서는 중국이나 필리핀, 인도네시아 등 5개국에서 도쿠시마에 일하러 온 사람이나, 일본 국적을 가지면서, 외국 생활이 길고 일본어를 모르기 때문에 배우러 온 사람이 있다. 인도네시아에서 도쿠시마로 온 치프토 구모노(39세) 씨는 도쿠시마 시내 병원에서 조리사로 일하고 있다. 한자를 외우기 힘들었지만 조금씩 읽을 수 있게 되었다. 일본의 습관이나 도쿠시마의 문화도 배울 수 있는 학교는 치프토씨에게 있어서 중요한 배움의 장소이기도 하다.[8]

중학교에 제대로 다닐 수 없는 사람의 배움의 장소로 되어 있다. 시라사기 중학교의 학생 회장을 맡는 미네 유키(19세) 씨는, 도쿠시마시내의 부품 메이커에 근무하고 있다. 초등학교 6학년부터 중학교 2학년까지의 3년간, 부등교를 했다. 3년간 못했던 공부를 다양한 나라 사람들과 폭넓은 연령층

---

6   이전 5와 동일.

7   이전 5와 동일.

8   이전 5와 동일.

의 사람들과 함께 공부할 수 있는 것이 보통 중학교에서는 할 수 없는 경험
이므로 그 점이 즐겁다고 느끼고 있다. 선생님에게는 부담없이 말할 수 있고,
수업에서 모르는 점도 질문하기 쉽고, 배우기 쉬운 환경이라고 한다.[9] "어느
한 사람도 빠트리지 않는 교육을 목표로 교직원과 학생이 함께 배우고 성장
할 수 있는 학교 만들기를 목표로 하고 있다"고 한다.[10]

4. 일본 야간중학교 정책의 향후 과제

지금까지의 야간 중학의 역사를 되돌아 보면, 1970년대 이후, 2016년의
교육 기회 확보법을 성립시킨 시기까지 행정당국이 필요하다고 판단해 설치
한 야간 중학교는 전무하였다. 2018년 11월, 교육 기회 확보법 부칙 제3조에
근거해, 문부과학성(초등중등교육국장)은, "야간 중학 설치 추진·충실 협의회"
를 설치하여 "야간 중학교의 충실한 교육활동을 위한 종합적 지원 방법"을
책정하였다.

이에 따라 야간중학교의 지도·사무 체제를 지원하기 위한 매뉴얼을 개
선하고, 야간중학교 설치와 충실한 교육활동을 추진하였다. 하지만 아직까
지 야간 중학교는 전국에서 44개교만 설치할 정도로 미흡한 편이다. 전국적
으로 설치를 촉진하기 위해서는 해결해야 할 많은 과제가 남아 있다. 여기에
서는 세 가지를 지적하겠다.

첫째는, 야간 중학교 입학 희망자의 필요성을 파악하여 야간 중학교로 연

---

9   이전 5와 동일.
10   이전 5와 동일.

결시키는 방법이다.[11] 2020년의 국세조사 결과에서는 의무교육 미수료자가 전국에 약 90만명(그 중 초등학교 졸은 80만명)이 존재하는 것으로 알려졌다. 그러나, 원래 읽고 쓸 수 없는 사람들은 조사의 질문표도 읽을 수 없고 응답할 수 없을 가능성이 매우 높으며 조사 결과에 반영되지 않았다.[12] 야간 중학교 입학 희망자의 필요성을 정확하게 파악하기 위해서는, 문해 능력이 있는 사람만이 응답할 수 있는 것이 아니라, 누구라도 참가할 수 있는 장애인 친화적인 조사가 요청되는 바이다. 그러기 위해서는 질문표 등 응답 채널을 다양화하고 외국인이나 장애인, 문자 읽기/쓰기에 어려움이 있는 분들이 참여하기 쉬운 방법을 검토할 필요성이 있을 것이다. 야간 중학교의 설치자는 도도부현이나 시정촌이다. 지방자치단체는 다양한 사정을 감안하면서 설치를 진행할 필요가 있다. 지역의 자주 야간 중학, 문해 학급, 일본어 학급과 같은 민간 단체 등의 지원자, 관계자와 협동해 조사 계획을 세우면, 필요성을 새롭게 환기시키는 데에 이어질 가능성이 충분히 있다고 판단된다(遠藤知惠子·橫関理惠·工藤慶一, 2018).

---

11   정부는 교육전문가의 의견을 반영시켜 교육위원회와 복지부국 등과의 제휴를 목표로 하는 필요성 조사 가이드라인(2017년도 예산 「중학교 야간 학급의 설치 촉진 추진 사업」(2018년 3월)을 작성하여, 외국어로 된 설명문을 첨부하거나, 당사자를 주변에서 지지하는 복지 관계자가 알 수 있는 장소에 야간 중학의 팜플렛 등을 설치하거나 하는 등 구체적인 예를 제시하고 있다. 또한, 2020년도의 보조 사업에서는(2020년도 예산의 ①야간 중학 신설 준비·운영 보조(보조사업)), 지자체가 실시하는 필요성 조사도 보조 대상으로 했다(제203회 국회 중의원 문부과학위원회 회의록 제2호 19쪽, 2020년 11월 13일).

12   제201회 국회 참의원 국민 생활·경제에 관한 조사회 회의록 제2호 15페이지(2020년 2월 19일) 또한, 자주(自主) 야간 중학을 운영하는 관계자에 의하면, "자주 야간 중학교에서 배우는 사람은 문자를 읽을 수 없기 때문에 지금까지 인구조사는 제외시켰다고 하는 분이 있다.자주 야간 중학에서는 질문표에 무엇이 쓰여 있는지, 서포트를 하고 있다」(2023년 9월 9일 홋카이도에서 야간 중학교를 만드는 회의 스태프에 대한 필자의 인터뷰).

수도권 등 대도시 밀집지역 이외의 중소도시와 농어촌지역 등 소규모 지자체가 단독으로 요구 파악을 실시하는 경우, 실시가 곤란하거나, 필요한 교육 수요자가 소수이거나 하는 경우가 있어 설치로 이어지지 않는 경우가 있다. 이를 검토한 결과, 광역에 걸친 과소 지역을 망라할 수 있는 야간 중학의 설치를 소규모 지자체에 맡기는 것은, 교원의 인건비의 확보 등, 많은 곤란이 수반되는 경우가 많아, 야간 중학의 신설로 이어지지 않는 경우가 적지 않다. 연락거점도시권 등에서 통학 가능한 광역지역을 커버하는 지자체 합동에 의한 요구조사를 실시함으로써 제대로 된 필요성을 파악할 수 있다. 광역인 과소지역에서 기초교육 보장을 해 나가기 위해서는 현립의 야간 중학의 설치가 유력한 선택지가 될 것으로 판단된다. 시정촌립 야간중학교라도 야간중학교가 없는 주변의 시정촌에서 통학할 수 있는 여건을 갖추었다면 학령기 초과자의 수용을 요청할 수 있고 야간 중학교를 설치·운영하는 경비의 일부를 부담하는 것을 관계 시정촌 간에서 협의 후에 경비에 상응하는 부분을 부담하는 구상도 할 수 있다(나라시). 이와 같이 현립 야간 중학교를 설치하고 시정촌립 학교도 각 지자체간 경비를 공동 부담할 수 있으면, 향후도 야간 중학교를 계속 설치할 수 있다.

둘째로, 야간중학교의 교육조건 정비의 지역간 격차를 어떻게 좁혀 나갈 것인가라는 문제이다. 지금까지도 오랫동안 야간 중학교의 교육 조건 정비(교원 수의 격차, 양호 교사 배치의 유무, 급식·취학 원조의 유무 등)의 과제는 지적되어 왔다. 정부는 전국에 야간중학의 설치 확충과 충실을 목표로 교육조건 정비에 관련된 법제도 등을 정비해 왔다. 구체적으로는, ①도도부현이 설치하는 야간 중학의 교직원 급여를 공립 중학교와 같은 국고 보조(1/3)의 대상으로 추가했다(2017년 3월 의무 교육 국고 부담법 개정), ②학습 지도 요령(2017년 3월 고시)의

총칙에 학령 초과자에 대한 배려를 명기했다. ③"야간중학의 설치·충실을 위하여(지침)"(제2차 개정판)를 2018년에 발행했다. 또한, 2018년 예산에서는, 야간 중학교의 설치를 촉진하고 충실하게 운영하기 위한 사업(0.8억엔)으로서, ①야간 중학 신설 준비·운영 보조(보조 사업), ②야간 중학교의 충실한 교육활동 추진사업(위탁 사업)이 조치되었다. 특히 ①에 있어서는, 미설치 지역의 설치를 촉구시키기 위해, 준비 기간 2년, 개설 후 3년간 합계 5개년으로 그 보조 사업을 2026년도까지 단계적으로 실시하면서, 야간 중학의 신설을 촉진하고 있다.

그러나, 지방자치단체가 설치하는 야간 중학의 조건 정비에 격차가 발생하고 있다. 야간 중학의 설치 형태는 "단독교", "분교", "병설교"가 있다. "단독교"의 경우, 의무표준법(공립의무제학교의 학급편제 및 교직원 정수의 표준에 관한 법률)에 근거해, 통상의 초중학교와 같이 산정할 수 있으므로 주간과는 별도로 야간 중학 전용의 교장을 둘 수 있다. 그러나 "병설교"나 "분교"의 경우, 주간의 학급수에 더해, 야간의 학급수를 기초로 산정하기 때문에, 교장은 주간과 야간을 합쳐서 한 명밖에 배치되지 않는다. 사례에서 보아온 것처럼 도쿠시마현이 단독교라는 형태를 채용한 것은 조건 정비, 특히 교직원 배치 이유가 크다고 볼 수가 있다. 도쿠시마 현립 시라사기 중학교의 사례에서 본 것처럼, 연령도 국적도 다른 학생의 다양성을 배려하여, 학령 초과자의 특별한 교육 과정을 편성해, 각 코스의 개설이 행해지고 있다. 의무표준법에 준한 교원 배치에서는 부족 인원이 생기는 것은 분명하다. 야간 중학교 설치를 확대하기 위한 조건을 정비하는 것이 우선 과제이며, 특히 교직원에 관한 인건비를 확보할 필요가 있다.

셋째로, 다양한 의무교육 미수료자의 교육 필요성에 부응하는 야간 중학교 만들기에는 협의회의 역할이 중요하다. 야간 중학은 주간 중학교와는 다른 입학 조건이 있으며, 전국 일률적이 아니라 지자체의 판단에 따라 다르다. 예를 들면, ①설치 자치체 내 거주, 또는, ②설치 자치체 내 거주ㆍ재택근무라는 제한이 따르며, 설치시 이외로부터의 통학이 인정되지 않은 경우가 대부분이지만, 최근에는 ③시외(각서를 교환한 시정촌)으로부터의 수용을 가능하게 하는 지자체도 있다(홋카이도 삿포로시). 또한, 국적에는 제약은 없지만, 연령ㆍ학력에 대해서는, 1960년대 말경부터 ①학령 초과의 의무 교육 미수자에 한정되었고(전국), 2015년부터는 ②학령 초과자이면서도 충분한 교육을 받지 못한 채 학교의 배려 등으로 중학교를 졸업한 자(전국)까지 포함한다. 게다가 2022년에는 ③학령아동(현역 중학생)의 입학도 인정하는 부등교 특례교로서의 야간 중학을 개설한 지자체(가가와현 미토요시)도 있다. "간단한 일본어 대화나, 히라가나, 가타카나를 아는 사람"(사이타마현 가와구치시), "학교 생활에 지장이 없는 사람"(지바현 마쓰도시)이라는 입학 조건을 가미하고 있다. 그러나, 문부과학성 간행의 "야간 중학의 설치ㆍ충실을 위하여【지침】(제3차 개정판)(2023년 5월 발간)에 의하면, "연령, 학습력, 경험 또는 근로의 상황 등 에 따라 특별 지도를 할 필요가 있는 경우, 초등학교 학습 지도 요령, 중학교 학습 지도 요령, 또, 특별지원학교 초등부ㆍ중학부 학습 지도 요령을 근거로 하면서, 학교장이 그 실정에 맞는 특별한 교육과정을 편성할 수 있도록 제도를 정비하고 있다"(학교교육법 시행규칙 제56조의4 등). 이 특별교육과정을 이용하여 초등학교 단계의 각 교과 등의 내용을 다룰 수 있음에도 불구하고 초등학교에서 배우는 내용을 이미 습득했음을 입학 요건으로 내세우고 있음에 주의가 필요하다. 또한, 수학 연한에 대해서는, 최대 수학 연한 6년, 3년으로 정해지지 않아 다양하다(나고야시 교육위원회 사무국 "나고야시에 있어서의 야간 중학의 설치에 대해서 제2회 유식자 등 회의(배포 자료)". 주간 중학교에서는, 유급을 시키지 않고 3년만에 졸업시키는 것이 교육적 배려라고 사료되지만, 야간 중학교에서 배우는 분 중에는, 자신의 페이스에 맞추어 천천히 배우고 싶어하는 사람도 있다. 그 의미에서는 주간과 마찬가지로 3년 만에 졸업하는 것이 야간 중학생에게 정말 좋은지를 신중하게 판단할 필요성이 있다.

전국에는 야간중학을 증설하고 야간중학교육의 내용을 더욱 충실히 하기 위해서, 위에서 언급한 설치 자치단체간의 격차해소는 매우 중요하다고 할 수 있다. 이러한 것들을 어떻게 해소해 나아갈 지에 대해서는, 각 지자체에서 설치되는 야간 중학의 개설을 위한 전문가 회의 및, 교육 기회 확보법의 협의회(제15조)에서, 야간 중학생들이 어떤 배움을 요청되고 있는지를, 당사자의 시점을 존중하여 논의가 필요할 것이다. 이를 위해서는 공립 야간 중학교의 교육 조건 정비에 필요한 것이 무엇인지, 특별 교육 과정을 어떻게 해야 할 것인가, 야간 중학교의 학습을 요청하는 사람들의 목소리를 듣고 온 자주 야간 중학 등의 관계자나, 당사자인 수강생을 협의회의 논의에 참가시켜 야간 중학 만들기를 진행할 필요가 있다.

5. 결 론 : 일본형 공교육으로 본 미래 전망

"일본형 공교육"이란 "1조교를 중심으로 한 교육 보장 장치"를 가리킨다 (大桃俊之 · 背戸博史編, 2020). 그래서 학교 설치자는 "공공적 성질"을 가지는 정부 · 지방 공공 단체 · 학교법인에 한정되며, 학부모는 취학 의무를 부과한다. 또한 교사는 교원면허장을 취득해야 하는 교원 자격 제도와 학습지도요령, 교과서를 통해 교육을 실천하기 때문에 교육 내용에도 엄격한 규제가 포함된다. 정부나 교육 행정의 존재를 전제로 하여 이러한 규제 하에서는 "보편적이고 공통적인 교육"을 보장하려는 장치였다고 볼 수 있다.

"일본형 공교육"의 핵심이 되는 의무교육제도는 연령주의에 많은 영향을 받아, 학령 만료와 동시에 교육을 받을 권리가 소멸한다는 고정 관념이 교육행정의 관행으로 남아 있으며, 학령 초과 의무 교육 미수료자의 교육 기회 확보에 대해서는 간과되었다. 그 배경으로 일본교육제도는 단선형(単線型)을 채용하고 있고, 학령기에 동일종의 학교에 다니는 것이야말로 평등하다는 것이 일반적인 개념으로서 존재하였다. 그러나 실제로 본고에서 언급한 바와 같이 모든 아이들이 학령기에 의무교육을 받은 것은 아니라, 방대한 의무교육 미수료자가 계속해서 양산되어 왔다. 그러한 의무교육 미수료자가 "학교에 가고 싶고, 배우고 싶다"는 절실한 요구에 부응해 온 것이 야간 중학교였다.

학령이라는 취학 시기나 취학 연한도 개별적으로 설정할 수 있어, 중학교라도 초등학교의 일부 교육과정을 도입하는 방식의 특별 교육과정을 편성할 수 있다. 그래서 "보편적이고 공통의 교육"으로부터 "개별 요구에 응한 다양한 교육"을 보장하는 구조가 의무교육제도 내에서 만들어지고 있는 것이 야간 중학교라고 할 수 있을 것이다.

지금까지, 의무교육제도에 있는 야간중학에 대해서는 1조교 내에서의 다양화를 만들어 내는 것이며, 10대 아동·학생이 야간중학에 입학하는 것은 교육에 있어서의 능력주의적 선별로 이어질 수도 있다라는 견해도 나왔다 (浅野慎一, 2021). 한편, 야간 중학에 있어서는 연령이나 국적에 관계없이, 교육을 받을 권리가 확보된다고 명확하게 됨으로써, 야간 중학이 일본의 의무 교육 제도의 보편화와 실질화를 추진하는 역할을 할 수 있다는 가능성이 생겨났다는 평가도 있다(横関理恵·横井敏郎, 2022). 야간 중학에 대한 평가는 다양하지만, 그 존재가 일본형 공교육의 해체가 아니라 미래의 일본 공교육 모색의

하나라고 생각할 수 있다면 일본의 의무 교육 제도 중에서 야간중학은 어떤 위상을 가지고 있는가? 기존의 학령주의에서 해방된 의무교육제도에 있어서 취학의무원리를 재검토하는 것에 대한 공죄란 무엇인가? 학령기를 초과한 사람들에게 의무교육 내용을 제공하기 위한 학습지도요령의 작성이나 그에 근거한 특별교육 과정의 구체적인 편제 방안, 교원 양성의 정상화, 나아가서는 전국 야간 중학교의 지역 격차 해소대책이나 교육조건 개선전략 등 여전히 많은 과제가 남아 있다. 향후 "일본형 공교육"의 미래를 견주어 야간 중학을 시점으로 다양한 논의가 전개될 필요가 있다고 본다.

〈참고문헌〉

浅野慎一(2021).「夜間中学とその生徒の史的変遷過程」『基礎教育保障学研究』5号, pp. 77-93.

阿部彩(2014).『子どもの貧困対策Ⅱ―解決策を考える』岩波書店.

江口怜(2022).『戦後日本の夜間中学:周縁の義務教育史』東京大学出版.

遠藤知恵子・横関理恵・工藤慶一(2018).「北海道教育委員会による『公立夜間中学に関するアンケート等調査』への参加・協働の経緯とその結果の意味するもの」『基礎教育保障学研究』2号, pp.69 - 87.

大多和雅絵(2017).『戦後夜間中学の歴史学齢超過者の教育を受ける権利をめぐって』六花出版.

大桃俊之(2005).「地方分権改革と義務教育―危機と多様性保障の前提」日本教育学会『教育学研究』第72巻4号.

大桃俊之(2014).「公教育システムの改革と自治体発のカリキュラム改革」大桃俊之・押田貴久編著『教育現場に改革をもたらす自治体発カリキュラム改革』学事出版.

大桃俊之・背戸博史編(2020).『日本型公教育の再検討：自由・保障・責任から考え

る』岩波書店

齊藤純一(2000).『思考のフロンティア 公共性』岩波書店.

出入国在留管理庁(2022).『令和4年末現在における在留外国人数について』

末富 芳(2017).『子どもの貧困対策と教育視線—より良い政策・連携・協働』明石書店.

総務省(2022).『令和2年度国勢調査(就業状態等基本集計)の結果』.

武井哲郎・宋美蘭他(2022).『不登校の子どもとフリースクール』晃光書房.

永田佳之(2019).『変容する世界と日本のオルタナティブ教育』世織書房.

日本弁護士連合会(2006).「学齢期に修学できなかった人々の教育を受ける権利の保
　　　障に関する意見書」日本弁護士連合会.

真野宮雄(2002).「公教育」安彦忠彦ほか編『新版現代学校教育辞典』第3巻, ぎょう
　　　せい.

横関理恵(2011).「不登校経験者のその後と夜間中学—1970年代末から1990年代の東京
　　　都を視点に」第35回社会教育学・教育社会学東北・北海道研究集会発表資料.

横関理恵(2019).「夜間中学校と不登校政策—東京都の形式卒業と政策転換」横井敏
　　　郎編『グローバル時代における包摂的な教育制度・行政システムの構築に関
　　　する国際比較研究』(日本学術振興会科学研究費補助金研究成果報告書：課
　　　題番号26285169).

横関理恵(2012).「戦後における中学校夜間学級史に関する時期区分に関する一考
　　　察『全国夜間中学校研究大会誌』を手掛かりに」日本教育学会第71回大会発
　　　表資料.

横関理恵・横井敏郎(2022).「補章 夜間中学政策と不登校—不登校生徒・形式卒業
　　　者の排除と包摂」『教育機会保障の国際比較研究 早期離学防止政策とセカン
　　　ドチャンス教育』勁草書房.

文部科学省(2023).「令和4年度夜間中学等に関する実態調査」.

文部科学省(2023).「令和4年度児童生徒の問題行動・不登校等の生徒上の諸課題に
　　　関する調査結果について」文部科学省初等中等教育局児童生徒課(2023年10
　　　月4日付).

〈붙이는 글〉

본고를 집필할 때, 야부우치 준이치로(도쿠시마 현립 시라사기 중학교) 씨로부터 전국 최초의 현립의 야간 중학교 설치, 개교 후의 학교의 모습 등에 관해 이야기를 들을 수가 있었다. 또한, 홋카이도에 야간 중학을 만드는 모임의 스탭들에게도 수강생들의 배움의 모습에 대해 이야기를 들을 수가 있었다. 또한, 본고의 한국어 번역에 있어서는 송미란교수(히로사키대학교)가 담당해 주셨다. 진심으로 감사의 말씀을 표하는 바이다.

또한, 본 연구는 JSPS과연비 와카테 연구/연구 대표자 요코제케 리에 "공교육에 있어서의 학령 초과자의 기초 교육 보장 문제와 보상 교육-교육 거버넌스ㆍ어프로치" 연구 과제 21K13519의 조성을 받은 것임을 알려 드린다.

제8장

장애인의 자립 공생과 커뮤니티
임파워먼트의 가능성[*]

오민석(아주대학교)

1. 장애는 지역 공동의 문제

우리 사회는 자기선택·자기결정의 권리 존중과 사회참여 촉진이라는 관점에서 장애인의 탈시설화와 지역생활 이행에 박차를 가해왔다. 하지만, 장애인의 보통의 삶에 대한 이상(理想)과 그 생활실태와는 동떨어져 있으며, 주체적 자립공생생활의 실현 달성이 곤란한 상태에 있다. 장애인을 사회적 인간관의 견지에서 자유의사·자아실현이 가능한 존재로 인식하고, 다양한 사회적 책임자들의 지역협동을 토대로 한 장애인의 주체형성 획득을 위한 사회교육실천이 불가결한 이유이다. 여기에서는 단 한 사람도 소외되지 않는 (Leave no one behind) 평범한 생활세계의 실현이라는 맥락에서 일본 와카야마현(和歌山県) 소재 장애인 지역교육복지공동체 「무기노사토(麦の郷)」, 이하 무

---

* 본 연구는 오민석(2022)『평생교육학연구』28(2), pp.31-64에 게재된 논문을 수정한 내용임

기노사토) 구성원들의 노동·학습활동을 분석하고, 그 실천 활동에 드러난 지역평생교육 가능성의 실제와 그 특질을 명시적으로 논증한다.

장애인 개념의 객관화는 어렵겠지만, 장애인은 신체적 기능 결함으로 인해 「참여」와 「활동」에서 배제되는 존재라기보다 「참여」와 「활동」에서 배제되어 자기학습이 불가능한 존재라고 볼 수 있을 것이다. 일상생활·사회생활에서 「참여」와 「활동」의 제한성 배제가 장애인 개념의 틀을 이해하는 데 유용하다고 보는 이유이다. 결국, 장애인은 의학적·사회적 균형 관점에서 비장애인과 평등하게 다양한 제약의 상호작용 속에서 「참여」와 「활동」이 가능한 존재이다. 여기에서 주목해야 할 것은 「장애인권리조약」에서 처음으로 규정된 「합리적 배려」이다. 이 개념은 장애인 문제가 사회문제라는 인식확산을 상징한다는 점에서 특필할 만하다. 이는 의도적인 구별과 배제, 제한만이 아니라 의도적이 아니어도 장애인에게 필요한 조치를 하지 않으면 결과적으로 불평등으로 이어지는 그 자체가 차별이라는 인식이다. 특히, 평생교육의 견지에서 「합리적 배려」는 「장애인권리조약」(제24조, 교육)에 성문화된 바와 같이, 「장애인의 권리와 차별방지, 기회 균등 실현」을 위해 장애인을 포용하는 「평생학습 확보」라는 권리실현 보증개념이다. 장애인 권리실현에 확보되어야 할 요소는 다양하다. 하지만, 장애인의 평생학습 권리찾기 측면에서 「개인에게 필요시 되는 합리적 배려의 제공」으로 규정함으로써 타인과의 평등성에 기초한 평생교육의 기회 부여를 통해 「합리적 배려의 부정」을 차별로 명확화하고 있다. 그런 의미에서 「합리적 배려」는 장애인의 평생학습권 획득을 위한 사회 「참여」와 「활동」을 억제·저해하는 장애물 제거 조치이다. 이런 장애인식의 이행과정에서 「합리적 배려」에 담긴 장애인식은 공동체 구성원 간 상호부조의 정신을 바탕으로 서로 돕는 동료의 일원이 되는 과정이며, 동시에 「완전 참여」를 제한해온 사회적 장벽의 배제 추진을 통해 함께 생활

가능한 지역공생사회 형성과정이다.

2. 자기결정에 의한 자립공생생활

장애인권리조약 작성은 2008년 국제장애동맹 포럼에서 언급된 「우리를 배제하고 우리의 일을 정하지 마세요(Nothing About Us Without Us)」라는 표어에서도 알 수 있듯이 장애인 문제는 누군가에 의해 주어지는 것이 아닌, 장애인 스스로가 주체적으로 관여하는 당사자 주체 정신을 바탕으로 하고 있다. 하지만, 자립을 개인의 능력 범주에 속하는 것으로 개인화(小佐野彰, 1998)하기에는 부적절하다. 인간은 상호의존적 존재로서 일상 속 타자와의 끊임없는 상호 공동성 관계를 통해 자율성을 획득한다(Wehmeyer, Agran, & Hughes, 1998: 9). "삶의 구체적 국면에서 끊임없이 행하는 개인의 판단과 선택"(小松美彦, 2004: 100)을 통한 권리와 의무 이행만이 자신의 임파워먼트 강화나 긍정적 존재로서의 의미 부여가 이루어지는 것은 아니라는 것이다. 개인이라는 독자적 존재를 넘어 사회유대적 존재인 인간에게 타인의 존재야말로 생활 존립에 없어서는 안 될 존재적 가치를 지니며, 누구나 주변인과의 사회적 관계 형성을 통한 자립이 불가결하다는 사실이다. 특히, 생활 전반에 관여하고 비대칭적 관계성이 성립하는 중요한 타인(가족 · 돌봄이)으로부터 제공받는 「(자기)부정적 해석의 틀은 장애인의 자아정체성에 결정적 영향」을 미친다(星加良司, 2001: 162).

지역 내 장애인의 자기결정권 실현은 「장애인권리조약」제19조(교육) 및 제24조(자립생활 및 지역사회 포용)에서 구체화되었다. 주요 논점을 보면, 장애인은 지역사회의 「완전한 포용」과 개별적 지원 속에서 비장애인과 함께 생활 · 교육에 평등한 참여가 가능하며, 일상 · 사회의 발달에 발맞춘 기능 습득이 이루어져야 한다는 점이다. 이는 장애로 인해 고립, 격리되지 않고 부당한 차별적 거부를 저지함으로써 지역주체자의 권리뿐만 아니라, 타자로부터 강요받지 않고 스스로가 선택·결정(Wehmeyer, 1998, 2001) 가능한 임파워먼트 실현 지원이다. 임파워먼트 실현은 사회참여의 폭을 넓힐 수 있는 체험 공유를 통해 공생의 가치에 대한 이해·공감, 자아의 가치관 실현에 의한 자기역량 강화로 이어짐을 의미한다(安梅勅江, 2017; 北野誠一, 2015). 무엇보다 장애인을 치료·복지에 초점을 둔 신체적·경제적 대상이 아닌, 사회연대를 통해 일상이나 행동의 준칙을 스스로가 결정·통제하는 주체적 생활자로서의 자아형성이다(Illich et al., 1984; Wehmeyer, 2001). 임파워먼트 실천 맥락을 지닌 자기결정은 스스로가 심신을 관리하고 고민을 해결할 수 있는 주체적 생활자립자로서의 권리표명이며, 존재 자체에 대한 존중과 자아 주체성 인식, 그리고 상호지지의 촉진을 통해 이루어진다(Frankfurt, 1971). 이중 상호지지는 객체(장애인)와 객체(장애인), 혹은 객체(장애인)와 사회(지역)가 함께 성장·발전해가는 상호의존관계의 구축과, 객체에 대한 존중 및 객체에 의한 주체성을 통해 성숙한 시민사회 만들기를 지향한다(岩間伸之, 2014). 결국, 장애인이 자기결정에 의한 지역자립생활자로 재탄생하기 위해서는 부모·시설관계자 등 장애인생활지원자(caregiver)와의 억압적 관계성에서 벗어나 다양한 지역 구성원과의 지역활동 참여에 의한 사회 연대성 배양과 자치능력 향상이 설득력을 지닌다.

3. 직업생활 참여와 사회적 연대의 형성

인간은 노동활동을 통해 생존과 사회 존속이 가능하다. 노동은 「인간과 자연의 물질대사를 자신의 행위를 통해 매개·규제·관리하는 과정」(鈴木敏

正, 1996: 25)이며, 「정신적 · 육체적 모든 능력, 또 그 총체로서의 인격 형성」(芝田進午, 1979: 58)이다. 하지만, 과연 장애인 당사자의 능력 개발만으로 취업으로 이어질 수 있을까? 오히려 지역의 다양한 변화 속에서 관계성 구축을 통해 노동의 장에 참여할 수 있었던 것은 아닌가?

장애인 취업 생활 지원은 비장애 동료와 함께 일하는 것이 중요하며, 「추상적 능력을 갖춘 노동력」으로서가 아닌 「특징 있는 개인」으로서의 재인식 촉구가 요구된다(津田英二, 2013: 47). 장애인의 직업생활은 장애와 개인의 특성에 맞춘 대응과 인적관계를 통해 이루어지는데, 그 과정에서 겪는 곤란과 과제해결을 위해 네트워크형 지역연계의 유용성(井上光晴, 1988; 影山摩子弥, 2019; 西尾晋一, 1988)에 주목해야 할 것이다. 네트워크형 지역연계는 자립의 내실화를 도모함과 동시에, 장애인 당사자와 그 가족을 사회적 고립 상태로 방치하는 것이 아닌, 지역 일터를 중심으로 실생활에서의 연계 · 협동을 만들어간다(西尾晋一, 1988). 또한, 장애인 혹은 행정 · 제도 · 기업 등 어느 한쪽에 편중되지 않고 자연발생적인 경우가 많으며, 대등한 관계에서 상호 자율적 연계와 개방형 혁신의 특성을 지닌다(伊藤静美, 1997; 影山摩子弥, 2019). 이러한 지역 네트워크 형성은 형식교육 활동이 주를 이루면서도 지역이라는 생활의 장에서 비형식교육 활동을 통해 장애인의 사회적 자립과 주체 형성을 촉진한다(石川稔, 1985). 특히, 장애인은 지역연계 활동의 확장에서 겪는 학습경험을 통해 자신이 지역공헌 가능한 구성원으로 수용되고 있음을 인식하고, 지역 내 사회적 자본(인적 · 경제적 네트워크)의 형성 · 활용을 통한 생활의 질 향상과 주체적 자립생활, 나아가 사회 적응이 아닌 사회참여에 의한 변혁의 가능성을 끌어낼 수 있다. 결국, 장애인의 직업생활은 지역 네트워크를 이어주는 커뮤니티 활동의 확장을 기반으로 한 상호학습을 통해 노동활동의 정착 및 지속적 근로의 실현이 가능하다.

4. 장애인의 자립공생과정과 커뮤니티 임파워먼트

1) 장애인공동체의 형성

일본은 1960년대 장애인 당사자의 관점에서 노동과 휴식을 취할 수 있고 치료·보육이 가능한 「공동작업장운동」이 확산되었다. 이를 계기로 1977년 3.3평 남짓의 무인가(無認可) 공동작업소에 불과했던 무기노사토는 2023년 현재 장애인 취업·생활지원센터, 장애인복지공장, 장애인지역연구소 등 23개 부설기관이 설립·운영되는 장애인 교육복지기관으로 성장해왔다. 주요 활동으로는 아동·노동·지역생활·취업·생활상담 등 생활자로서 살아갈 수 있는 자립교육지원과 장애인교육정보지 발행 등 장애인 교육의 정보화에 박차를 가하고 있다. 이를 통해 장애인·비장애인의 「공통성·공동성·연대성이란 특성을 내포한 실체」(竹内郁夫·田村紀雄, 1989: 3) 간의 가치관 공유와 목적·목표를 함께 함으로써 장애인 평생학습활동의 지역 정보 형성과 장애에 대한 공감대 형성, 나아가 지역 통합성 추진을 해왔다. 특히, 무기노사토는 근로 욕구에 대한 노동의 장 제공만이 아닌, 노동의 발달 및 생활 보장의 권리 실현의 장으로서 생애에 걸친 인간의 능력 발달에 노동·배움의 불가분적 관계와 공생의 본질에 대해 장애의 사회문제화를 선도해왔다.

2) 공동노동실천의 장(場) 지원

(1) 노동력의 재생산자로서의 자립공생

경제효과의 관점에서 교육투자의 선택적 대상자로 낙인찍힌 장애인이 「노동공간」에서 '일한다는 것'은 어떤 의미를 지니는가? 이제껏 사회적 불리 상황 속에서 생활해오던 삶의 태도와 가치관의 변화를 가져올 것이다. 이는

노동사회에서 배제가 아닌 관계 형성을 배움으로써 재탄생한 자아의 발견·성장이며, 나아가 살아가는 힘을 체득해나가는 생활상의 변화, 즉 집단 내 자기성장과정이었다(伊藤静美, 1998, 112-113; 池上二久巳,『毎日新聞』2008년 9월 13일자). 노동은 생계를 위한 생활수단이자, 노동 수행 상 공동집단의 상호작용을 체험·학습할 수 있는 역할을 한다. 그 과정에서 장애인은 지역에서 수용·인정이 이루어지고 주민으로서 성장해나간다. 장애인에게 노동은 장애 유형, 장애 정도, 나이를 불문하고 장애가 있는 자라면 누구나 생활권의 기본 전제로 요구되는 활동이었으며(『わかやま新報』, 2009년 2월 5일자), 일터라는 공간 속에서 학습으로 구체화되었다. 장애인지역재활연구소 사무국장 야마모토 코헤이(山本耕平)는 노동 행위에 담긴 교육적 의미를 다음과 같이 논하였다. 장애인은 "농민에게 노동을 통해 인생을 배우고, 어떻게 일하고, 어떻게 살아갈지를 학습한다. 지역 생활을 함께 창조, 대응해나간다. 이때 협동적 관계성이 확산하고, 일하는 협동의 장이 증가한다."(山本耕平, 2014: 29). 야마모토(山本耕平)가 지적한 바와 같이, 무기노사토는 임금 노동의 장으로서, 자립생활의 장으로서, 그리고 협동학습의 장으로서 장애인이 배제의 대상에서 권리의 주체로 이어지는 다원적 공간성을 지닌다. 특히, 장애인은 지역 정착민으로서 지역 노동력의 재생산자로서 공동노동이라는 실천적 학습과정을 통해 자립(공생)생활을 획득해나가고 있다.

(2) 자립생활자로서의 임파워먼트의 실천

장애인이 비장애인과 함께 공생·정착하기에 필요한 지원은 다양하지만, 자기결정을 연습할 수 있는 교류 공간이 요구된다(池末美穂子, 1999: 요약문). 이는 사회 연대성 함양이 가능한 공간 안에서 자치능력 향상, 이른바 임파워먼트 실현이라는 시민의 자립성 보장과 결부된다. 특히, 지역자립은 생활문제에 직면한 당사자를 축으로 조직화된 연대경제 커뮤니티이며, 만남 · 대화, 교류 속 관계 맺음과 상호 배움에 기초한 임파워먼트의 실천성을 협동적 관계성에서 찾고자 하였다. 다음은 정신장애로 취업 생활에 곤란을 겪었던 이우치 마사카즈(井內正和)가 지적하는 임파워먼트 실천에 대한 느낌이다.

> 우리 장애인이 지역 생활한 결과, 〈중략〉 살아 있어 감동이다. 인쇄 작업장에 친구가 많이 생겼다. 혼자는 힘들다. 지역화=자립이란, 보통의 생활, 그것이 주체, 지금, 자립활동을 하고 있다. 학습회, 후원활동, 회보발행, 가두모금 사회계발활동이다. 어떤 활동도 중하며 지속 가능해야 하며 〈중략〉 나머지 인생을 살아가고 싶다(井內正和, 1998: 61).

이 회상에서 엿볼 수 있듯이, 장애인들은 동료와의 유대관계에서 강한 자립 의지를 느끼며 이제껏 사회적 억압과 제약으로부터 "보통의 생활" 주체자가 되고자 했음을 알 수 있다. 특히, "사회계발활동"이라는 체험교류형 동아리 활동은 장애 인식 및 이해 도모에 평생교육의 실천적 의미, 이른바 지역자립생활 가능한 임파워먼트 실천학습이었다.

3) 커뮤니티 임파워먼트의 촉진

무기노사토의 「노동지원」 활동은 개별적 지원 · 피지원 관계가 아닌 "당사자 · 실천자 · 시민의 평등성"이 보장된 실천적 참여의 가능성(窪田曉子, 2013)이라는 협동적 관계 구축을 통한 공동체 활동의 확장을 이루었다. 이는 협동노동과 임파워먼트 실천을 이념으로 단순히 재생산이 아닌, 다양한 주

체와의 지역협동을 통해 새로운 요구와 동기를 창출하고, 활동의 질을 변화시켜왔다(麦の郷, 2013: 4). 장애인 재활에 정진해 야마모토(山本耕平)는 노동 지원에 나타난 협동적 관계성에 대해 다음과 같이 역설한다.

> 정신장애인을 포함한 장애인을 "동료"라고 부르고, 살기 좋은 지역과 사회를 구축하는 사업을 협동으로 추진한다. 무기노사토 사업의 근저에 흐르는 협동적 타자 관계 〈중략〉 개개인을 "가능-불가능"으로 평가하지 않고, 각기 가능성에 착안하고 개인과 집단, 지역공동체의 임파워먼트를 향해 힘을 축적해왔다(山本耕平, 2014: 28).

여기에서 특필할 만한 것은 개체적 유전능력을 판단 근거로 한 자기책임의 원칙을 강요하기보다 다양한 평생학습활동을 매개로 획득한 협동적 힘에 대한 이해와 그 발현의 순환에 노력하였다. 이는 "개체적 능력"이 아닌 "능력의 협동성"에 뿌리를 둔 노동실천이며(宮崎隆志, 2013: 10), 공동노동이라는 사회적 교육활동을 통해 인간으로서의 품격을 발전시키고, 지역의 다양한 주체와의 협동성 발전을 통해 구성원들의 인간형성을 도모하기 위함이었다(宮崎隆志, 2000). 그런 의미에서 공동작업소는 "사회적 배제에서 협동의 교육" 실천을, 공동노동에 의한 "커뮤니티 케어의 구조변화"(鈴木敏正, 2002)를 견인해왔으며, 장애인에게 보통의 삶을 되찾아 주고자 한 실천공동체였다. 무엇보다 "공감에 근간을 둔 자아실현"(安梅勅江, 2008: 7) 도모 과정에서 협동노동은 자기 삶의 방식을 스스로 선택·결정하고, 그 결과에 책임을 짐으로써 결핍과 부족에 대한 자신만의 생활과 자아실현을 획득하는 당사자 주체의 커뮤니티 임파워먼트의 특질을 지니고 있었다.

4) 능력의 협동적 관계성의 성장

무기노사토의 노동실천은 능력의 협동적 관계구축을 통해 구성원 간 서로 느끼고 창출해내는 "힘(능력)을 공유 · 확장"(安梅勅江, 2008: 7)해나가는 커뮤니티 임파워먼트 그 자체였다. 이런 관점에서 무기노사토는 장애인 당사자의 개별적 능력보다 지역 내 복수의 단체와 기업 등과의 상호 협동적 능력에 의한 생활 곤궁자 고용 창출에 도전하는 "지역자원순환형공생사업"으로 일컬어진다(全国社会福祉協議会, 2014: 4-5). 이에 무기노사토는 제도적 틀에 요구를 맞추지 않고 외부로부터의 지배 · 제약 없는 상호 네트워크 체계를 기반으로 함께 만들어가는 배움을 통해 또 다른 관계 맺음과 협동적 힘 획득을 지원하였다. 이러한 무기노사토는 설립 이전부터 인적 교류와 강좌를 통해 노동 · 지역생활 · 취업 · 생활상담 관련 자립지원활동 가운데 전개되어왔다. 특히, "저녁모임의 장"과 "하고 싶은 강좌"는 장애인 스스로가 주체적으로 학습활동을 제안 · 기획 · 실현할 수 있도록 추진되었다는 점이 특징적이다.

(1) 평생학습의 실천을 도모한 "저녁모임의 장"

"저녁모임의 장"은 매주 수요일 16시~20시 사이 작업소의 일을 마친 10~50대의 폭넓은 연령대의 남녀 구성원들이 여유롭게 식사나 잡담을 나누거나 게임 · 퀴즈를 풀거나 각자 생각대로 즐기며 마음 편히 머무를 수 있는 "자유를 구현화한 듯한 공간"으로 개소되었다(紀の川市, 2020: 3). 모임 참여자는 교육 · 복지로부터 사회적 고립 · 배제를 겪어온 자를 대상으로 하며, 지역과 작업소 종류와 관계없이 매회 15명 이상이 자발적으로 동참하고 있다. 이곳을 "혼자서 먹지 않고, 대가족이 저녁 식사를 하는" 장소로 표현하는 참여자도 있으며, "자신을 숨겨도 좋고 속속들이 들어내도 좋은 장소 〈중략〉

어떠한 자신도 받아들여 주는 동료가 많은 곳"으로 "안심감과 자기표현이 자유로운 화기애애한 곳"으로 소개하는 참여자도 있다(紀の川市, 2020: 3-4). 또한, "정신적으로 힘들고 불안정해서 어려운 시기가 있었지만, 모임에 참여한 후 정서가 안정"(社会福祉法人一麦会, 2019: 8)된다고 토로한 것과 같이, 개인이 겪어온 혹은 겪고 있는 다양한 생활상의 문제와 고민을 털어놓고 해결책을 찾아가는 상호성장의 장으로 생각하기도 한다(『わかやま新報』2021년 3월 11일자). 이러한 "저녁모임의 장"은 생각의 교감과 감성의 교류는 물론 "여기에 오면 어떤 일에 몰두할 수 있는 공간"이라는 평생학습기능의 거점이었다(社会福祉法人一麦会, 2019: 2). 다음은 "저녁모임의 장"에서 이루어진 음주에 관한 에피소드이다.

> "일을 마친 후 한잔하고 싶다"는 생각으로 캔 칵테일을 저녁시간 모임에서 마셨다. 이를 본 참여자는 "술을 마셔도 괜찮은 건가?" 코디네이터에게 물었는데 "저녁모임 참여자끼리 논의하면 좋지 않나?"〈중략〉 다양한 의견이 나왔고(社会福祉法人一麦会, 2019: 2).

에피소드에서도 엿볼 수 있듯이, 음주에 대한 의사결정과정은 자기결정의 상호 보장·존중을 바탕으로 형성된다는 점에서 "저녁모임의 장"은 참여자가 함께 만들어가는 공간으로 변화되어왔음을 알 수 있다. 이는 비단 참여자 당사자만의 생각은 아니었으며, 협동적 관계성을 중시해온 가족과 관계자의 목소리에 귀를 기울여야 하는 이유이다.

> 작업소 이외 머무를 곳이 없었지만, 공간이 생겨 즐거워 보이고 가족으로서도 감사할 따름이다. 모임 가는 날, 가지 않는 날을 혼자 정해서 가

고 있다. 부모로서 "자기결정"하는 자녀를 담당자가 칭찬해주는 것이 기쁠 따름이다(社会福祉法人一麦会, 2019: 9).

가족(부모)은 "저녁모임의 장"에서 그들이 모르는 세계를 갖게 된 자녀가 스스로 생각 · 결정 · 행동할 수 있는 자아 성장의 장으로 인식하고 모임을 응원해왔다. 한편, 교육기관 및 연계협의회 관계자는 참여자들의 모습에 대해 다음과 같이 서술하고 있다.

> 수용적이고 편해서 기분 좋고 다정함 넘치는 분위기의 멋진 동료들, 서로 둘도 없는 소중한 존재 · 동료. 교육과 복지를 넘어 행정에서도 후원해주길 시간 · 공간을 동료와 함께 보내는 것을 권리로 보장받는 사회를 구축하고 싶다(社会福祉法人一麦会, 2021: 5-6).

저녁 모임 참여자들은 정서적 안정감 속에서 상호 신뢰 관계의 구축 및 동료의식의 성장, 나아가 교육이나 복지라는 범주 내에서 자기책임 · 상호책임을 묻기보다 공적 책임에 대해 자문 가능한 평생학습 커뮤니티가 되기를 바랐다는 것을 이해할 수 있다.

(2) 임파워먼트 학습을 지향해 온 "하고 싶은 강좌"

"하고 싶은 강좌"는 지역 · 행정의 포용적 호응 · 지지에 힘입어 능숙한 분야의 강사로 활약한다는 점에 특색이 있다. 강좌는 누구나 참여 가능한 '일반강좌'와, 6명 이하 소인수 한정의 '연속강좌'로 구분되며, 1명이라도 개설 희망과목이 있다면 개별적 요구 실현을 위해 다종다양하게 운영되고 있다. 이러한 강좌는 가족, 주민, 교육복지기관 관계자 등이 함께 참여한, 즉

"경쟁에서 협동·공동"이라는 이념적 가치에 바탕으로 둔 다양한 관계 주체 간의 정기적 배움 공유 및 연계·협동에 의한 혁신적 협동학습활동이었다. 또한, 강좌 참여자들은 교육·복지·노동 등과 연계한 지역적 네트워크 구축을 통해 자신들의 한계에 대한 끊임없는 극복과 포용적 공생사회 만들기에 노력하였다(宮崎隆志, 2013). 이런 조직적·계속적 협동학습은 개인의 임파워먼트와 함께 커뮤니티의 임파워먼트 촉진으로도 이어졌다. 다음은 장애인의 변화상에 대한 코디네이터 노나카(野中康実)의 묘사이다.

> 강좌에서 감격의 눈물이 흐르는 성장의 나날이었다. 〈중략〉 장애인의 생애학습이었다. 상호 대화와 배움에서 표정이 변해갔다. 선택 가능한 공간에서 자신이 자신으로 존재 가능함에 만족할 수 있게 되는 감각을 기르고, 자신을 확립하며, 자아동일성을 획득해나가는 모습임에 틀림없었다(社会福祉法人一麦会, 2021: 18).

강좌 참여자는 "내면을 풍부하게 하고, 하고 싶었던 많은 경험을 도전해봄으로써 내재되어 있던 자신이 듣고 싶던, 말하고 싶던, 배우고 싶던 생각"(社会福祉法人一麦会, 2019: 4)이 넘쳐 "상대적으로 박탈된 사회적 힘의 자원이 획득되는 과정"을 겪었으면서, 잠재적 힘과 자원을 현재화시킴으로써 자기결정 가능한 주체로 변화되어갔다(岡田衣津子·吉村輝彦, 2018: 134).

5. 장애인의 공동노동과 사회교육복지의 실천

이상, 본 절에서는 지역교육복지공동체 무기노사토 사례에 나타난 장애인 지역평생교육의 실현 가능성에 대하여 고찰하였다. 그 결과 무기노사토는 장애인 개개인의 생애에 걸친 능력과 가능성 발달에 있어 노동과 학습의 불가결성과, 공생사회의 형성 가능성을 지향해온 지역평생교육실천의 장으로서 장애인에게 평범한 일상의 삶을 되돌려주고자 하였다. 특히, 노동세계에서 장애인은 보호자 이외의 존재에 대해 인식·관심을 가질 수 있는 첫발을 내딛음으로써 창조적 배움과 집단 내 자기성장이라는 인격 형성, 나아가 포섭적 커뮤니티를 매개로 한 타인과의 협동적 관계성 속에서 자아통제 가능한 자립(공생) 생활자로서의 임파워먼트 실천을 경험하였다. 이러한 무기노사토는 생활교육·노동교육 활동이라는 사회교육과 복지를 일체화한 사회교육복지의 실천적 의의를 지니며, 타자와의 협동적 관계 속 자아발견 및 인간형성을 확립해나가는 주체적 삶의 과정이었다. 그 배경에는 교육·복지·공동체의 유기적 연계·지원에 의한 장애인 교육의 사회화 실현에 포괄적 인식이 적용되었다는 점이다. 또한, 장애인 평생교육의 목적은 복지이며, 복지의 방법으로 지역사회교육활동이 활용된 것으로 「복지는 교육의 모태이며, 교육은 복지의 결정(結晶)」(小川利夫, 2001: 1)에 뿌리를 두고 추진되어왔다는 점이다. 결국, 공동노동활동은 사회교육복지적 인식과 생애발달문제에 대한 복지교육실천 측면에서의 개입의 구조화를 동태적으로 이해할 수 있으며, 장애 유무와 관계없는 자립공생을 지향해왔다.

〈참고문헌〉

安梅勅江(2008). コミュニティ・エンパワメント. 小児の精神と神経, 48(1), 7-13.

安梅勅江(2017). エンパワメント科学. 認知神経科学, 19(1), 1-6

井内正和(1998). 「地域化」の麦の郷における体験と所感. 現代のエスプリ, 367, 59-65.

井上光晴(1988). 障害者の活動の場の広がりとネットワークの形成. 月刊社会教育, 32(9), 39-45.

石川稔(1985). 青年教室から地域のなかへ. 月刊社会教育, 29(1), 46-49.

伊藤静美(1997). 麦の郷は地域と共に育っています. ノーマライゼーション, 17(9), 32-34.

伊藤静美(1998).「麦の郷」の活動. 現代のエスプリ, 367, 112-128.

岩間伸之(2014). 支援困難事例と向き合う. 東京: 中央法規出版.

池末美穂子(1999). 生活の定着と求められる支援. 第22回総合リハビリテーション研究大会報告書. 日本障害者リハビリテーション協会.

岡田衣津子・吉村輝彦(2018). コミュニティ・エンパワメントに向けた対話・交流の場が学習者にもたらすもの. 日本福祉大学社会福祉論集, 第138号, 131-149.

小川利夫・高橋正教(2001). 教育福祉論入門. 東京: 光生館.

小佐野彰(1998).「障害者」にとって「自立」とは何か?. 現代思想, 26(2), 74-83.

影山摩子弥(2019). 障がい者雇用をめぐるネットワーク型地域連携の特性と意義. 横浜市立大学論叢 社会科学系列, 70(2), 49-80.

北野誠一(2015). ケアから円パワーメントへ. 京都: ミネルヴァ書房.

紀の川市(2020). 広報紀の川. 172(12), 紀の川市, 1-31.

窪田暁子(2013). 福祉援助の臨床. 東京: 誠信書房.

小松美彦(2004). 自己決定権は幻想である. 東京: 洋泉社.

芝田進午(1979). 人間にとって労働とはなにか. 哲学, 29, 55-64.

社会福祉法人一麦会(2019~2021). 障害者の多様な学習活動を総合的に支援するための実践研究. 麦の郷 ゆめやりたいこと実現センター.

鈴木敏正(1996). 地域住民の主体形成と社会教育学. 北海道大学教育学部紀要, 71, 21-35.

鈴木敏正(2002). 社会的排除と「協同の教育」. 東京: お茶の水書房.

全国社会福祉協議会(2014). ANNUAL REPORT(2013~2014), 全国社会福祉協議会.

竹内郁夫・田村紀雄(1989). 地域メディア. 東京: 日本評論社.

津田英二(2013). 障害者雇用の展開と雇用以前の問題. 日本の社会教育, 57, 44-55.

西尾晋一(1988). 地域における障害者の労働とゆたかな生活のためのネットワークづくり. 月刊社会教育, 32(9), 50-55.

星加良司(2001). 自立と自己決定-障害者の自立生活運動における「自己決定」の排他性. ソシオロゴス, 25, 160-175.

宮崎隆志(2000). 社会教育実践の公共性. 日本社会教育学会紀要, 36, 123-131.

宮崎隆志(2013). 能力の協働性: 麦の郷の実践を手がかりに. 所報協同の発見, 248, 7-13.

麦の郷(2013). むぎの郷つうしん. 麦の郷情報管理委員会, 4月, 1-5.

山本耕平(2014). 麦の郷と精神保健福祉実践. ノーマライゼーション, 34(7), 27-29.

毎日新聞(2008.09.13). 作業所の活動は励み でも利用料負担「なんで？」. 22면.

わかやま新報(2011.03.11). 学び合うそして創り合う. 3면.

わかやま新報(2009.02.05). 国連採択の障害者権利条約とは. 3면.

Frankfurt, Harry(1971). Freedom of the Will and the Concept of a Person. *The Journal of Philosophy, 68*(1), 5-20.

Illich, I. et al.(1984). 専門家時代の幻想 [*Disabling professions*]. (尾崎浩 역). 東京: 新評論(원전은 1977 출판). Wehmeyer, M. L.(1992). Self-determination and the education of students with mental retardation. *Education and Training in Mental Retardation, 27*, 302-314.

Wehmeyer, M. L. (1998). Self-determination and individuals with significant disability: Examining meaning and misinterpretations. *Journal of The Association for Persons with Severe Handicaps, 23*, 5-16.

Wehmeyer, M. L., Agran, M., and Hughes, C. (1998). *Teaching self-determination to students with disabilities: basic skills for successful transition*, MT: Paul H. Brookes Publishing Co., Inc.

Wehmeyer, M. L. (2001). Self-determination and mental retardation. *International Review of Research in Mental Retardation, 24*, 1-48.

공생교육 학교교육 실천 사례

제9장

일본의 다문화 공생 사회에 관한
학습교재 "효탄섬 문제"

미즈노 지즈루 (장안대학교)

1. "효탄섬 문제" 란

일본의 다문화 공생교육의 실천에 있어서, 대표적으로 사용되는 교재 중에 "효탄섬 문제"라고 제목을 붙인 시뮬레이션 교재(藤原孝章, 후지와라 다카아키 저)가 있다. 이 교재는, 2008년에 출판되어 그 후 계속 증가하는 외국인 이주자의 국적이나 민족의 다양화에 의해, 다문화 공생에 대한 문제도 다양화해 온 것으로부터, 2021년에 신판이 출판되었다. 그 중에서 다루어지는 다양한 문제는 일본뿐만 아니라 전 세계 공통의 민족 간의 문화 마찰이나 사회 문제에 대해 그려져 있기 때문에, 일본 이외의 나라에서도 다문화 사회를 생각하기 위한 교재로서 활용 할 수 있다고 생각된다(藤原, 2021: 106). "효탄섬 문제"란, 가상의 섬인 '효탄섬'에 '카치코치섬'과 '파라다이스섬'의 사람들이 이민자로서 오는 곳에서 이야기는 시작된다(藤原, 2021: 4). 효탄섬으로 이주해 온 카치코치인과 파라다이스인이 효탄인과 공생해 가는 가운데 문화적 마찰이나 갈등뿐만 아니라 자신들이 살고 있는 환경까지 위협되어 가는 전개가 되고 있다. 이 교재를 사용하여 수용국인 호스트사회(다수파의 효탄인)와 2개의 게스트그룹(소수파의 카치코치인과 파라다이스인)이 일으키는 사회문제에 대해 생각하려는 것이다. "효탄섬 문제"에 있어서 민족을 3개로 설정한 이유는, 2개라면 상호 관계가 다수파와 소수파, 호스트와 게스트, 동화와 이화라고 하는 것처럼 단순히 이분화가 되어 현실에 가까운 상황에서의 상호작용을 표현할 수 없다고 생각했기 때문이다(藤原, 2021: 106).

이 교재는 롤 플레이, 토론, 디베이트 등 참가 체험형 학습교재로서 일본의 학교교육 현장에서 활용되고 있다. 참가 체험형 학습은, 학습자가 서로의 주의와 생각을 공유하면서, 학습 활동에 주체적으로 참가해, 일상생활 속에서 적극적으로 실천하는 힘과 의욕을 높이는 것을 목적으로 하고 있어서(熊本市教育センター, 24), 초, 중, 고등학교에서는, 종합적인 학습의 시간이나 사회과의 시간, 대학에서는 국제이해 교육에 관한 강의나 유학생과의 교류회 등에서 사용되고 있다. 또한 학교교육뿐만 아니라 NPO 다문화 공생 센터와 교직원 연수회, 각 지역의 워크숍 등에서도 폭넓게 사용되어 있고 마조리티와 마이너리티의 입장을 이해해 나가는 것에 도움을 주고 있다. 본고에서는 한국에서도 다문화 공생 사회를 심각하게 생각해 나가야 하는 상황 속에서 이 "효탄섬 문제"의 교재가 한국의 교육 현장에서 활용될 수 있는지를 검토하기 위해, 일본에 취업을 희망하는 한국의 대학생을 대상으로 이 교재를 사용하여 다문화 공생교육의 실천을 시도하고 이 교재의 유효성을 검토했다.

2. "효탄섬 문제"에서 다룬 사회문제와 개념

1) "효탄섬 문제"에 등장하는 민족의 특징

효탄섬에 등장하는 3개의 민족, 효탄인(다수파, 마조리티), 카치코치인(소수파, 마이너리티), 파라다이스인(소수파, 마이너리티)의 특징을 다음과 같다(藤原 1997: 44, 藤原, 2021: 4, 17-21).

① 효탄인(다수파, 마조리티) : 초록의 숲과 농원에 둘러싸인 섬에서 풍부하고 온화하게 살고 있다. 소득도 많고 실업률도 낮지만 인구 증가율이 낮기 때문에 장래에는 노동력 부족이 예상되고 있다. 예의 바르고 개방적인 국민성. ② 카치코치인(소수파, 마이너리티) : 섬은 연중 북풍이 불어 눈과 얼음에 시달리고 있다. 마른 토지에서 작물의 수확률은 낮고, 냉해와 가뭄 때문에 타관돈벌이를 하는 사람도 많다. 힘든 일자로, 고향에 송사를 하고 있는 사람도 많다. 따라서 효탄섬에서도 경제력을 키우고 있다. ③ 파라다이스인(소수파, 마이너리티) : 섬은 연중 여름이고 음식에는 불편하지 않고 여유롭게 살고 있지만 급격한 인구증가로 식량의 자급자족이 위험해지고 있다. 전기나 수도가 보급되어 있지 않기 때문에 현대적인 생활이 되어 있지 않다.

2) 효탄섬에서 다룬 5가지 사회문제

효탄섬에 카치코치인과 파라다이스인이라는 다른 문화나 언어를 가진 사람들이 와서 다양한 문제를 일으킨다. 다음 다섯 가지 문제는 현실적으로 다문화 사회에서 일어날 수 있다고 가정해서 설정되었다(표 9-1).

표 9-1. 5개 레벨의 사회문제 내용

레벨			사회문제 내용
이문화 이해	1	인사말 몰라	세 민족 각각의 인사를 이해할 수 없으며, 커뮤니케이션 갭을 일으킨다.
다문화 이해	2	카니발 왔다	효탄섬의 전통적인 축제의 참가를 둘러싸고, 근로의 가치관의 차이로부터 문화 마찰을 일으킨다.
	3	효탄교육 위기	학교에서의 학력의 격차와 교육관의 차이로부터, 교육 내용 개선 및 민족 학교의 설립을 요구. 민족 간의 대립과 교육 정책의 다양화의 과제가 발생한다.
	4	토쿠리지구는 인정되는가	다수파에 대한 위화가 소수파의 분리주의로 발전하고, 특정 지역에서의 마이너리티 그룹의 집주가 진행된다. 재정면의 과제가 발생하여 호스트 사회와 대립.
글로벌 이해	5	효탄 파워 소멸	각 민족의 자기 이익을 주장하기 시작하고 환경 파괴를 일으킨다. 효탄섬의 공유 재산이 사라진다는 위기가 찾아온다.

출처: 藤原孝章(2021: 5, 110) 다문화 공생 "효탄섬 문제"를 참고로 필자 작성

3) "효탄섬 문제"의 학습으로 얻을 수 있는 일반적인 개념

다문화 공생교육을 통해 얻을 수 있는 일반 지식은 외국인 노동자, 노동력의 국제 이동, 마이너리티·마조리티, 인종 차별, 민족의 대립 등에 관한 것이지만, "효탄섬 문제"의 학습을 통해 더욱 구체적으로 얻어진 일반적인 개념을 다음의 〈표 9-2〉에 제시했다(藤原, 2021:1 27).

표 9-2. "효탄섬 문제"의 학습으로 얻을 수 있는 일반적인 개념

	일반적 개념
1	세계에는 경제상의 이유로 살고 있는 땅을 떠나 이동하는 사람들이 있다.
2	세계에는 이민이나 노동자를 받아들이는 나라(지역)와 보내는 나라(지역)가 있다.
3	어떤 민족(집단)도 풍속, 습관, 가치관 등의 고유한 문화를 가지고 있다.
4	이문화를 이해함으로써 자신의 문화를 포함한 다양한 문화가 있음을 이해한다.

일반적 개념	
5	사회 중에서는 특정 민족(집단)의 문화가 존중되고 지배적인 힘을 가질 수 있다.
6	사회 속에서는 자신의 문화를 인정받지 못한다고 느끼고 있는 민족(집단)이 있다.
7	여러 문화가, 5와 6의 관계에 있는 경우에, 때때로 그들은 충돌하고 사회 문제로 발전 할 수 있다.
8	갈등의 관계를 위해서는 이해를 조정하기 위한 커뮤니케이션이 필요하다.
9	갈등을 해결하려고 하지 않고 서로의 이해를 주장하고 양보하지 않으면 함께 망하거나 더 중요한 가치를 잃게 된다.

출처: 藤原孝章(2021 : 127) 다문화 공생 "효탄섬 문제"를 참고로 필자 작성

3. "효탄섬 문제"를 논제로 한 디베이트의 수업

1) 조사 참가자 및 조사 기간

본 연구의 조사 참가자는 해외취업진출사업(한국고용노동부와 민간기업이 협력해 한국 청소년을 대상으로 해외 진출을 지원하는 지원 제도) K-move 스쿨의 연수수업의 참가하는 한국J대학의 대학생 9명(남성 6명, 여성 3명)이다. 일본어 능력은 중·상급 레벨이다. 조사 기간은 K-move스쿨 연수 수업 기간 중에는 약 6개월간이며, 그 중 약 1개월간의 '한일이문화커뮤니케이션(현지적응교육·상황별 디베이트)' 과목으로 조사를 실시했다.

2) 조사 방법

"효탄섬 문제"를 논제로 한 일본어로의 디베이트 수업을 모두 종료한 뒤 설문조사와 1대1 반구조화 인터뷰 조사를 실시했다. 1대1 반구조화 인터뷰는 다문화 공생 '효탄섬 문제'에 관한 내용을 한국어와 일본어로 자유롭게

말해달라고 했다. 인터뷰의 발언 내용과 설문조사의 내용은 가와키타 지로가 고안한 질적 데이터를 분석방법인 kj법(川喜田, 1997 :63-66, 田中, 2010: 26-28)을 참고로 카테고리화하여 내용 분석을 실시하였다. 윤리적 배려로서 본 연구의 조사 결과는 수집된 데이터는 엄중하게 관리되어 연구 목적 이외에 사용하지 않는 것, 연구의 성과가 학회지나 학회에서 공표되어도 개인이 특정되지 않고 처리한 상태로 발표하는 것 등을 구두로 설명하고, 참가자는 수집된 데이터의 내용의 이용에 대해 승낙을 한 후, 참가 동의서를 받았다.

3) 수업 내용

학생들은 시뮬레이션 교재 "효탄섬 문제" 중에서 5개 레벨의 사회 문제(《표 9-1》) 중 다문화 이해와 글로벌 이해에 해당하는 레벨 2~5의 내용(이미지 1~86)을 중심으로 학습하고 레벨이 하나씩 끝난 뒤에 논제를 제시해 디베이트를 실시했다. 디베이트를 실시하기 전의 교재 학습은, 참가자가 1~86의 이미지에 해당하는 일본어의 문장을 읽은 후에 한국어로 번역해, 다문화 공생에서 왜 그 문제가 일어나는지를 반드시 이해한 후에, 찬성 측, 반대 측 심판 측의 세 그룹으로 나뉘어 디베이트를 했다. 학생들은 디베이트를 하기 전에 그 논제에 관한 자료나 정보를 수집하면서 한국내 및 해외에서 발생하고 있는 다문화 공생에 관한 다양한 문제를 접했다. 그 토론 내용을 심판 측의 학생이 객관적으로 어느 측에 이겼는지 판단했다.

이 수업은 1주일에 2회, 1회당 3시간(1시간: 50분 수업 10분 휴식), 총 10회(전 30시간)이다. 그 수업 내용을 다음의 〈표 9-3〉에 제시했다. 디베이트가 모두 종료된 후, "효탄섬 문제"의 학습으로 얻을 수 있는 일반적인 개념(藤原, 2021: 91)과 외국인이 일본에서 살 때 부딪히는 3개의 벽(藤原, 2021: 98-99)에 대해 한국어로 번역하여 내용을 이해할 수 있었음을 확인하고, "효탄섬 문제"란 무엇인가를 한 사람씩 자유롭게 말해 이 수업의 정리로 했다. 다음의 〈표 9-4〉에 일본 사회에서 부딪히는 3개의 벽을 나타냈다.

표 9-3. "효탄섬 문제"를 논제로 한 일본어 디베이트의 수업 내용

일		수업 내용
1	교재 학습	오리엔테이션 교재의 설명, 디베이트의 진행 형식을 설명
2	교재 학습	카니발이 왔다 - 축제와 노동 - 디베이트 논제를 설명한 후 그룹 나누기
3	일본어 디베이트	논제 : 카치코치인들은 일을 쉬고 카니발에 참여해야 합니다.
4	교재 학습	효탄교육 위기 -교육 국제화 - 디베이트 논제를 설명한 후 그룹 나누기
5	일본어 디베이트	논제 : 파라다이스 학교의 설립을 인정해야 한다
6	교재 학습	리틀 파라다이스가 인정되는가 - 거주 지역과 비용 - 디베이트 논제를 설명한 후 그룹 나누기
7	일본어 디베이트	논제 : 리틀 파라다이스를 인정해야 한다
8	교재 학습	효탄 파워 소멸 -공유재산이란 무엇인가 - 디베이트 논제를 설명한 후 그룹 나누기
9	일본어 디베이트	논제 : 카치코치인과 파리디이스인은 효탄섬에서 나가야한다
10	교재 학습	일본에 사는 다양한 사람들의 뿌리를 이해 "효탄섬 문제"란 무엇인가에 대한 자유 토론

표 9-4. 일본 사회에서 부딪히는 3개의 벽

	부딪히는 벽	그 내용
1	제도(법률)의 벽	선거권, 직업선택 제한, 취업관리 등
2	문화와 언어의 벽	외국어 표시의 적음, 난해한 일본어 등
3	마음의 벽	외국인 혐오, 헤이트 스피치, 백인 숭배 · 아시아인 멸시 등

출처: 藤原孝章(2021: 98-99) 다문화 공생 "효탄섬 문제"를 참고로 필자 작성

4. "효탄섬 문제"를 통해 배운 것

전체 수업 종료 후에 1대1로 9명의 학생들에게 15~20분 정도 인터뷰를 했다. 이 수업의 핵심인 다음 3가지 질문에 대해 내용을 분석했다. ①디베이트 논제 중에서 가장 인상을 남긴 논제, ②효탄섬 문제를 통해 배운 것, ③다문화 공생교육에서 한국에서 이 교재를 사용한 것에 대한 소감 등 이상 3개의 질문 내용을 분석한 결과를 다음의 〈표 9-5〉부터 〈표 9-7〉과 같이 정리하였다.

표 9-5. 가장 인상에 남은 논제

디베이트 논제	카테고리	발언 요약
카치코치인들은 카니발에 참여해야 한다.	충격	외국인 노동자의 기사를 보고 현실을 알게 되었다.
		외국인 노동자가 좋지 않은 환경에서 일하는 것에 충격을 받았다.
리틀 파라다이스를 인정해야 한다.	차별	차별에 대해 심각하게 생각했다.
	의외	생각한 적도 없는 생각할 수 없는 논제였다.
카치코치인과 파라다이스인은 효탄섬에서 나가야한다	극단적인 테마	지금까지 가장 극단적 인 주제였습니다.
		다른 테마에 비해 극단적이었다.
		지금까지 협력하는 이 주제였지만, 이 테마만은 달랐다.
	자국민 중심	효탄인(자국민)이 원래 그런 생각이다 그게 아닐까 생각했다.
	현실문제	외국인과 잘 접하기 위해 현실적인 문제라고 느꼈다
	이주민에 대하는 부정적인 입장	이 주제를 통해 이주민은 자국으로 돌아온 것이 좋다고 생각했다.
		부르지 않았지만 마음대로 왔기 때문에 하고 싶었던 내용의 주제였다.
	자신의 입장으로 바꾸고 생각	만약 자신이 일본에 살게 되면 그렇게 되어 버릴까 생각한다고 상상해 버렸다.

디베이트 논제 가운데 가장 인상에 남았다는 질문에 대해 축제와 노동에 관한 테마 "카치코치인은 카니발에 참가해야 한다"는 1명, 교육의 국제화에 관한 테마 "파라다이스인 학교의 설립은 인정해야 한다" 0명, 거주지역과 비용에 관한 테마 "리틀 파라다이스를 인정해야 한다"는 2명, 공유재산이란 무엇인가라는 테마 "카치코치인과 파라다이스인은 효탄섬에서 나가야 한다"는 6명이었다.

"카치코치인은 카니발에 참가해야 한다"고 주제를 통해 외국인 노동자가 열악한 환경에서 일을 하고 있음을 알고 충격을 받았다고 소감을 말했다. 또한, "리틀 파라다이스를 인정해야 한다"라고 하는 테마에서는, 실제로 한국 내에 존재하는 인천시의 차이나타운이나, 안산시의 외국인가 등을 예로서, 지금까지 생각한 적 없는 외국인의 실태와 차별에 대해 심각하게 생각했다고 답했다. "카치코치인과 파라다이스인은 효탄섬에서 나가야 한다"는 테마가 제일 인원수가 많았다. 이것은 다른 주제에 비해 극단적이었다고 느꼈기 때문이다. 현실 문제에 가깝다고 느끼고, 자국민 중심의 생각이 부각되어 있다고 대답했다. 또한, 학생자신도 이민자에 대한 부정적인 감정도 부각되었다고 대답했다. 특히 인상적이었던 것은, 한국의 학생이 일본에서 생활하게 되었을 때, 자신도 그러한 입장이 될 수 있다고 자신의 입장을 옮겨놓을 수 있었다는 대답이었다. 공유재산이 손실 위기에 빠졌을 때 자국민 중심사회에서는 이민자는 나가야 하는지를 깊이 생각하게 한 결과가 되었다.

표 9-6. "효탄섬 문제"를 통해 배운 것

카테고리	하위 카테고리	발언 요약
다문화 공생에 대하는 깊은 이해	상대의 입장을 이해	사람마다 사고방식이 다릅니다.
		찬성하는 사람도 반대하는 사람도 이유가 있다는 것을 배웠다.
		상대의 입장을 잘 알게 되었다.
		그들의 입장을 이해할 수 있다.
		서로를 존중하는 것이 중요하다.
		귀를 기울이는 힘이 늘었다.
	다문화에 대한 이해	한국이 일본과 중국과 갈등이 생기는 이유를 알게 되었다.
		다문화 공생은 먼저 받아들이는 것이다.
		이민자의 사고방식을 이해할 수 있었다.
		공생문제를 잘 나타낸 내용이다.
		많은 다문화 가정에서 다양한 문제가 왜 발생했는지 이해할 수 있었다.
		문화의 차이를 이해할 수 있다.
	시야의 확산	외국인에 대한 시야가 넓어졌다.
		이민자에 대한 시야가 넓어졌다.
수업 전에는 다문화에 대해 무관심	수업 전에는 무관심	수업 전에는 다문화 문제에는 관심은 없었다.
		이전에는 외국인에 대한 관심은 없었다.
		수업 전에는 다문화에 대한 생각은 전혀 없었다.

앞의 〈표 9-6〉의 결과로부터 "효탄섬 문제"의 수업을 통해 배운 것은 두 가지이다. 첫 번째는 다문화 공생에 대한 깊은 이해이다. 이는 사람에 따라 사고방식이 다르다는 것, 상대방의 의견을 듣는 것, 서로 존중하면서 상대방의 입장을 이해하는 것, 이민자의 문화와 사고방식을 받아들이는 것, 시야가 넓어진 것 등을 나타내고 있다. 두 번째는 "효탄섬 문제" 수업을 받기 전에는

다문화 문제에 무관심했던 것이다. 다문화 문제뿐만 아니라 외국인에 대해서도 무관심했다고 대답했기 때문에 평소부터 외국인이나 이민자에 대해 의식하지 않으면 다문화 공생은 무언가를 이해할 수 없다고 생각된다. 그러나 대부분의 학생들이 "효탄섬 문제" 수업을 통해 다문화 공생이란 무엇인가를 알게 되었고 외국인이나 이민자와 함께 살아가려면 어떻게 해야 할지 생각하는 계기가 되었다고 생각된다.

표 9-7. 교재로서 "효탄섬 문제"를 사용한 소감

카테고리	하위 카테고리	발언 요약
긍정적인 소감	좋은 교재	재미있는 내용으로 교재로 좋았다.
		이 클래스의 수준에 맞아서 좋았다.
	이해하기 쉬운	실제 나라(미국이나 중국 등)이었다면 어려웠지만, 가상의 나라였기 때문에 이해하기 쉬웠다.
		세 나라 모두 민족성이 다르기 때문에 문제 자체가 이해하기 쉬웠다.
		극단적으로 다른 나라가 등장했기 때문에 이해하기 쉬웠다.
		각각의 입장을 생각하기 쉬웠다.
	현실적인 문제에 접근	한국에서 먼 미래의 이야기가 아니라고 생각했다.
문장의 어려움	단어의 어려움	어휘가 어려웠다.
		한자에 덧말이 없기 때문에 읽는 것이 어려웠다.
		일반 수업이라면 한자가 어려운 내용이었다.
	번역의 어려움	수업시간 내에 번역해야 해서 시간이 부족했다.
		번역하는 것 자체가 어려웠습니다.
	글자가 작고 불편함	문장의 글자가 컸다면 좋았다.

앞의 〈표 9-7〉의 결과로부터, 이 교재는, 재미있고 좋은 교재였다고 대답한 학생이 7명이며, 과반수 이상의 학생이 좋은 교재라고 대답했다. 또한 이해하기 쉽고 현실문제에 비추고 있고, 이 클래스의 수준에 맞는 내용이었다는 등 전체적으로 긍정적인 대답이 많았기 때문에 한국에서도 다문화 공생에 대한 학습 교재로서 적합하다고 판단되었다. 그러나 문장 중 한자에 덧말이 없기 때문에 읽는 것이 어려웠고, 단어 자체가 평소 사용하지 않는 전문용어도 나왔기 때문에 번역하는데 고생하고 약간 글자가 작고 보기 어렵다는 대답도 있었다. 아무리 일본어를 공부하고 있는 학생인데도 한국어로 번역하기에는 다소 어려운 문장이었던 것으로 시사된다. 이 교재를 실제로 한국에서 사용하기에는 어느 정도 큰 글자로 알기 쉽게 번역하지 않으면 내용을 이해하기 어려울 것 같다.

5. 다문화 공생교육의 필요성과 교재 개발

"효탄섬 문제"의 학습으로 얻을 수 있는 일반적인 개념(〈표 9-2〉) 중에서도 특히 8(갈등의 관계를 위해서는 이해를 조정하기 위한 커뮤니케이션이 필요하다)과 9(갈등을 해결하려고 하지 않고 서로의 이해를 주장하고 양보하지 않으면 함께 망하거나 더 중요한 가치를 잃게 된다)의 개념은 다문화 공생 사회를 구성해 나가기 위해서는 중요한 내용이라고 생각된다. 디베이트 논제를 통해 학생들은 이 개념을 이해했다고 생각되지만, 실제로 향후 일본에 살게 되었을 때, 마조리티에서 마이너리티로 이행하는 것으로 〈표 9-4〉에 나타내는 3개의 벽에 반드시 부딪치는 것을 이 교재를 통해 이해한 것이다.

앞으로는 다양하게 변해 가고 있는 다문화 공생 사회를 위한 이러한 참가

체험형 시뮬레이션 교재가 일본뿐만 아니라 한국에서도 개발될 것으로 기대하고 있다. 다문화 공생 사회를 목표로 이러한 참가 체험형 교재를 활용하여 학교교육뿐만 아니라 가정 및 지역사회에서도 다문화 공생교육이 실시될 것을 진심으로 바란다.

〈참고문헌〉

川喜田二郎(1967). 発想法-創造性の開発のために 中央公論者

熊本市教育センター 参加体験型学習

http://www.kumamoto-kmm.ed.jp/kyouzai/jinkennavi/siryou/handbook/P24-P26.pdf
    2022.9.27. 인출.

田中博晃(2010). KJ法入門：質的データ分析法としてのKJ法を行う前に 外国語教育
    メディア

学会(LET)関西支部メソドロジー研究部会2010年度報告論集 17-29.

藤原孝章(1997). グローバル教育における多文化学習の授業方略 - シミュレーショ
    ン教材「ひょうたん島問題」を事例として -. 全国社会科教育学会『社会科研
    究』47, 41-50

藤原孝章(2008). シミュレーション教材「ひょうたん島問題」東京: 明石書店.

藤原孝章(2021). シミュレーション教材「ひょうたん島問題」東京: 明石書店.

제10장

동아시아 평화와 공생을 위한 과거사 교육: 일본 초등학교 역사교육 사례

차보은(연세대학교 교육연구소)

1. 왜 과거사를 교육해야 하는가?

한-일 관계에서 과거사를 둘러싼 의견 대립은 끊임없는 갈등의 노정이다. 한국 사회에서 과거사는 단지 과거에 있었던 사건에 불과하며 발전적 미래를 위해서 과거사를 돌아보는 것은 의미 없다는 주장도 있다. 과거사는 단지 오래전 지나간 일일 뿐인가? 2023년은 관동대지진 발생 100주년이 되는 해이다. 1923년 관동대지진 당시 일본 사회는 근거 없는 유언비어로 조선인을 학살하였다. 유언(流言)에서 비롯된 타자에 대한 혐오, 배제, 차별, 범죄는 단지 과거의 일이 아니라 현재 한-일 관계 갈등뿐만 아니라 동아시아의 평화를 위협하는 요인이 되기도 한다. 아베 전 수상이 산탄총에 맞아 쓰러진 2022년 7월 8일, 후쿠오카현 한국 총영사관은 SNS를 통해 재일 한인교포들에게 혐오범죄의 대상이 될 가능성이 있다며 주의를 당부하는 메시지를 공식적으로 올렸다. 이 사건의 배후가 한국인과 관련이 있을 것이라는 근거 없는 이야기는 온라인을 통해 확산하였고, 그 양상은 100여 년 전 관동대지진의 기억을 환기한다. 이처럼 과거에 있었던 일이 현재까지 끊임없이 영향을 미치기에 과거사는 단지 과거에만 머무를 수 없다.

위 두 가지 사건의 원인은 공통적으로 특정 집단에 대한 혐오라는 감정에서 기인한다. 혐오란 특정 집단이라는 이유만으로 부여하는 부정적인 믿음이나 감정이다.[1] 혐오가 교육에서 중요하게 논의되어야 하는 이유 중 하나는 특정 집단에 대한 부정적인 감정이 교육을 통해서 생성될 수도 있기 때문이다. 전쟁, 제노사이드, 테러와 같은 트라우마의 역사는 공포, 슬픔, 분노, 부끄러움, 혐오 등 강력한 감정을 일으키며 이러한 감정은 사람들의 인식과 행동에 영향을 미치게 된다. 이와 같은 감정은 학교라는 공간에서 역사의식 및 교육 실천을 통해 '우리'와 '그들'을 구별하는 집단 정체성 및 기억 형성에 강한 영향을 미친다.[2] 한 · 중 · 일을 중심으로 하는 동아시아는 전쟁과 분단, 식민 침탈, 일본군 '위안부', 강제동원 등 어두운 과거사가 해결되지 않은 상황에서 과거의 일이 단지 과거만의 일이 아니라 현재의 감정에도 끊임없이 영향을 미치고 있다.

따라서, 과거사 교육은 개인의 정체성을 구성하는 사회문화적 맥락을 이해할 수 있는 단초를 제공할 수 있다. 또한, 그 정체성이 어떤 방식으로 특정 집단에 대한 이해와 감정으로 이어지는지 살펴볼 수 있도록 한다. 과거사 특히 트라우마의 역사를 마주하는 것은 특정 집단에 대한 개인의 감정을 돌아보고 그 감정의 근원이 무엇인지 비판적으로 성찰할 기회를 제공할 수 있다.

---

1   구정화(2018). 사회과교육에서 혐오표현 관련 교육에 관한 시론. 시민교육연구, 50(3), 1-22.

2   Zembylas, M(2015). *Emotion and traumatic conflict:reclaiming healing in education*. NY:Oxford University Press.

2. 과거사를 교육하는 것

동아시아에서 과거사를 교육한다는 것은 구체적으로 어떤 교육 내용과 방법이어야 하는가? 사전적인 의미로 과거사란 이미 지나간 때의 일, 과거에 있었던 일을 뜻한다. 하지만 일상적·학문적 의미로 과거사는 단순히 과거에 있었던 '일'이 아니라 과거사 '문제'[3] 이자 '청산'과 '치유'가 필요한 과거이며, '어두운' 기억이고, 교육하기에는 '부담스러운'[4] 과거이다. 결국, 과거사는 과거에 있었던 일 중에 특정 개인이나 집단에 깊은 아픔과 상처를 남겨 현재까지 그 강렬한 기억과 감정이 이어져 온 일을 의미하게 된다. 또한, 과거사는 보편적 기억으로 인정받지 못하여 정리 작업이 필요한 경우도 있다. 이는 과거사 문제에서 기본이 되는 것이 진상 혹은 진실을 '규명'하는 것이며[5] 진실을 '규명'한다는 것은 그 사건과 이를 둘러싼 사람들의 기억을 소환하는 것이기 때문이기도 하다.

한·중·일을 중심으로 한 동아시아 국가 간의 갈등도 과거사 갈등에서 촉발된 기억의 정치에서 기인하는 경우가 많다. 예컨대, 한국과 중국에서 1930년에 난징에서 있었던 역사는 난징대학살로 기억하고 기록하며 교육하고 있다. 반면, 일본의 역사 교과서[6]에서 난징 침략역사를 서술하는 장면에 사용되는 삽화는 일본 군인이 말을 타고 난징에 들어가는 사진으로 마치 행

---

3 방지원(2017). 공감과 연대의 역사교육과 '과거사' 문제 - 성찰적 역사교육을 위한 시론. 역사교육연구, (28), 115-147.

4 최호근(2011). 부담스러운 과거사 교육의 효용과 전략 - 독일, 이스라엘, 미국의 홀로코스트 교육 비교 -. 역사교육, 120, 129-161.

5 정호기(2009). '과거사'의 상흔 치유와 효과에 대한 성찰, 기억과 전망, 20, 216-247.

6 모든 교과서가 삽화와 서술이 동일하지는 않음. 본고에서는 山川出版社 日本史 B의 내용을 기반으로 서술하였음.

진하는 모습처럼 그려진다. 또한, 해당 사진에 대하여 일본군이 난징을 획득하여 난징성에 들어가는 모습이라고 기술한다. 난징에서 자행된 침략과 학살의 역사는 해당 삽화를 통해서는 전혀 상상할 수 없는 과거사이다. 1955년 나카소네 야스히로 의원을 중심으로 한 민주당은 일본이 아시아를 침략한 사실 등을 기술한 교과서를 편향적이라고 공격하는 '제1차 교과서 파동'을 일으키며 한·중·일을 중심으로 한 동아시아에서는 역사 교과서를 둘러싼 역사 갈등이 심화되었다.[7] 1951년 일본의 학습지도요령에서 '일본의 중국 침략'은 '일본의 대륙진출'로 바뀌었고, 이후 학습지도요령에서 '침략'이라는 용어는 모두 '진출'로 통일되었다. 이러한 서사를 생성하는 이유는 특정 담론적 맥락 속에서 구성원들의 정체성이 형성되기를 기대하기 때문일 것이다. 정체성은 구성원의 사고, 정서, 감정에 영향을 미치게 된다. 결국, 이와 같은 역사교육은 유사한 서사를 공유한 집단에는 정서적 선호나 유대감을 보이지만, 다른 담론적 맥락 속에서 정체성이 구축된 타자와 마주하였을 때는 서로의 입장과 서사를 이해하지 못하여 갈등의 원인이 된다는 특징을 가지게 된다.

이처럼, 한국, 일본, 중국은 동일한 사건에 대한 서로 다른 재현과 해석으로 각 집단의 기억과 정체성을 구조화하여 왔으며, 이는 동아시아 갈등의 원인이 되어 왔다. 결국, 동아시아에서 과거사를 교육하는 것은 국가 간에 경합하는 기억을 교육하는 것뿐만 아니라 그 구조와 변인, 원인과 결과, 청산과 정리의 문제, 서로 다른 입장 간 갈등 등을 교육의 내용과 방법으로 가지고 오는 것을 의미하게 된다. 즉, 과거사를 교육하는 것은 트랜스내셔널한 관점,

---

7   俵義文(2002). 교과서 파동과 역사인식. 한·중·일 역사인식과 일본교과서. 일본교과서바로
      잡기운동본부(편). 30-76. 서울:역사비평사.

즉 국민국가를 성찰하고 비판적으로 바라보는 노력을 통해 동아시아 각국이 국가의 경계를 넘는 기억의 공유가 가능해지도록 하는 것이라 일본의 한 초등학교 사례를 통해 과거사 교육이 어떻게 동아시아 평화와 공생을 위한 교육이 되는지 살펴보고자 한다.

3. 과거사 교육 사례: 일본 S 초등학교

1) 과거사를 교육하는 초등학교

일본 도쿄에 위치한 S 초등학교는 S 재단에 속해 있는 사립 초등학교이다. S 재단은 다이쇼데모크라시 운동을 기반으로 만들어진 학교이다. 제1차 세계대전 후 국제적인 분위기는 평화와 민주주의를 지향하는 흐름이었으며 일본에서도 다이쇼데모크라시 운동으로 교육에서도 덕목보다 자유주의, 개성존중이 강조되며 국체 유지와 민주적 국민양성이라는 두 축이 공존했다. 하지만 1930년대에 접어들면서 국체 관념이 점점 더 강화되고, 총력전 체제에서 교육은 황민 양성 교육 중심이 되었다. 이와 같은 분위기에서 일본의 교육과정에 문제의식을 느낀 해당 지역의 학부모들이 자발적으로 공동체를 형성하여 학생들의 전인적 성장을 위한 교육기관을 만들어 유지해온 것이 S 초등학교이다.

S 초등학교는 그 설립 취지와 같이 민주적 시민 양성 그리고 평화교육을 학교의 중요한 목표로 삼는다. 따라서 학교 문화, 교육과정, 수업 협의 과정도 모두 민주적이고 언제나 학생이 교육의 중심에 있는 학교이다. S 초등학교 교사들 또한 학교 교육의 방향성과 목표에 대하여 동일하게 인지하고 있다.

학교요람에서 신입생에게 나눠주는 자료인데요, 학교 신입생들에게 이 것을 나누어 줍니다. 인간으로서의 전체적인 발달을 목표로 하는 것, 그리고 수단적으로 민주적 사회를 이끌어갈 사람으로서 지혜와 지식을 쌓는 것, 아름다운, 훌륭한 것에 감동, 공감하는 감정, 그 구체적인 어린이상이라고 해서 7개 나와 있는데요. 그 7번째가 평화적이고 인류의 발전을 위하여 노력하는 사람이라고 목표하고 있습니다. 이것이 역시 S 초등학교 역사 수업의 궁극적인 교육의 발표라고 할 수 있을 것입니다.

-마코토 교사와의 인터뷰-

S초등학교의 교육 목표는... 음.... 학생들이 스스로 생각하고 판단하는 힘을 기르는 것? 그래서 평화로운 미래를 만들기 위해 어떻게 해야 하는지 학생들이 스스로 찾아가기를 바라는 것 같습니다. 학교 전체 교육과정을 통해 이와 같은 교육을 실천하고 있고, 또 아무래도 6학년 역사 수업은 조금 독특하죠.

-히로 교사와의 인터뷰-

이런 독특한 역사와 교육 목표를 가진 학교를 2019년부터 2020년까지 직접 방문하고, 학교의 교사들을 만나 이야기를 나누고, 교사 일지, 학교 교육 보고서, 비디오 자료 등을 수집하여 S 초등학교의 사례를 살펴보았다.

2) 과거사 교육 전략

(1) 역사하기(Doing History)

S 초등학교 역사 수업은 학교의 역사에서 출발한다. '일본의 역사'라는 제목의 교재 첫 차시는 S 초등학교의 역사를 살펴보는 것이다. 학교의 옛 사진,

학교의 옛 위치를 살펴볼 수 있는 지도를 통해 학교의 과거 위치를 추적하는 것이 역사 수업의 시작이다. 교사들이 직접 해당 지역을 다니며 찍은 사진, 학교 건축 과정과 토지 매매와 관련된 역사적 사료를 바탕으로 위치를 알아본다. 또한, 해당 장소를 학생들이 직접 답사하고 사진을 찍고 학교에서 받은 자료와 비교하는 과정을 거치며, 학교의 역사를 탐구하도록 한다. 학생들이 직접 자료를 모으고, 사료를 분석하고, 자신의 추론이 맞는지 확인하는 일련의 과정으로 시작하는 역사 수업 즉 학생들이 능동적으로 참여하고 탐구하는 역사 하기(Doing History)[8]를 시도한다.

S 초등학교의 역사 수업은 우리 주변에 있는 모든 물건과 역사에 대해서 '배우지 않는 한' '알 수 없는' 역사가 있다는 것을 강조한다. 그리고 역사는 단지 과거의 물건이나 사람에 대해서 배우는 것이 아니라 그것들의 현재적 의미 그리고 나와의 관계를 찾아가는 과정이라고 안내하고 있다.

수동적으로 배우는 역사, 정지된 역사가 아니라 학생 스스로 역사의 의미를 발굴하며 해석하게 한다. 이와 같은 역사적 사고력은 과거부터 지금까지 있어 온 충돌과 갈등의 역사를 스스로 판단하고 분석하는 힘을 가지도록 한다.

(2) 근현대사에 집중된 역사교육

S 초등학교의 역사 교육과정은 근현대사에 집중되어 있다. 패전부터 시작하여 전전(戰前) 역사를 거꾸로 배워가는 방식이다. 전쟁과 관련된 내용이 많으며 이웃 나라와의 관계 속에서 사건을 이해할 수 있도록 다양한 자료를 준

---

8   Levstik. L. S. & Barton, K. C(2004). *Teaching history for the common goo*d. New York: Routledge

비하였다. 6학년 사회과 교육과정을 정리하면 아래 〈표 10-1〉과 같다.

패전부터 시작하는 일본의 역사는 한국전쟁, 베트남 전쟁, 청일 전쟁, 러일전쟁, 중일전쟁, 1차 세계대전, 2차 세계대전 등 일본과 동아시아의 국가들이 관련된 수많은 전쟁의 역사가 주요한 교육 내용이다. 또한, 전쟁 전의 상황 그리고 전후의 국민, 사람들의 생활 모습을 살펴볼 수 있도록 구성되어 있다는 것을 확인할 수 있다.

표 10-1. S 초등학교 6학년 사회과 교육과정[9]

1학기 (4, 5, 6, 7월)	2학기(9, 10, 11, 12월)	3학기(1, 2, 3월)
패전 - 할아버지 · 할머니가 살아온 시대 - 아버지 · 어머니가 살아온 시대 - 종전, GHQ, 전후 학교교육 - 일본국헌법, - 한국 전쟁, 고도성장기 - 베트남 전쟁, - 미일안보조약, 현대사회	전전의 50년 - 메이지 정부의 부국강병 - 청일전쟁 - 러일전쟁 - 만주사변, 중일전쟁 - 제1차 세계대전 - 제2차 세계대전 - 아시아태평양 전쟁 - 히로시마, 나가사키 - 패전	- 지역, 사람, 사물로 보는 일본의 역사 - 현장 학습 - (가능한 경우) 고대사

(3) 1945년 8월 15일부터 시작하는 일본 역사

S 초등학교의 본격적인 역사 수업(일본사)은 다음의 질문으로 시작한다.

"1945년 8월 15일은 일본과 세계에 있어서 매우 중요한 일단락이 나는 날이다. 이날은 무슨 날일까?"

---

9 교육과정상 3학기에는 메이지 이전의 역사가 계획되어 있으나 학기 말에 시간이 없어서 간략하게 보고 넘어가는 경우가 많다고 한다.

학생들에게 전쟁에서 일본이 승리할 것이라는 타이틀을 담은 신문 기사와 1945년 8월 15일 자 아사히 신문, 천황의 패전 선언문 내용을 담은 자료를 나누어 준다.

일본 교과서에서는 일반적으로 당시의 역사가 패전이 아니라 종전이고, 도쿄 대공습과 원폭의 피해를 받은 일본인들의 모습을 교과서 삽화로 사용하며 가해국이었던 일본을 피해국으로 치환하려는 양상을 보인다. 하지만 S 초등학교에서 당시를 교육하는 방식은 상당히 색다르다. '패전'의 날부터 시작하는 역사 수업에서 가장 먼저 당시 천황의 위치와 천황제에 대하여 비판적으로 성찰하게 한다. 일본이(천황이) 전쟁에서 이길 수 있다고 끊임없이 국민을 기만했던 것, 마치 천황이 종전을 위하여 대단한 결심을 했던 것처럼 서술된 신문, 전후 일본인들의 천황에 대한 감정 등을 오랜 시간을 들여 보여주고 또 생각하게 한다. 일본의 어두운 과거사를 마주하게 하는 것이다. 학생들은 일련의 자료들을 통해 천황제의 문제점에 대해 생각하고, 천황을 신격화하는 사람들에게 의문을 던진다. 또한, 과거와 현재의 사람들이 '당연하게' 여기는 것이 다르다는 것을 깨닫게 된다.

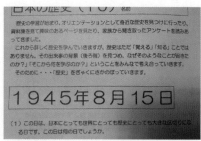

그림 10-1. S초 역사 교재(10) '패전'

그림 10-2. 학습자료 1945. 8. 15. 아사히 신문

패전 그리고 천황에 대한 비판에서 출발하여 일본이 관여한 다양한 전쟁의 역사를 살펴보는 S 초등학교의 역사 수업은 어두운 과거사를 중심에 두는 수업으로 볼 수 있을 것이다.

(4) 한국 전쟁

한국과의 관계에서 눈에 띄는 것은 한국 전쟁의 역사이다. 학습지에는 '1950년은 일본에 중대한 해이다. 6월 말에 일어난 한국 전쟁이 일본 사회에 커다란 영향을 주었기 때문이다'라는 내용이 적혀있다. 그리고 1910년부터 1945년 8월 15일까지 한국에서 어떤 일이 있었는지를 배운다. 학생들이 읽는 자료의 내용은 한국전쟁 당시 미군이 전쟁에 필요한 물건을 일본으로부터 구입하고 전쟁으로 망가진 무기들을 일본에서 수리하는 등 일본의 공장이 매우 성황이었으며, 일본의 자본가들은 가미카제라고 부르며 좋아했다는 내용의 자료이다.

일본 초등학교 교과서에서 한국전쟁과 관련된 서술은 당시 조선 반도가 미국이 지원하는 한국과 소련이 지원하는 북조선으로 나뉘어서 대립하였다 정도의 몇 줄 서술이 전부이다. 하지만 S 초등학교 교육과정에서는 한국전쟁 역사를 별도의 차시로 계획하고, 한국전쟁 이후의 역사는 일본의 고도 성장기 역사로 이어지도록 구성되어 있다. 결국, 한국전쟁으로 무기를 팔아 일본의 경제가 성장할 수 있었다는 흐름으로 서사가 구성된 것이다. 그리고 마지막에 북한가요인 임진강 노래가 교재에 들어가 있다. 분단으로 서로 만날 수 없고, 고향으로 돌아갈 수 없는 상황에 놓인 한국인들의 감정을 조금이라도 느끼게 해주기 위해서라고 한다.

이와 같은 수업을 받은 후 학생들은 한국전쟁이 타국에서 일어난 남의 나라 전쟁이 아니라 일본이라는 나라에 의하여 식민 지배를 받았던 1910년부터 이어져 온 역사이며, 이 전쟁이 일본과 깊은 관련이 있음을 이해하게 된다. 즉 일본이라는 국가가 타국의 아픔을 발판 삼아 성장했다는 것을 성찰해야 하는 어려운 과거사 수업의 모습이다.

(5) 난징대학살

난징대학살은 일본과 중국 각국에서 전쟁의 폭력성을 둘러싸고 어떻게 기억이 망각 혹은 기억되는지 살펴볼 수 있으며, 두 국가 사이에 여전히 논쟁적인 과거사 문제이다. 일본의 교과서에서 당시 역사는 '중일전쟁'이라는 제목으로 '학살'이 아닌 '사건'으로 서술되며 당시의 잔인하고 처참했던 전쟁의 모습을 상상할 수 없도록 서술되어 있다. 하지만 S 초등학교에서 중일전쟁과 난징대학살을 수업하는 방식은 과거사 교육을 위한 중요한 요소들을 모두 포함하고 있다. 우선, 국제사회에서 일본의 위치 그리고 치안유지법과 관련된 이야기, 전쟁 상황 등 당시 중일전쟁과 난징대학살을 둘러싼 경과와 결과를 자세하게 알도록 한다. 또한, '학살'이라는 용어가 의미하는 것이 무엇인지 초등학생 수준에서 이해할 수 있도록 설명을 추가하였고, 일본과 중국 간 학살 피해자 수 규명을 둘러싸고 경합하는 기억이 있음을 알도록 하였다. 그리고 세계적으로 비난을 받았던 역사이지만 일본 국민에게는 알려지지 않았다는 점, 즉 권력의 힘으로 가려진 역사 서술의 특징을 보여주고자 하였다. 마지막으로, 중국의 '저항', 일본의 '고전(苦戰)', 상하이를 '겨우' 제압 등의 표현은 단지 '승리'의 기억으로 전쟁 서술이 아니라 상대를 가시화하고 '치열'한 전쟁의 모습을 설명하기 위한 장치로 여겨진다. 또한, 이와 같은 표현은 일본의 교육과정에서 사용되는 용어와 대비되는 서술 전략을 통해 의도적으로 학생들에게 교육하고자 하는 특정 방향 즉 국가 교육과정을 넘어 학생들이 반성적으로 사고하고 탐구할 수 있도록 안내하는 교재라고 할 수 있겠다. 또한, 중일전쟁에 참전한 사람의 이야기를 통해 난징 침략 당시 불에 탄 마을의 모습을 생생하게 알 수 있도록 한다. 현존하는 사람, 증언을 통해 당시의 상황을 간접적으로 경험할 수 있도록 하고 있었다.

4. 트랜스내셔널 기억의 공유와 동아시아 평화

　S초등학교의 역사교육은 세 가지 측면에서 동아시아 평화를 지향하는 수업이라고 할 수 있다. 우선, 어두운 과거사를 중심으로 기억을 재구성하였다. S 초등학교의 일본사 수업은 국가 교육과정과 매우 대별된다. 고대사부터 시작하는 일반적인 교육과정과 달리 1945년 8월 15일 '패전'의 날부터 출발한다. 천황제를 비판적으로 성찰하는 것에서 시작하는 S 초등학교의 일본사 수업은 어두운 과거사 특히, 베트남 전쟁, 난징 대학살, 패전 등 전쟁을 중심으로 일본의 역사를 재구성하여 교육한다. 전쟁을 둘러싼 인간의 선택과 인식, 천황에 대한 맹목적인 충성과 사고하지 않는 무능함이 어떤 처참한 결과를 가져오는지 학생들이 스스로 발견할 수 있도록 안내하고 있다고 여겨진다.

　다음으로, 타자의 관점에서 동아시아 대외 관계의 기억을 재구성하였다. 한국에서의 전쟁, 중국의 난징대학살 등의 역사를 다양한 사료를 통해 제시하고 학생들이 스스로 읽고 판단하고 느낄 수 있도록 하였다. 생략, 축소, 왜곡된 국가 교육과정과 달리 일본이 관련된 동아시아 국가의 전쟁 역사를 상세하고 풍부한 사료를 바탕으로 교육한다. 이는 타국의 관점에서 기억을 재구성하여 동아시아의 맥락에서 일본의 역사를 이해하기 위한 노력이라고 여겨진다. 타국의 역사를 다각적으로 '발견하는' 역사교육으로 동아시아 국가들의 기억을 연결하고자 하는 것이다. 국가 교육과정에서 의도적으로 무시하거나 가르치지 않는 기억을 적극적으로 드러내는 방식으로 침략국의 역사, 동아시아 속 일본의 역사를 교육함으로써 동아시아 국가들과 공생하기 위한 노력을 하고 있다.

마지막으로 이와 같은 기억의 해체와 재구성은 궁극적으로 트랜스내셔널한 기억의 공유와 정서적 유대감 형성을 목표로 하고 있었다. 한국 전쟁의 결과로 분단을 겪은 아픔이 어떤 감정인지 노래를 통해 공유하고, 난징대학살에서 일본군이 저지른 행위는 현존하는 사람의 목소리를 통해 어떤 고통과 처참한 상황을 맞이하였는지 상상하도록 한다. 실제로 이와 같은 수업을 받은 학생들은 한국과 중국에 대하여 특별한 감정과 관심을 두게 된다.

5. 맺음말

어린 학생들에게 어두운 과거사를 교육하는 것은 어떤 의미가 있는가? 학생들은 천황의 역사 책임론, 맹목적인 믿음의 위험함, 국가 발전의 이면, 대학살의 역사 등 어두운 과거를 접하게 되었다. S 초등학교 수업은 이와 같은 수업이 동아시아 공생과 평화를 위하여 유의미하다는 것을 보여준다. 실제로 수업을 받은 학생들은 다음과 같은 소감문을 작성한다.

예전에 북한이 미사일을 쏘았다는 뉴스를 본 적이 있다. 처음에 들었을 때는 그냥 무섭고, 왜 저런 짓을 하는 걸까? 라고 생각했던 것 같다. 그런데 역사 수업을 듣고 한국은 북한과 아직 전쟁 중이라는 것을 알게 되었다. 한국과 북한의 사람들은 아직 만나지도 못한다고 했다. 뭔가 안타깝다는 생각을 했다. 빨리 사이가 좋아졌으면 좋겠다.

(학생 포트폴리오 중 A학생 소감)

내가 저지른 일은 아니지만, 일본이 과거에 했던 일들을 배우니 뭔가 마음이 좋지 않다. 하지만 피할 수는 없다고 생각한다. 알아야 하는 역사라고 생각한다. 단지 아는 것으로는 안된다. 미래에 교육을 받을 학생들 S 초등학교 후배들에게도 전해주어야 한다. 두 번 다시 이런 일이 일어나서는 안 된다.

(학생 포트폴리오 중 B학생 소감)

남의 나라 일이라고만 생각했던 분단의 역사를 안타까워하며 관계가 회복되기를 기원한다. 일본의 과거사는 불편한 지식이지만 그래도 반드시 모두 함께 공유하고 전해야 하는 역사라고 생각한다. 이와 같은 기억의 재구성은 국민국가를 중심으로 공유되어 온 집단 기억 그리고 그 기억으로 자연스럽게 구성되는 감정이 경계를 넘어 초국적으로 연결되고 공유 가능한 형태로 만든 결과로 여겨진다. 집단 기억이 배타적 감정을 구조화하는 임무를 수행했다는 것을 성찰하고 '공유된 운명(Shared Fate)'이라는 경험을 통해 혐오와 배제를 넘어서는 판단과 행위를 할 수 있는 시민 형성을 지향하는 교육[10]이 될 수 있다고 본다. 결국, 과거사를 제대로 교육하는 것은 자국을 다시 이해하는 것이며, 혐오라는 감정을 넘어 동아시아 역사 화해와 평화로 이어지는 하나의 방법이 될 수 있을 것이다.

---

10 Zembylas, M(2015). *Emotion and traumatic conflict:reclaiming healing in education*. NY:Oxford University Press.

〈참고문헌〉

구정화(2018). 사회과교육에서 혐오표현 관련 교육에 관한 시론. 시민교육연구, 50(3), 1-22.

방지원(2017). 공감과 연대의 역사교육과 '과거사' 문제 - 성찰적 역사교육을 위한 시론. 역사교육연구, (28), 115-147.

정호기(2009). '과거사'의 상흔 치유와 효과에 대한 성찰, 기억과 전망, 20, 216-247.

최호근(2011). 부담스러운 과거사 교육의 효용과 전략 - 독일, 이스라엘, 미국의 홀로코스트 교육 비교 -. 역사교육, 120, 129-161.

俵義文(2002). 교과서 파동과 역사인식. 한 · 중 · 일 역사인식과 일본교과서. 일본교과서바로잡기운동본부(편). 30-76. 서울:역사비평사.

González, M. F., & Carretero, M. (2013). Historical narratives and arguments in the context of identity conflicts. *Estudiosde Psicología*, 34(1), 73-82.

Levstik. L. S. & Barton, K. C(2004). *Teaching history for the common good*. New York: Routledge

Zembylas, M(2015). *Emotion and traumatic conflict:reclaiming healing in education*. NY:Oxford University Press.

제11장

협동과 공생을 기반으로 한 『또 하나의 학교』*
: 일본 홋카이도 프리스쿨 지유가오카가쿠엔 교육과 실천을 중심으로

1. 협동과 공생이 부재한 학교교육 현장

학교는 기존 가정에서의 양육 돌봄의 몫까지 의미 있게 분담하며 학교를 더욱 매력적이고 활력있는 환경으로 만들어야 할 과제에 직면하고 있다. 나아가 학령인구의 감소에 따라 점차 소규모 학교의 장점을 최대한 살리는 교육활동, 혹은 성인세대에도 의미 있는 환경으로서 학교의 변화를 도모하는 가운데 교육과정의 지역화(이미숙 외, 2021), 학교의 발전과 지역발전의 연동과제가 제기되기도 한다(김위정 외, 2019). 그럼에도 불구하고 학력사회의 팽창 속에서 학교는 기존의 전통적 학교가 수행해 온 사회화의 과제, 입시의 과제 등으로 인하여 학생들에게 명시적인 규정과 역할을 통하여 규율하는 구조를

---

* 추기(追記): 본 연구는 일본 학술진흥재단 JSPS 20K02440연구과제와 JSPS 22K02244연구과제 조성으로 수행하였다.

벗어나기 어려운 상황이다. 이러한 가정의 변화, 사회의 변화 속에 학교에 부적응하는 아이들에 대한 사회적 포용과 교육지원의 과제에 대하여 학교와 사회 모두의 역할이 요구된다. 학교는 국가교육과정을 그대로 따르기보다는 보다 학생중심, 그리고 학생의 삶의 터전으로서의 학교에 대한 성찰이 필요하고 학생의 삶의 확장인 지역사회를 반영한 지역연계모델(김 위정, 2019)을 통하여 보다 학생들이 학교-가정이라고 하는 이원화된 환경의 각각의 모순을 극복할 수 있는 풍부한 교육환경구성이 필요하다.

실제로 학교폭력, 왕따 등으로 학교부적응이 초래되는 학교분위기 속에서도 학업수행이나 진로 및 입시 교육 중심으로 의무교육의 과제가 억압적으로 수행되어야 할 때는 학교기피나 등교거부 등으로 유출되는 학생들에 대한 고려가 요구되고 이들을 위한 사회환경을 지원 측면에서나 교육과정의 면에서 더욱 개발해 둘 필요가 있다. 학교 밖 교육환경의 다양성과 광범위성 속에서 학교부적응으로 인하여 성장기회를 놓친 아이들에 대한 제2의 기회가 보다 공적인 사회적 배려와 지원을 통하여 마련되어야 한다는 것이다. 실제, 대안학교를 통하여 아이들은, 새로운 교육환경에 높은 만족도를 보이고 있다(이병찬·강대구, 2014). 즉 자연친화적이고 인간중심, 학습자중심의 수업을 하며 지역 연계에 의한 풍부한 교육자원의 활용을 통하여 공교육 체계의 보편성과 통일성이 만들어내는 모순에 대하여 해답을 제공한다는 것이다. 공교육, 대안학교, 홈스쿨링 등 아이들의 성장을 지원하는 교육환경이 다양화하는 가운데서 각각의 교육환경의 경계를 대립적으로 바라보기보다는 특징과 모순을 숙지하며 상호협동적인 교육환경을 다양하게 구성하는 것이 현재 우리사회에 필요한 모습이다. 이러한 관점에서 한국의 인가형 대안학교처럼 학교기능을 실현하는 것은 아니고 등교를 목적으로 하여 자유로운 학생성장을 지원하는 일본의 프리스쿨의 교육실천은 주목할 만하다.

2. 공교육의 미래–학교를 거부하는 부등교아이들과 프리스쿨

1) 부등교

현대의 교육환경은, 근대시스템의 핵심에 있던 '학교'의 정당성이 묻히고 동아시아형 근대모델을 극복하기 위한 논의가 높아져 다양한 주체에 의한 새로운 학교·교육이 요구되는 스테이지로 변용하는 과정에 있다. 또한 인구감소 및 저출산 고령화에 의한 인구학적 구조적 변화, 지역 연결의 희박화에 따른 지역 교육력의 저하, 빈곤·부등교 등 복지적·교육적인 과제의 증가 등, 학교가 안고 있는 과제가 복잡화·다양화하고 있다. 그 중에서도 특히 심각한 과제로 제기되고 있는 것은 의무교육 단계에서 제도상의 학교에서의 교육·학교를 거부하는 아이들이 학업을 중단(부등교(不登校))(한국 7만명, 일본 약 30만명)하는 문제가 심각하다(宋美蘭 외, 2021, 문부과학성, 2022).

여기에서 부등교(不登校)란 1조교(학교교육법 제1조에 정하는 학교)에 가지 않거나 혹은 갈 수 없는 상태를 가리키는 용어이다. 일본에서는 '학교에 가지 않는/갈수 없는 아이들(이하, 부등교)'의 문제가 1950년대 후반부터 거론되었고, 그 시작은 1950년 심신부진을 호소하고 '정신과 클리닉 문을 두드리고 전문가 진단'을 받은 아이들의 존재(梅垣弘, 1991; 菊池栄治·永田佳之, 2001)가 부각된 것이 계기가 되었다. 그러나 실제로 부등교가 사회 문제로 주목하게 된 것은 1980년대부터라고 알려져 있다(加野芳正,2001; 田中佑弥, 2019). 그리고 이와 같이 부등교의 문제가 사회에 표면화되기 시작된 후 부등교를 '마음의 문제'로 파악하여 심리주의로 환원해 나가는 인식의 틀에서 벗어나 "부등교"는 특정 어린이 특유의 문제가 있는 것에 의해 일어나는 것이 아니라 누구에게나 일어난다"는 문부과학성의 발표(文部科學省, 1992)를 통하여 부등교에 대한 세상의 견해나 이해방법은 달라졌다. 학계에서도 부등교 문제에 관한 연구가 활발하게 되어, 교육학, 사회학, 교육사회학 분야에서 오랫동안 연구되었다. 부등교문제는 '가정요인설 · 학교요인설 · 개인요인설 · 사회요인설' 등 다양한 관점에서 논의되었다.

일본의 프리스쿨은 그 대부분은 1조교에 해당하지 않지만, 교육적 기능이라는 점에서 공적인 역할을 지금까지 담당하였다. 그것은 부등교의 아이에 대해서 일정한 질을 수반한 배움을 보장한다고 하는 것으로, 프리스쿨의 존재가 1조교의 본연의 자세에 변혁을 촉진해 온 면도 적지 않다. 본 연구 사례인 홋카이도 지유가오카가쿠엔(이하, 가쿠엔)도 부등교(Futoko) 아이(a non-attender)의 학습권 보장이라는 긴급한 과제에 대응해 온 프리스쿨의 하나이고, 동시에, 메인 스트림과는 다른 대안적인 배움의 장소를 만들기 위한 운동을 오랫동안 계속하였다. 그 공적인 역할은 배제 위기에 처한 아동 · 청소년에 대해 일정한 질적인 가치를 가지는 배움을 지키는 역할이며, 또한 그 존재에 의해 기존의 공적인 교육, 학교 제도를 보완하는 역할을 담당하고 있는 부분도 적지 않다.

1980년대는 오쿠치 케이코(奧地圭子)에 의한 프리스쿨 도쿄슈레 개설(1985년)을 계기로 학교 외부에서 전개하고 있는 프리 스쿨이나 학교 이외의 곳은 부등교 아이들의 배움을 보장하는 장소로 그 기능에 대한 기대가 높아져 전국적으로 대안학교가 증가하고 있다. 또한 2000년대에 들어와서는 문부과학성이 '등교거부 문제에 관한 조사 연구 협력자 회의'가 설치(2002년 9월)되었다. 그 후 2003년 "향후 부등교에 대한 대응의 본연의 자세에 대해"라는 주제의 '보고'가 이루어졌다. 이 보고서는 ① 미래의 사회적 자립을 위한 지원, ② 협력 네트워크의 지원, ③ 학교교육의 의의 · 역할, ④ 도전하거나 관계를 형성하는 것의 중요성, ⑤ 보호자의 역할과 가정에 대한 지원이라고 하는 5개의 기본적인 관점이 나타나 정부 차원에서도 부등교에 대한 대응책의 진전이 보인다. 그러나 부등교 문제의 근본적인 타개책을 추구하기 위해 결성된 이 전문가 회의가 발족한 후 오랜 세월이 지나「학교에 가지 않는 아동에 대한 인식과 대응」에 대해 쇄신은 하고 있지만, 부등교 아이들의 인식을 파악하는 방법이 적절하지 않다는 지적도 있다(田中, 2019).

또한 2000년대 후반 이후 프리스쿨 등의 제도화를 둘러싼 논의가 활발해지 면서 2011년에는「대안교육방법 핵심안」이 작성되어 2016년 12월에는「의무교육 단계의 보통교육에 상당하는 교육기회의 확보 등에 관한 법률」(약칭 : 교육기회 확보법)이 성립되어 다양한 대응책이 전개되고 있다. 하지만 다음의 통계에서 볼 수 있는 바와 같이, 부등교 아이들이 계속 증가하고 있는 현실 앞에, 이러한 대책이 과연 부등교의 타개책으로 가는 추진 방법으로서 타당한지 다소 의문이 남는 것은 부정할 수 없다.

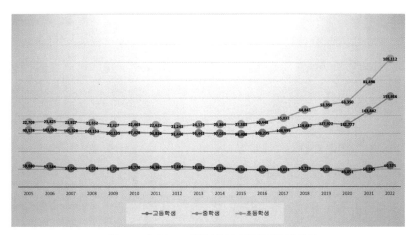

그림 11-1. 초 중 고교생의 부등교아동학생수의 추이

일본의 초 · 중학생의 결석 수는 1990년대 후반에 10만 명을 넘어 2000년대에 들어와서는 12만 명을 넘어섰다. 〈그림 11-1〉에서 보듯, 2022년도의 조사에서 밝혀진 바에 의하면, 부등교 아동 학생 수는 초등학생과 중학생, 총 299,048명(전년도 244,940명)의 자녀가 등교 거부 상태에 있다(文部科學省, 2022). 전년도인 2021년도에 비해 5만 명이 증가하고 있으며, 과거 최다의 사태를 맞고 있다. 연령대에서는 여전히 중학생이 많지만, 최근에는 초등학생의 등교거부 아동이 증가하고 저학년화 추세도 보인다.

2) 프리스쿨

(1) 공교육의 보완으로서의 프리스쿨

문부과학성의 정의에 의하면 부등교란 "심리적, 정서적, 신체적, 혹은 사회적 요인 · 배경에 의해 아동학생이 등교하지 않거나 하고 싶어도 할 수 없는 상황에 있는 사람(단, '병'이나 '경제적인 이유'에 의한 사람을 제외한다)"이라고 하는데, 이러한 학생들을 지원하는 민간시설이 프리스쿨이다. 일반적으로 부등교 아동에 대해 학습활동, 교육상담, 체험활동 등의 다양한 활동을 실시하는데, 그 규모와 활동 내용은 다양하고, 민간의 자주성 · 주체성 아래에 설치 · 운영되고 있다. 2015년도에 문부과학성이 실시한 조사에서는, 전국에서 474곳의 단체 · 시설이 확인되었다.

전술한 것과 같이 일본은 1980년대 들어 히키코모리의 증가로 인해 심각해진 부등교 문제를 학생 개개인의 문제일 뿐 교육제도나 학교의 문제로 다루지 않았다. 그리고 이를 해결하려는 움직임의 하나인 프리스쿨에 대해서도 공교육의 보완적인 학습의 장으로서만 인식했다. 그러나 1992년 일본 문부성은 대안교육시설의 출석 일수를 정규학교에 인정하는 조치를 취하면서 학교 탈락자들을 정규학교에 복귀시킬 목적으로 재정지원을 골자로 하는 제도시행 등 제도권 내로 수용하고 있는 상황이다. 그리하여 학생 개개인에게 모든 자율을 부여하는 제도와 교육이라는 의미에서 Free School 이라는 개념을 추구하게 된다(정진주 · 이지영 · 임재한, 2008). 이러한 프리스쿨은 점차 증가하여 이미 2001년 2월에는 부등교 아동 및 학생을 지원하는 전국의 프리스쿨 네트워크가 결성되어 있고, 각 지자체 별로 등록한 단체의 현황이 공개되어 있어 연계하고 있다. 이들은, "아이들의 성장은 다양하게 나타나는 것이 바람직하고, 아이에게 맞는 것을 선택할 수 있는 사회가 되면 좋다"고 생각한다. 그래서 기존의 학교제도에만 얽매이지 않고, 아이를 위한 최선의 이익과, 배움 · 양육 권리를 보장하기 위해서 전국의 프리스쿨 · 프리 스페이스 · 홈 에듀케이션 가정의 네트워크 등을 제휴하고 있다.

또한 2004년 일본 문부과학성은 부등교 아동 학생의 실태를 배려한 특별한 교육을 실시하는 "학교"를 국내 최초로 설치하였는데, 이 학교를 "부등교특례교"라고 명명하였다. 2023년 8월부터 명칭이 바뀌어 2024년 1월 현재, "배움의 다양화 학교"로 명칭을 바꾸었는데, 현재 전국에 32개교가 있으며 금후 전국에 300교를 설치 예정으로 있다.

(2) 홋카이도의 부등교학생들의 실태

홋카이도에서도 부등교학생들은 점차 증가하였다. 2020년도에는 초등학생 2,696명, 중학생은 6,177명으로 전국 3위에 육박하고, 중학생의 부등교는 초등학생의 2배에 이른데 초등학교에서 중학교로 이행하는 과정에서 환경의 변화와 성적압박으로 인한 현상으로도 파악되고 있다. 그런데 이러한 부등교의 원인으로서는 왕따나 괴롭힘보다도 무기력이나 불안증이 가장 주

목받고 있어 이들에 대한 교육이나 케어도 이러한 문제를 극복하는 방향에서 이루어져야 한다고 주장되고 있다(高橋カツ子, 2022). 한편 문부과학성에서도 「부등교 아동학생에 대한 지원방식」에 관하여 2019년 통지를 보면, 기본적인 지원 시점에서 학교에 등교시키는 결과만 목표로 할 것이 아니라 아동 및 학생이 스스로의 진로를 주체적으로 파악하고 사회적으로 자립할 것을 목적으로 하여야 한다. 그리고 이때, 본인의 희망을 존중하고 학교 이외의 여러 가지 관계기관을 활용하여 사회적 자립에 대한 지원을 행할 것이라고 명시하고, 프리스쿨과의 적극적인 연계 · 협력 · 보완의 의의가 크다는 점을 제시하였다(文部科學省, 2022).

학교를 거부하는 원인은 다양하지만, 전술한 것과 같이 주로 무기력에 빠지거나 왕따 등으로 학교생활에 부적응을 보이며 점차 그러한 자신에 대하여도 불안을 느끼며 등교하지 않게 되는 점이 일반적인 특징이다. 그런데 이와 같은 결과론에 앞서 아동 학생의 부등교 방지를 위해서는, 부등교 상태가 되는 중간과정을 밝힘으로서 부등교 방지와 지원방법의 개선을 도모할 수도 있다는 논의도 있으며, 이를 통해 부등교의 아동학생의 심리과정에 대한 이해와 특별한 교육 대응에 대해 많은 시사점을 주고 있다. 요컨대 아동 자신이 보호받고 싶은 감각과 인정받고 싶은 감각 사이에서 보호받고 싶은 감각이 강하면, 학교와는 별도의 곳으로 가고 싶은 마음을 키우게 되며, 인정받고 싶은 감각이 강하면 이제 더 이상 섞일 수 없다는 마음에 부등교를 계속한다는 점을 지적한다(柴裕子 · 宮良淳子, 2017). 그리하여 프리스쿨에서 이러한 심리적 과정을 겪은 아이들에 대한 교육은, 교과교육의 효과를 높이기 위한 활용적 차원의 실천보다는 아동 및 학생 개인의 인성이나 사회성 자체의 내발적인 변화를 자극하기 위한 교육실천으로서 연구가 추진된다. 예를 들어 연극 워크숍 사례연구(吉柳佳代子 · 古賀弥生, 2022)에 따르면, 워크숍을 통하여 말하지 않는 아이들, 자신을 표현하지 않는 아이들이 조금씩 표현을 위한 행동을 해보고 점차적으로 말을 하게 되고 단지 표현할 뿐 만 아니라 상대의 표현을 읽어내고 표현하는 일을 통하여 궁극적으로는 자기 자신에 관하여 알게 되는 독특한 자기이해와 표현, 그리고 참여의 과정을 만들어냄으로서 학생들의 전인적인 변화를 도모하여 간다(吉栁佳代子 · 古賀弥生, 2022). 아이들의 흥미를 존중하면서 동시에 프리스쿨에서의 다양한 활동에서 스스로 결정하고 만들어 가며 학년이 섞이어 있는 가운데 서로 다른 생각을 경청하고 논의하여 일을 만들어 가는 주체적인 성장을 하도록 지원하는 것(https://freeschoolnetwork. jp/aboutus, 검색일 2022. 12. 20.)에 초점을 맞추고 있다.

한편, 특별한 아이들의 성장과 발달을 지원하는 기관으로서 프리스쿨에 관한 자원배분이나 공적지원에 대한 이슈가 계속 제기되고 있다. 요컨대, 학교라고 하는 공적 지원의 틀에서 유출되는 아이 존재의 생존, 생활보장이라는 문맥에서 공공성을 가지는 것이므로 민간사업자가 안정망으로서 역할을 담당한다고 하여도 행정의 공적지원이 필요하다는 점이 일관되게 논의된다(武井哲郎外, 2022; 後藤武俊, 2019). 학교 외부에서 전개하고 있는 프리스쿨이나 학교 이외의 곳은 등교거부 아동 · 학생 등의 배움을 지키는 장소로 그 기능에 대한 기대가 높아지고 있다. 그러나 공교육을 보완하거나 대체하는 교육으로서 프리스쿨을 배제하고는 아이들의 교육 보장은 말할 수 없는 단계에 와 있음에도 불구하고, 그 평가는 애매하며, 대안학교로 호칭되는 배움의 장소에서도 분단과 대립이 보인다. 제도 안팎에 관계없이 학교를 거부하는 아이에게 필요한 학습을 보장하는 매우 중요한 과제가 왜 이토록 장기간 해결되지 않는 것인가?

오늘날 이러한 교육 과제에 대해 기쿠치 에이지(菊池米治)와 나가타 요시유키(永田佳之) 등(2001)은 "공립/사립, 공공 영역/사적 영역 등 이분법의 함정에 얽매인 사고습관에서 탈피하여 다른 공간에서 공공권을 부상시키는 작업을 끈질기게 계속해야 한다"(菊池栄治·永田佳之外, 2001)라고 경종을 울리고 있다.

본 연구는 NPO법인 홋카이도 지유가오카가쿠엔을 대상으로, 기존의 학교에 "안 가는 혹은 가지 못하는" 부등교 아동의 성장과 학습을 지원하는 원리를 교육의 주체인 교사, 부모, 지역 사람들, 그리고 인지적 학습과 신체활동을 융합한 체험적 학습, 그리고 다른 학습자로서의 타인들과 「협동」의 구체적인 학습 내용을 검토하는 것을 통해, 프리 스쿨 교육의 핵심적 특징을 밝히고자 한다.

이런 배경에서 본 사례는 새로운 학교 만들기 운동에 30년 전부터 큰 영향력을 발휘해 온 요시노 마사토시(인정 NPO법인 홋카이도 지유가오카가쿠엔과 함께 인간 교육을 진행하는 모임의 대표 이사)에 대한 인터뷰(2022년. 3월. 7월. 9월)를 기초로 검토한다. 나아가 상세한 교육실천을 관찰하기 위하여 프리스쿨의 교육현황을 담은 문헌연구, 웹페이지 등을 보완하여 검토한다.

3. 지유가오카가쿠엔의 새로운 학교만들기 운동

1) 협동과 공생을 기반으로 한 새로운 학교 만들기 운동

본 절은 1980년대부터 부등교 아이들을 중심으로 하여 전개하여 온, 「홋카이도 지유가오카가쿠엔」(이하, 「가쿠엔」)의 '새로운 학교 만들기 운동'에 주목하여, '시민설립'에 의해 30년간 운동이 쌓아온 그 성과를 살펴본다. 이 때, 새로운 학교 만들기 운동의 전개 과정 중, 직면하는 딜레마, 그리고 그 배경에 있는 사회적·제도적·재정적인 문제를 밝히고자 한다. 그리고 당시 새로운 학교만들기 운동 과제와 어떻게 마주하였는가, 또 다른 한편에서는 "또 하나의 학교", 즉 "학교 법인 배움의 장과 지유가오카가쿠엔·마오이의 배움의 장 초등학교(2023년 4월 개교)"(이하, "마오이 학교")를 어떻게 탄생시켰는지와 관련하여 운동의 성격을 밝히고자 한다. '시민설립'이란, "한 명 한 명의 아이가 큰 가능성을 가지고 있어, 그 가능성을 부모·교육관계자, 지역주민들이 함께 지지하고 아이들을 키우는 가운데, 어른도 함께 성장하는 '협동'의 이념을 기반으로 만들어내는 원리"이다. 1980~1990년대의 일본 사회는 교육 현장에서 낙오, 비행, 교내 폭력, 괴롭힘, 부등교 등 다양한 문제가 대두되어, '교육황폐'나 '학급·학교 붕괴'라는 말까지 사용되고 있었다. 이 시대에 「가쿠엔」은 어떤 운동을 전개했고, 거기에 어떠한 문제를 직면하고 있었는가. 풀뿌리운동, 초창기(2000년대 초반까지)의 행보를 정리하면 다음과 같다.

(1) 홋카이도 지유가오카가쿠엔을 만드는 모임의 발족

홋카이도 지유가오카가쿠엔은 1986년에 '새로운 교육·학교를 찾는 연구회'가 구축되어 1991년 사이타마의 "자유의 숲 학원(自由の森学園)"을 참고 하면서 "홋카이도 지유가오카가쿠엔을 만드는 모임" 발족에서 출발하였다. 그리고 1995년부터 본격적인 학교 만들기를 시작한다. 당시의 구성원은 스즈키(鈴木秀一, 홋카이도대학 교육학부 교수, NPO 홋카이도 지유가오카가쿠엔과 함께 인간교육을 추진하는 모임 이사장), 기쿠치(菊池大, 전 초등교사, 당시 민간교육단체의 임원, 현재 NPO 법인 요이치 교육복지마을 이사), 가메가이(亀貝一義, 전 고교교사, 당시 사립학교 교직원 조합 위원장, 현재 삿포로 지유가오카가쿠엔 대표), 요시노 히로시(吉野弘, 전 고교교사, 현재 홋카이도 여학생 회관 관장), 요시노 마사토시(吉野正敏, 삿포로·교육부장, 훗날 설립위원회 사무국장) 등을 중심으로 교육운동을 실천하였다.

관련 단체로서는 중소기업가 동우회, 학동보육연락협의회, 신 일본부인모임, 부등교 부모회 삿포로 육아네트워크, 일본과학자회의 홋카이도지부, 홋카이도 민간교육 단체연락협의회 등이 있다. 그들은 기부금을 모으면서 유바리시의 협력으로 유바리 이전 초등학교(폐교)를 활용하여 1998년에 기숙사가 있는 실험학교를 시작하였다. 그 후, 2003년에 삿포로시 츠키사무로 옮겨 현재에 이른다. 다만, '새로운 학교 만들기' 운동은 당초부터 순조롭게 진행된 것은 아니다. 당시의 상황을 요시노 마사토시는 다음과 같이 언급하고 있다.

> 민간의 힘으로 사립학교를 설립하는 것은, 학교법인의 인가의 기준 그 자체가 허들이 높은 것이었고, 학교를 만들기 위한 자금이 처음부터 모여 있던 것은 아니었다. 그리고 처음에는 학교 설립을 목표로 하고 있던 장소는 삿포로 시내 또는 삿포로시에 인접한 이시카리시와 에베쓰시 등에서 설립을 생각하고 있었지만, 그 지자체는 사립학교의 설립에는 협력할 수 없다는 것으로 거절하여 삿포로시와 그 주변에서의 설립은 포기할 수밖에 없었다. (2022년 3월)

이러한 어려운 사회적 상황을 앞두고 '새로운 학교 만들기' 운동은 홋카이도에 한정해 호응하였던 풀뿌리 운동을 전국적으로 규모를 확대해 나가기로 결정하였다. 즉 같은 문제의식이나 목표를 가진 사람들과의 협동 환경을 스스로 마련하고자 한 것이다. 협동을 통하여 학교로부터 지역으로, 그리고 사회로, 학교 만들기의 의의가 확장된 것이다.

전국적인 호소로부터 예상을 넘은 반향이 있었다. 미디어에서도 각광을 받게 되었고, 아사히신문이나 요미우리·마이니치신문은 물론, 경제를 다루고 있는 닛케이신문마저도 크게 보도 되었다. 닛케이신문은, 홋카이도 지유가오카가쿠엔이 목표로 하는 새로운 교육·학교 만들기는, 지역 만들기나 마을만들기라는 시점에도 중요한 시사를 내포하고 있다고 높이 평가해 주었다. 신문이나 TV에도 크게 다루어져 예상을 넘는 반향은 있었지만, 학교를 설립할 수 있을 만큼의 자금은 좀처럼 모이지 않았다 (2022년 5월).

전국으로 규모를 확대해 호소했다고 해도 역시 학교법인을 시작하는 것은 어려웠기 때문에, '새로운 학교 만들기' 운동은 우선 유한회사의 설립에 의해 법인격을 취득하는 길을 선택해, 지자체와의 계약이나 고용·주택 확보 등을 진행했다. 그리고 1998년 5월, 드디어 '유바리 프레스쿨(夕張プレスクール)'이 개교를 맞이하게 되었다.

(2) 「유바리 프레스쿨」의 개교와 이전

이전의 홋카이도 시카노야(鹿の谷)초등학교의 교사를 빌려 출발한 「유바리 프레스쿨」은, 중학생을 대상으로 하는 기숙형의 학교였다. 1조교로서의 인가를 받은 것은 아니었지만, 6,000명의 찬동자와 50여명의 발기인에 의한 지원 아래에 설립된, 바로 시민 주체로 설립한 '학교'였다고 할 수 있다.

다만 '유바리 프레스쿨'을 개교하였다고 해서 안정된 재원을 확보할 수 있었던 것은 아니다. 반상회나 상가 등 지역주민의 뒷받침도 받으면서 구 시카노야(鹿の谷)초등학교에서 4년간 운영을 계속했지만, 이용하는 중학생의 수도 해마다 감소하는 등, 자금 면에서는 어려운 상황이 계속되었다. 그 때문에, 2002년 10월에는 구 시카노야(鹿の谷)초등학교의 교사를 비워주고, 유바리 시가의 상점가 점포로 강제 이전을 요구받았다. 그 후 1년 정도 계속했지

만, 장래의 전망이 보이지 않는 것에 대한 우려가 전해진 적도 있어 유바리 지역사회에서 '학교'를 계속하는 것은 단념할 수밖에 없었다.

이처럼 새로운 학교 만들기는 항상 '시설·재원 확보'라는 문제에 직면하였다. 다만, 지역주민들이 출입하는 장소에서 아이를 주인공으로 한 체험적인 배움을 조직하는 것, 즉 지역에 열린 '학교'를 운영하는 것의 의미는, 후술하는 유바리에서 5년간의 교육과정이나 실천으로부터 재확인할 수 있었다고 한다. 특정 스폰서에 의지하지 않는 시민의 힘으로 운영하는 새로운 학교 만들기 운동은 2003년 이후 삿포로로 그 무대를 옮기게 된다.

(3) 삿포로시에서 「츠키사무 스쿨」로서 재출발기(2000년~2020년)

가쿠엔은 2003년 11월, 이미 본부로 하고 있던 삿포로시 도요히라구 츠키사무로 교사를 이전했다. 덧붙여 같은 해에는 「홋카이도 지유가오카가쿠엔·함께 인간 교육을 추진하는 모임」으로서 NPO 법인격도 취득했다. 1980년대부터 내걸었던 교육이념을 이어가면서, 삿포로의 땅에서 「지유가오카 츠키사무스쿨」로서 재출발을 도모하게 되었다.

홋카이도 지유가오카가쿠엔의 교육이념은 '아이들이 주인공(배우고 성장하는 주체)'인 인간교육·학교 만들기이다. 학력서열화 혹은 수험을 의식한 교육과는 다른, 자연을 포함한 다양한 체험이나 인간(동료)과의 관계를 중시한 '인간형성형 교육'을 목표로, 지역이나 어른(시민)과의 '협동'에 의해 만들어내는 「또 하나의 학교」를 목표로 하고 있다.

가쿠엔의 창설자 중 한 명인 스즈키(鈴木秀一) 교수는 "아이들을 강박적으로 몰아넣고 있는 사회 통념으로 과도하게 경쟁적인 교육의 구조에서 만들어졌던 협의(狹義)의 지식편중·서열화 편중 교육을 비판적으로 파악하였다.

이러한 문제의식 하에, 가쿠엔은 아이들의 내면적인 흥미·관심을 이끌어내는 것을 중시해, '체험 종합형'의 학습을 많이 편성하고 있다. 아이의 흥미·관심으로부터 각 교과의 배움을 생성하는 것을 특징으로 하며, 유바리 프레스쿨때부터 이를 계승하고 있다.

2) 교육실천에 나타난 지역협동

전술한 것 같이 학교 설립자들은 홋카이도 지유가오카가쿠엔 고등전수학교를 설립한 취지가 "등교 거부의 아이들과 고교 중퇴자가 다시 배울 수 있는 재미와 성취감을 발견하도록 촉진하며, 아이들이 현재에서 미래까지 직면한 과제를 해결하는 힘을 몸에 익힐 수 있도록 해야한다"고 생각하였다(自由が丘教育と協同の硏究所編, 2003). 이러한 설립배경을 가진 홋카이도 지유가오카가쿠엔이 지향하는 구체적인 교육이념과 교육과정의 특징을 분석하면 다음과 같다.

(1) 홋카이도 지유가오카가쿠엔의 교육이념

홋카이도 지유가오카가쿠엔은 "아이들이 주인공(배우고 성장하는 주체)"인 인간교육·학교 만들기를 목표로 하고 있다. 홋카이도 지유가오카가쿠엔은 1998년에는 6,000 명 이상의 찬동자를 얻고 유바리의 폐교를 빌려 '프리 스쿨'을 개교하고, "개방형" 지역 학교로서 대학의 연구자와 협력하여 선진적인 학교·수업만들기를 구상하였다. 본교 창시자의 한 사람인 스즈키 슈이치(鈴木秀一)교수는 "인간이 축적해 온 문화 자체에 의문을 제기하고 축적해 온 그 문화가 얼마나 인간현실의 문제해결에 기여" 하여 왔는지, 그리고 그것들이 "어린이의 현실과 어떻게 관련 되어 있는지 납득하고 이해할 수 있는 수업이나 활동을 만든다"고 생각하였다. 그래서 아이들의 시점에서 생성되는 문제의식과 희망을 파악해서 그것의 기초를 깊이 탐구하고, 문화 탐구와 어떻게 관련된 것인지를 분명히 보여주는 것을 통하여 아이들이 지속적이고 견고한 생활 · 학습 목표를 갖도록 지원하였다.

이러한 문제의식 하에서 홋카이도 지유가오카가쿠엔은 "아이들 한사람 한사람이 큰 잠재력을 가지고 있다" 라는 교육사상을 강조하였다. 그런 배경에서 학부모나 교육 관계자뿐만 아니라 지역주민 · 시민이 참여하고 서로 의지하며 아이들을 키우고 어른도 함께 성장해 가는 "협동의 이념"을 소중히 하고 있다. 이것을 홋카이도 지유가오카가쿠엔에서는 「지유가오카 휴먼 트러스트 운동」이라고 표현한다.

(2) 학교 교사의 비전과 사명의식

홋카이도 지유가오카가쿠엔은 학교 · 교사가 아동에 대한 소망을 담아 매일 교육실천에 임하고 있는 데, 그런 배경에는 다음과 같은 신념과 소망이 비전으로서 자리잡고 있다. 첫째는 아이들에게 '진실을 간파하는 힘', '아름다운 것이나 인간에게 중요한 것을 풍부하게 감지하는 힘', '끈질기게 추구해 나가는 힘'을 내걸고 있다. 둘째, 그런 힘의 원천은 '어떤 아이라도 그 잠재성을 지니고 있다 라는 믿음 하에' 그것을 실천하기 위해 '아이 자신이 자유롭게 활동하는 가운데 그 싹은 점점 자라가는 것'이라고 확신하고 매일 실천한다는 것이다. 그리고 셋째, 교사의 신념은 아이들끼리 서로 활발하게 움직여 서로 함께 연마하는 것을 허용한다는 것이다. 그것은 '누구든지 기본적인 인권을 가지고 있다는 점', 그래서 '아무도 그것을 부정하거나 손상해서는 안 되는 것을 마음에 새기고' 아이를 대하고 실천에 임하는 것이다. 넷째,

'서로 좋은 점을 인정하는 것', '솔직하고 따뜻하게 서로 비판하는 것', '힘을 합쳐 일을 이루도록 활동을 창조'하는 것을 목표로 하고 있다. 아이들이 주인공인 배움터 그것을 시민·학부모·교육자와 지역이 '협동'을 통하여 담당하고, 교육의 주인의식과 협동, 즉 두 개의 민주주의를 한층 더 본격 추진할 것임을 목표로 실천하고 있다.

이와 같은 교육비전에는 "힘의 양성, 교육환경으로서의 자유의 중시, 상호연마, 성장잠재력의 보호"라는 환경을 조성하고, 이러한 환경에서 아동의 주체적 학습과 성장을 위하여 교육협동의 구조를 만드는 특징을 지니고 있다.

(3) 협동과 공생을 통한 교육 만들기

지유가오카가쿠엔 교육의 특징은 무엇보다도 몸소 체험하는 과정을 통하여 자신을 자각하고 타인, 환경, 사회를 자각하게 되는 과정이 실천적으로 이루어 지는 점이다. 그리고 그러한 학습은 특별히 신체활동과 인지적 활동이 융합하여 보다 풍부한 발견에 이르는 점도 부정할 수 없다. 예를 들어 수업 실천의 예로서 물건 만들기의 사례를 보면 구체적으로 이해할 수 있다.

지유가오카가쿠엔에서 물건 만들기로 수업을 진행한 연구보고(高橋カツ子, 2022)에 따르면, 제조기술 활동은 프리스쿨 학습활동의 일부분이지만 다섯 가지 교과학습이나 여러 가지 체험행사, 친구간 교류활동 등과 함께 종합적으로 아동학생의 심신 성장을 촉진하고 인생을 풍요롭게 하는 학습을 구성한다. 현대문명 사회에서 편리한 도구와 기술이 생활을 지배하여 손이 둔해지고 사고력도 저하하는 점에 주목하여 수제 작업활동의 중요성에 착안한 것이다. 제조활동 수업은, 인간이 손을 사용하여 자연에 작용·고안하고 의

식주에 관계되는 물건을 만들어 온 것, 그 과정에서 언어, 문자, 숫자가 만들어지고 역사를 거치면서 오늘날의 인간사회를 이룬 점을 가르친다. 아동·학생은 지금까지 존재하지 않은 내용을 학습주제로 선정함으로써, 비로소 교사 및 동료학생과 소통하면서 머리와 손을 사용하여 스스로 선택한 물건 제작과정과 성과에 대한 만족을 경험하는 것이다. 그리하여 조리실습이라면, 직접 자연물을 다루어 '조리'라고 하는 기술을 통하여 눈앞에 없던 음식이라는 결과를 만들어 함께 교류하며 먹는 체험을 하게 하는 과정을 통해서 학생 자신과 타인, 기술, 그리고 재료를 매개로 한 사회를 이해할 수 있는 시간이다. 또 옷 만들기 수업은 처음에는 만들려고 하는 작품의 원료를 이해하는 시간을 가지며, 인간이 자연에 작용하여 수고하여 얻은 것을 인식시킨다. 자연계의 동식물에서 인간이 섬유를 얻어낸 것을 알게 함으로써 인간과 자연과의 관계를 이해하고, 옷의 가공이나 세탁, 그리고 구입이나 폐기에 대한 관심을 확대함으로써 원료들이 외국에서 많이 수입되는 것을 이해할 수 있도록 한다. 학생 스스로 다른 인간과의 관련성 속에 사회에 연결되어 있음을 자각하게 하는 등의 교육적 함의를 보여준다(高橋カツ子, 2022).

홋카이도 지유가오카가쿠엔은 이와 같은 학내 교육과정운영에서 자신의 발견, 타인의 발견, 사회의 발견 과정을 학습자 중심으로 전개하며, 나아가 이러한 교육이 보다 생활 및 삶과의 맥락 속에서 이루어질 수 있도록 지역자원을 활용하여 다양한 체험형 학습활동을 하고 있다. 생산과정을 경험하는 농업체험, 여름 캠프로서 운영하는 팜(farm)스테이, 타 세대와의 학습교류, 현지조사를 통한 수학여행 등이 그런 사례이다. 이와 같은 활동의 특징에는 무엇보다도 스스로 몸을 움직여 노동하고 생산하고 교류하고 놀고 있는 동안에 즐거움과 고됨, 그리고 보람 등을 알게 된다. 즉, 교육활동 속에서 직접 체험하는 자신을 느끼고 타인을 발견하며, 체험의 장이 되는 자연, 문화, 인간으로 구성된 사회를 자각하는 것이다. 그리고 궁극적으로는 그와 같은 자신, 타인, 환경과의 상호작용을 직접 경험하는 가운데 삶과 사회를 주체적으로 자각하고 적응하는 인간으로서의 능력을 길러내는 것이다.

4. 삶과 사회를 주체적으로 살아내는 내발적(内発的) 배움의 가능성

이상에서 홋카이도의 프리스쿨 지유가오카가쿠엔의 교육실천에 나타난 특징을 살펴보았다. 설립자들의 회고, 교육신념에 대한 술회와 교육활동의 기록 과 연구, 그리고 현재 이루어지는 교육현황들을 살펴보는 가운데 지유가오카가쿠엔의 교육특징을 이해할 수 있었다. 요컨대, 가쿠엔은 단순히 재적학교로 등교를 복귀하는 목적을 위하여 존재하는 보완적 교육시설이 아니라, 프리스쿨이 지닌 독자적인 교육실천과 가치관을 정립하고 실천을 통해서 궁극적으로 학생의 변화를 만들어 냄으로서 교육을 완성하는 기관이다. 이러한 교육실천은 한편으로 공교육환경에서 성장의 기회를 잃은 아이들의 학습권, 인간으로서의 성장할 권리 회복을 실현하는 것이다. 다른 한편으로는 공교육에서 보조적 방법에 머물렀던 활동이나 교육 방법을 교육전면에 내세워, 청소년기 인간의 성장에 필요한 서로 다른 교육방법을 동등하게 공존할 필요성을 강조하였다. 그런 교육에는 다음과 같은 특징이 보다 명료하게 드러나고 있다.

첫째, 내발적 교육의 관점이다. 교육이 변화를 도모하는 의도적 과정이라고 했을 때, 그 변화는 개체의 성질을 바꾸어 변화이전으로 돌아갈 수 없는 질적인 변화를 의미한다. 이러한 변화는 근본적으로 내재적 완성으로 귀결된다. 지유가오카가쿠엔의 교육은 변화의 완성이 내재적으로 이루어진다는 교육의 본질에 주목한다. 이 때 단순히 가르치고 체험기회를 제공하는 것이 아니라 교육의 출발점을 내재성에 대한 관심에서 시작한다는 점에서 행동주의 및 인지주의적 접근과는 다른 특징을 가진다. 그리고 그런 내재적인 이해를 위하여"몸소 느끼고 체험하는 자각적 학습과정'을 실천하는 것도 실습적인 경험과는 구별되고 있다.

둘째, 연결의 발견이다. 지유가오카 교육의 특징은, 아동이나 학생이 자신을 발견하고 타인을 발견하고 자연과 사회를 발견하며 이러한 발견을 통하여 스스로가 사회적 존재로서 연결되어 있음을 이해하는 교육이다. 그 매개가 되는 것은 콘텐츠로서의 지식이지만, 그것을 이해하는 방법은 체험과 연결을 자각할 기회를 얻을 수 있게 하는 협동과 교류 등이다.

셋째, 지역자원의 협동적 활용이다. 지유가오카가쿠엔의 교육은, 공교육에서 작은 비중을 두는 과제에 방대한 지역자원을 활용하고 온 몸을 다하여 배우게 한다는 점이 특징이다. 이와 같이 방대한 자원은 공교육에서 깊게 관여하지 않는 자아의 발견과 성장을 돕는 일을 위해 활용된다. 그리고 이러한 인적자원, 물적 자원, 문화적 자원, 자연자원 등이 모두 협동적으로 자아의 발견과 성장을 돕는 일에 집중하는 점에서 인간으로서의 성장에 주력하는 점이 특징이다. 이와 같은 내발적인 교육은, 입시나 진로 등과 같은 외재적 과제를 해결하기 위하여 고심하고 있는 현재의 한국과 일본 공교육을 성찰할 수 있게 하고, 나아가 한국에도 존재하는 수많은 대안학교의 교육실천을 성찰하는 준거가 될 수 있다.

〈참고문헌〉

이미숙 · 김진숙 · 이수정 · 조기희 · 김미식 · 송창용(2021). 학령인구 감소에 따른 학
교교육 개선 방향 탐색: 경북 지역을 중심으로. Journal of Daegu Gyeongbuk
Studies. 20(3), 49~73

김위정 · 김권호 · 김현주 · 최관현 · 한희경(2019). 미래형 농어촌 학교 발전 방안.
2019년도 상반기 전국교육정책연구소 네트워크 공동워크

이병환 · 강대구(2014). 대안학교 학습자 만족도 분석. 교원교육, 30(3). 155-175.

김은영(2008). The Effects of School Climate on Fear of Attending School for Junior
High School Students : Focused on School Violence as a Mediator. 한국사회복
지학, 60(3). 151-176.

정진주 · 이지영 · 임재한(2008). 일본 도쿄지역 프리스쿨 사례의 시설이용현황 조 사
연구. 교육시설, 15(1), 53-61 (9 pages)

宋美蘭編著(2021).『韓国のおルタナティブスクールー子どもの生き方を支える「多様
な学びの保障」へ』明石書店.

文部科学省(2022).「令和4年度児童生徒の問題行動・不登校児童生徒指導上の諸課
題に関する調査結果」.

梅垣弘(1991).『登校拒否の子どもたち』学事出版.

菊池栄治 · 永田佳之(2001).「オルタナティブな学び舍の社会学―教育の〈公共性〉を
再考する」『教育社会学研究』68, pp. 65-84.

加野芳正(2001).「不登校問題の社会学に向けて」『教育社会学研究』68, pp. 5-23.

田中佑弥(2019).『学校に行かない子どもに関する認識と対応の変容過程―196 年
~1980年代を中心に』武庫川女子大学大学院博士学位論文.

高橋カツ子(2022).「ものづくり」はフリースクールの児童生徒の成長にどう関わか.
家庭科 · 家政教育研究, 16, 3-15.

柴裕子 · 宮良淳子(2017). 登校していた時期から不登校となり, 不登校を続けていく
当事者の思いのプロセス. 日本看護研究学会雑誌 40(1)

滝川一廣(1998).「なぜ?」を考える」門眞一郎ほか編著『不登校を解く―三人の精神
　　科医からの提案』ミネルヴァ書房.

認定NPO法人北海道自由が丘学園・ともに人間教育をすすめる会教育と協同の研
　　究所編(2003).『鈴木秀一さんの教育実践、教育論、人生ろんなど』報告書.

認定NPO法人北海道自由が丘学園・ともに人間教育をすすめる会編集、「教育のフ
　　ロンティア」No. 251-260号

自由が丘教育と協同の研究所編(2003).『鈴木秀一さんの教育実践、教育論、人生論
　　など』遺稿集.

稚内市子どもの貧困対策本部会議・稚内市子どもの貧困対策プロジェクト編(2016).
　　『稚内市子どもの貧困問題プロジェクト研究紀要：わっかない子ども・若者
　　2015』pp. 13-17.

永田佳之編(2019).『変容する世界と日本のオルタナティブ教育―生を優先する多様
　　性の方へ』世織書房.

武井哲郎・矢野良晃・橋本あかね・竹中烈・宋美蘭(2022). 拡張する教育空間にお
　　ける民間事業の位置――セーフティネットとしてのフリースクールに着目して
　　―, 日本教育政策学会年報29.

後藤武俊(2019).「学校外教育の公共性に関する考察―困難を抱える子ども・若者へ
　　の包括的支援の観点から」. 日本教育行政学会年報, 45, 41-57

吉栁佳代子・古賀弥生(2022). 演劇ワークショップによるコミュニケーションへの影
　　響~フリースクールでの実践事例から~. 九州大谷研究紀要 第48号.

北海道自由が丘学 https://www.hokjioka.net/

제Ⅳ부

공생교육 평생학습
실천 사례

제12장

일본의 공생기반 진로교육

신현정(중부대학교)

1. 일본 커리어교육의 전개 양상

일본의 진로교육은 "개개인이 사회적 및 직업적 자립을 위해 필요한 기반이 되는 능력과 태도를 기르는 것을 통해 '커리어 발달'을 촉진하는 교육(중앙교육심의회 답신, 2008)"이다. 현재 문부과학성에는 진로교육을 커리어교육이라고 명명하고 있으며 〈그림 12-1〉에서 보는 바와 같이 기존의 진학지도 중심의 진로지도와는 다른 개념임을 명확히 하고 있다. 그러므로 문부과학성이 지향하는 커리어교육의 방향성은 커리어가 아동과 청소년의 발달 단계와 그 발달 과제의 달성과 깊은 관련성을 고려하여 단계적으로 발전해야 하며, 유아기 교육부터 고등교육에 이르기까지 전 생애적이고 체계적으로 진행되어야 한다는 점이다.

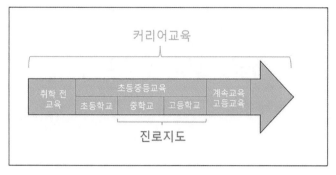

그림 12-1. 커리어교육과 진로지도

출처: 高等学校キャリア教育の手引き第1章 第3節 https://www.mext.go.jp/component/a_menu/education/micro_
detail/__icsFiles/afieldfile/2011/11/04/1312817_07.pdf

일반적으로 학교생활과 학습에 있어 자신의 커리어에 대한 목적의식의
유무는 이후 학습 성과의 성패를 좌우하게 된다. 이러한 커리어교육의 의의
에 대해 중앙교육심의회 답신(今後の学校におけるキャリア教育·職業教育の在り方に
ついて, 2008)에서도 "학교생활과 사회생활 및 직업생활을 연결시키고, 관련시
키며, 미래의 꿈과 학업을 연결시킴으로써 학생들의 학습 의욕을 자극하는
중요성"에 대해 강조한 바 있다. 이러한 문부과학성의 방침에 의거하여 일본
초등교육의 커리어교육은 지금 공부하는 것과 미래 삶에서 부딪히게 될 사
회와의 연결성을 학습자 스스로 발견하게 함으로써 현재 하고 있는 학습의
의미와 중요성을 이해하게 하는데 초점이 맞추어져 있다.

문부성은 커리어교육을 통해 아동들에게 "기본적이고 일반적인 능력"의
확실한 양성을 주문하고 있다. 또한, 이를 위해서 "사회에 개방된 교육과정"
의 관점에서 사회적 및 직업적 관련성을 강조하고 체험적인 활동이 더욱 강
화되어야 함을 중앙교육심의회 답신을 통해 누차에 걸쳐 강조한 것도 이러
한 이유에서이다. 이처럼 현행 커리어교육의 특징은 아동에게 일하는 것의

즐거움과 현실세계의 냉혹함이라고 하는 동전의 양면 같은 사회의 진면목을 되도록 빨리 접하게 함으로써 현실 속 자신에 대한 정확한 이해를 바탕으로 한 진로계획 설정과 다양한 경험을 통한 진로역량을 개발시키고자 하는 것이다. 이런 이유로 초등학교 커리어교육에서는 학생들에게 "왜 배워야 하는가?", "왜 배우지 않으면 안 되는가?", "무엇을 배워야 하는가?"에 대해 최우선적으로 학습하도록 하고 있다. 이제 커리어교육은 일본의 초등학교 교육에서 가장 중요한 교과과정으로 자리매김하였다.

그렇다면 일본에서는 오늘날 왜 이렇게 커리어교육에 집중하게 된 것일까? 그 이유는 일본 사회상의 변화와 깊은 관계가 있어 보인다. 일본은 저출산 고령화 현상으로 인해 2010년에는 4명의 생산인구(15세~64세)가 1명의 고령자(65세 이상)를 부양하던 것이 2020년에는 2명의 생산인구가 1명의 고령자를 부양하게 되고 이러한 인구변화 추이는 앞으로도 더욱 심화될 것으로 예상된다. 이처럼 생산가능 인구가 70년 만에 50%대로 떨어진 일본에서 국가 유지에 필요한 개인의 진로 역량은 과거 그 어느 때보다 중요해질 수밖에 없다. 따라서 미래 일본을 지탱할 인재 육성에 대한 책임과 의무는 비단 교육정책을 수립하고 실행하는 교육 관계자들뿐만 아니라 국가, 지자체, 산업계를 망라한 모두의 핵심 과제로 부상했다고 해도 과언이 아니다. 이제 일본에게 있어 성공적인 커리어교육의 실현은 국가적 과업이 되었다. 바야흐로 가정, 학교, 지역사회, 산업계 모두가 참여하는 거국적인 '공생 기반'의 '커리어교육 협업 시대'가 도래한 것이다.

이러한 시대적 요청에 의거하여 2011년 1월부터 일본 문부과학성에서는 '커리어교육 외부인재활용법에 관한 조사연구협력자회의'를 발족시키게 된다. 이 회의는 2011년 12월에 "학교가 사회와 협력하여 최대한 빠르게 모든 학생들에게 풍부한 경력 교육을 제공하기 위한" 커리어교육 보고서를 제출하였다. 이 보고서에는 "왜 커리어교육이 필요한지", "학교가 사회와 협력하여 커리어교육을 실시하기 위해 학교 및 교육위원회가 무엇을 해야 하는지", "어떻게 하면 학교 외부의 인재와 연계된 커리어교육이 이루어질 수 있는지" 등의 실제 사례 등을 포함하여 기술되어 있다. 이와 같이 '커리어교육 외부 인재 활용법에 관한 조사연구협력자회의'는 커리어교육의 정책 및 방향성을 결정하고 외부인재 활용방안을 모색하여 관련 커리어교육 프로그램을 개발하며 개발된 커리어교육 프로그램에 평가 및 피드백을 제공하고 있다.

'공생 기반'의 '커리어교육 협업 시대'을 열어가기 위한 또 하나의 제도가 커리어교육 코디네이터를 들 수 있다. 이 제도는 지역 사회와 산업 분야가 보유한 다양한 교육 자원과 학교를 연결하여 학교 교육에서 학생들이 사회와 관련하여 경험할 수 있는 학습의 장을 제공함으로써, 학생들의 사회적 자립을 지원하고 학교의 교육 안에서 지역과 하나가 된 커리어교육의 실현을 촉진하는 교육지원정책이다. 2005년부터 경제산업성 사업으로 시행된 "지역 자율 · 민간 활용형 커리어교육 사업"과 2008년부터 시행된 "커리어교육 민간 코디네이터 양성 · 평가 시스템 개발 사업"의 성과를 바탕으로, 2011년 3월에는 커리어교육 지원을 수행하는 전국 단체가 "일반 사단법인 커리어교육 코디네이터 네트워크 협의회"를 설립하여, 커리어교육 코디네이터의 양성, 교육, 인증 등을 진행하고 있다. 현재 활동하고 있는 커리어교육 코디네이터의 수는 전국적으로 약 1만 명 정도를 넘어선 것으로 보고되고 있다.

2. 체계적인 일본 커리어교육의 평가 시스템

1) 일본 커리어교육의 평가 기반

주지하는 바와 같이 '평가'의 어원은 영어의 Evaluation, 즉 어떤 대상의 '가치(Valu)'를 '밖으로(e)' 드러나게 하는 것이라는 개념에서 출발하였으므로 그러한 개념적 의미에서 본다면 교육평가는 기본적으로 교육의 효과를 정량적 혹은 정성적인 데이터로 제공할 수 있어야 한다. 데이터로 제공되는 교육 평가는 기본적으로 정부 교육정책의 장단점을 파악할 수 있게 하고 효과적인 교육방법과 그렇지 못한 교육방법의 식별에 도움을 주며 교사의 전문성 및 역량 진단에도 유의미한 기초자료가 될 수 있다. 그러므로 교육평가는 교육기관과 교육정책 결정자들에게 매우 유용한 정보를 제공하여 학생들의 학습 성과 측정뿐만 아니라 교육과정 및 교육 시스템 전반을 개선하고 발전시키는 데 매우 핵심적인 요소라고 할 수 있다.

교육평가의 기존유형에는 절대평가인 준거지향평가, 상대평가인 규준지향평가, 수업 전 평가인 진단평가, 수업 중 평가인 형성평가, 수업 후 평가인 총괄평가가 있다. 이 중 초등교육에서 고등교육, 평생교육에 이르기까지 과거 가장 일반적으로 사용되었던 커리어교육의 평가방식은 준거지향평가와 규준지향평가이다. 발달적 교육관에 근거한 준거지향평가는 학습자의 현재 성취 수준이나 행동 목표의 도달 정도를 판단하는 평가방법인 반면 규준지향평가는 학습자의 평가결과를 그가 속한 집단 속의 상대적 위치를 판단하는 평가방법이다. 준거지향평가는 교수·학습 이론에 적합하고 교육과정의 설계와 개선에 용이하지만 개인 간 변별이 어렵고 준거 기준이 불명확할 수 있으며 평가결과의 통계적 활용이 어렵다. 반면 규준지향평가는 개인차의 변별이 가능하고 학습자의 동기유발에 유리한 점이 있지만 학습자 간 과다한 경쟁심리가 조장될 수 있고 개인의 참된 의미의 학력평가가 어렵다.

위에 제시한 준거지향평가와 규준지향평가의 단점을 보완하기 위해 최근에는 커리어교육에 또 다른 평가방식의 도입이 검토되고 있다. 학생이 본래 지니고 있는 능력에 비추어 얼마나 최선을 다하였는지를 평가하는 능력참조평가와 교육과정을 통해 초기능력수준에 비추어 얼마나 성장하였느냐에 초점을 맞춘 평가인 성장참조평가, 그리고 누가 더 잘했는지를 평가하는 것이 아니라 '개별 학생이 무엇을 어느 정도 성취했는지'를 평가하는 성취평가제 등이 최근 미래형 평가제도로 환영받고 있다. 그 일례로 한국의 고등학교에서도 진로교육의 일환으로 전면 실시되고 있는 고교학점제의 경우, 선택과목에 한해 원점수, 과목점수, 성취도, 수강자 수, 성취도별 학생비율을 기재하여 성적을 산출하는 성취평가제를 채택하고 있다.

커리어교육에 관한 평가는 "학생들이 각 학교의 목표와 개발하고자 하는 능력과 태도, 교육 내용 및 방법과의 관련성을 고려하여, 학생들이 어떤 능력을 습득하였는지, 그 교육 활동이 효과적이었는지, 지도 계획이 적절했는지 등 다양한 측면에서 평가하는 것이 필요하다(中学校キャリア教育の手引き, 2012: 107)." 일본 문부과학성의 커리어교육 평가는 학생들의 성장과 변용에 관한 평가와 교육활동으로써의 커리어교육 전체의 평가라고 하는 두 가지 측면에서 실시되고 있으며 두 평가 모두 기본적으로는 PDCA 사이클에 기반을 두고 있다(文部科學省, 2012: 107).

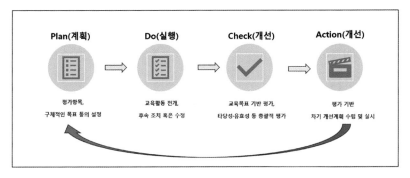

그림 12-2. PDCA 사이클 기반 진로교육 평가 시스템

PDCA 사이클은 미국의 통계학자 윌리엄 에드워드 데밍(William Edwards Deming)이 제창했기 때문에 일명 데밍사이클이라고 부르기도 하는데 어떤 계획의 실천이 1회성으로 끝나는 것이 아니라 연속적인 순환을 통해 지속적인 개선을 지향하게 하는 매니지먼트 툴이라고 할 수 있다. PDCA 사이클을 통해 일본의 커리어교육은 기초적 · 범용적 능력, 다시 말하자면 인간관계형성능력, 자기이해 · 자기 관리능력, 과제대응기초능력, 커리어 플래닝 능력 등의 교육과정을 관리하고 있다. 일본 커리어교육 평가가 PDCA 사이클에 기반한 운영방식을 고수하는 이유는 진로교육이야말로 전 생애를 통해 가장 체계적인 성과 환류 시스템을 지향해야 하는 교육영역이기 때문일 것이다.

지금까지 기술한 바와 같이 교육평가는 교육목표 및 교육내용과 긴밀한 상호연관성을 가지고 있다. 따라서 일본의 커리어교육의 현황을 파악하는데 효과적인 접근방식 중 하나는 커리어교육의 현행 평가 시스템을 고찰하는 일일 것이다. 이에 문부과학성이 제시하고 있는 커리어교육의 평가방식에 대해 간략하게나마 개괄해 보고자 한다.

2) 일본 커리어교육의 평가 방식

문부과학성이 2012년 커리어교육 가이드로 제시한 커리어교육의 기본평가 지침은 아래와 같다.

○ 커리어교육이 추구하는 목표의 구체성과 타당성

○ 성장시키고자 하는 자질, 능력, 태도의 구체성과 명확성

○ 각 학년의 발달 단계를 고려한 학습 내용의 체계성

○ 교육과정 구성에서 다른 영역과의 관련을 의도한 고려사항

○ 계획된 교육 활동의 목표와 내용, 학교와 학생 실정과의 일치성

○ 계획 실행에 있어서 학습 내용, 실행 시기, 시간 배분 등을 고려한 점 유무

○ 문제 해결형 학습 내용이나 개발적 체험활동 등의 설정 여부

○ 계획된 교육활동을 통해 기대되는 학생의 변화·효과 등의 구체적 명시유무

○ 평가 방법의 적절한 제시 여부

○ 진로교육의 의의와 실천에 대한 계획, 방법 등에 대한 교직원 상호 간 공통 이해도

○ 교직원의 평가 목적, 방법 등에 대한 이해도와 적절하게 평가할 수 있는 능력 유무

○ 커리어교육에 관한 확실한 추진 체제의 유무

커리어교육의 기본평가 지침에 따른 커리어교육 활동의 평가 항목은 크게 ① 목표설정에 관한 평가 ② 커리어교육 실천 중 평가 ③ 커리어교육 평

가방법에 관한 평가 ④ '학생의 변화'에 관한 평가 ⑤ 평가 후 개선에 관한 평가라는 다섯 가지 기준을 제시하고 있다. 그 내용을 구체적으로 살펴보면 ① 목표설정에 관한 평가는 커리어교육 목표의 구체성과 타당성을 중심으로 ② 커리어교육 실천 중 평가는 학생들의 참여도와 교사들의 적절한 지도 여부를 중심으로 ③ 커리어교육 평가방법에 관한 평가는 교사와 학생들의 평가에 대한 이해가 충분한지 여부를 중심으로 ④ '학생의 변화'에 관한 평가는 프로그램 실시 후 학생들의 태도 변화가 있었는지를 중심으로 ⑤ 평가 후 개선에 관한 평가는 개선방안의 액션 플랜이 수립되었는지를 중심으로 이루어진다. 그 세부내용을 표로 작성한 것이 아래의 〈표 12-1〉이다. 특히 개선방법에 관한 세부 예시를 비교적 상세히 제시함으로써 커리어교육 평가 이후 개선을 통한 환류시스템을 확실히 하고자 한 것으로 보인다.

표 12-1. 커리어교육 활동의 평가 기준

진로교육 평가기준(예시)	
목표 설정	· 목표 설정이 구체적이고 타당했는지 · 목표 설정 과정에 교직원들의 참여 정도, 이해도는 어떠한지 등
실천 중 평가	· 학생들은 적극적으로 참여하고 있는지, 이해도는 어떠한지, 기대한 수행을 하고 있는지 · 기대한 변화나 효과의 징후가 있는지 · 교직원들이 적절한 지도를 하고 있는지 · 학부모 등에 대한 설명이 적절했는지 · 학생들의 소감은 어떠한지 등
평가 방법	· 평가를 위한 계획이 적절하게 수립되었는지 · 평가 방법과 그에 필요한 자료는 미리 준비되어 있었는지, 평가 방법이 타당한지 · 교사, 학생들의 평가에 대한 이해가 충분했는지 등
'학생의 변화' 평가	· 프로그램 실시 중 학생들의 태도 변화 · 프로그램의 목표 달성 상황 (실시 과정 중 및 종료 시) · 특히 두드러진 학생들의 행동, 태도, 과제 등

평가 후 개선	· 지금까지의 평가를 교직원, 학부모 등이 객관적으로 재검토하고 공통 이해가 이루어지고 있는지 · 평가를 적절히 다음 개선 방안으로 활용하고 있는지 · 개선 방안의 실행 프로그램 (액션 플랜 등)이 수립되어 있는지 등
개선 방법(예시)	
세부사항	· 수업 목표가 명확한가 · 지도 내용이 학생의 발달 단계에 적합한가 · 학습 지도 방법이 학생의 실정에 맞는가 · 효과적인 수업 형태를 채택하고 있는가 · 교재와 보조 교재를 적절하게 활용하고 있는가 · 외부 전문가 및 지역 · 문화적 교육 자원을 효과적으로 활용하고 있는가 · 진로학습이 각 교과 등의 학습과 유기적으로 결합되어 있는가

출처 : 일본문부과학성 커리어교육 가이드(2012) 내용 일부를 수정하여 재작성 하였음.

표 12–2. 학교 내 진로교육 추진에 관한 체크리스트

항목	체크내용	√
1	학교 교육 목표에 진로교육이 명확히 명시되어 있다.	
2	전체적인 커리어교육 계획이 수립되어 있다.	
3	학교 내에 진로교육 추진위원회 등을 설치되어 있다.	
4	진로교육 내부 교육을 실시(계획)하고 있다.	
5	교직원 전체가 진로 교육에 대해 공통 이해를 가지고 있다.	
6	지역의 다른 학교들 간에 진로 교육에 관한 연락 협의회를 설치하여 협력을 추진하고 있다.	
7	직장 체험 활동 등을 실시하고 있다.	
8	직장 체험 활동 등의 사전 · 사후 지도를 계획적으로 실시하고 있다.	
9	각 교과에서의 지도도 포함하여, 진로교육을 교육활동 전반에서 실시하고 있다.	
10	학교 · 학부모회 소식지 등에서 진로교육 홍보활동을 실시하고 있다.	
11	사회인 강사 등 지역의 교육자원을 활용하고 있다.	
12	고용 서비스 센터 등 관련 기관과 협력하고 있다.	
13	단독 또는 학교 평가 등에서 진로교육의 평가를 실시하고 있다.	
14	평가 결과를 기반으로 지도 등의 개선을 추진하고 있다.	

출처 : 일본문부과학성 커리어교육 가이드(2012)

위에서 볼 수 있는 바와 같이 일본 정부는 문부과학성을 통해 커리어교육 가이드와 체크리스트를 개발하여 일선 학교에 제공함으로써 각 교육기관별로 커리어교육에 관한 자체평가를 실시하게 하고, 그것을 통해 기관 스스로 커리어교육의 내실화와 질 관리를 도모하게 하고 있다. 커리어교육을 제공하는 측에서 이와 같은 커리어교육의 성과를 위한 다각도의 노력을 기울이고 있다면 커리어교육을 제공받는 학생 측에서는 자신의 진로개발을 위해 어떤 노력을 하고 있을까? 그 대표적인 예로 초·중·고 12년간 학생 스스로 자신의 진로개발과정을 성찰하고 자기주도적으로 관리하게 하는 진로활동 '커리어 패스포트'를 들 수 있다.

3. 진로 성찰을 위한 '커리어 패스포트' 사례

'커리어 패스포트'란 기본적으로 "아동이 초등학교부터 고등학교까지의 진로교육과 관련된 다양한 활동에 대한, 주로 특별 활동, 학급 활동 및 홈룸 활동을 중심으로 각 과목 등과 상호작용하면서, 자신의 학습상황과 진로 형성을 전망하거나 성찰하고 자신의 변화와 성장을 자기 평가할 수 있도록 고안된 '포트폴리오(문부과학성, 2016)'"를 의미한다. 여기서 주목할 점은 진로와 관련된 모든 활동이 각 과목과의 상호작용을 통해 아동의 진로개발 역량의 향상에 기여해야 한다는 점이다. 이러한 상호작용은 학교에서 이루어지는 전 교육과정이 진로교육과 유기적으로 연결되어 있어야 가능한 만큼 적어도 일본 교육계에는 진로교육의 중요성 및 방향성에 대해서 합의된 공통적 인식이 존재하는 것으로 보인다.

'커리어 패스포트'의 목적은 "초등학교에서 고등학교까지 아동이 스스로의 학습상황과 커리어 형성을 내다보고 돌아보는 자기평가를 함과 동시에 주체적으로 배우는 힘을 길러 자기실현으로 이어지도록 하는 것(文部科學省, 2016)"이다. 그리고 여기에서 교사의 역할은 "소통과 대화 중심으로 학생과 관계하면서 학생의 성장을 촉진하며 체계적으로 지도하는 것(文部科學省, 2016)"이다. 부가적으로 중학교 학습지도요령의 전문을 살펴보면 "(전략)학생이 학습의 의미를 느낄 수 있는 환경을 조성하고, 각 학생의 자질과 능력을 개발하는 것은 교사뿐만 아니라 가정 및 지역사회의 사람들을 포함한 모든 성인들에게 기대되는 역할이다. 유아교육과 초등학교 교육의 기초 위에 고등학교 이후의 교육 및 평생학습과 연계하여 학생의 바람직한 학습 방식을 제시하기 위해 중학교 학습지도요령을 정한다(中學校學習指導要領, 2017)."고 기술되어 있다. 이는 '커리어 패스포트'의 목적이 단순히 학교 교육과정 내에서의 진로개발을 위한 제도라기보다는 진로교육의 초·중·고교 연계는 물론, 고등교육 및 평생교육으로까지의 연계를 목표로 하고 있음을 파악할 수 있다. 다음은 홋카이도 커리어교육 추진사업으로서 '커리어 패스포트' 도입 사례를 정리한 것이다.

커리어 패스포트 도입사례

문부과학성은 2020년 4월부터 모든 초·중·고등학교에 커리어 패스포트를 도입하였다. 홋카이도(北海道) 교육위원회는 2015년부터 3년간 14개 지역의 초·중·고등학교를 연구지정학교로 지정하였다. 이 학교들은 지자체나 지역의 산업계 등의 지원을 받으면서 초등학교에서 고등학교에 이르기까지 일관적이고 체계적인 커리어 교육을 하는 '초·중·고 일관 후루사토 커리어교육 추진사업'을 실시하였으며, 이때 '커리어노트'를 공통적으로 작성하였다. 이 사업을 추진하기 위해 홋카이도는 전문가와 도교육위원회 관계자로 구성된 '홋카이도 커리어교육 추진회의'를 설치하였다. 그리고 사업의 원활한 진행과 전문적 조언을 위해 전문가, PTA(Parent Teacher Association), 지자체, 경제단체, 가정교육 서포트 기업 등으로 조직된 '지역미래 만들기 회의'를 두었으며, 연구지정학교에는 효과적인 교내추진체제를 구축하도록 했다.

이러한 추진체제를 바탕으로 이루어진 구체적인 사업내용 중에는 네무로시(根室市) 라우스쵸(羅臼町)의 '지역이 좋아! 프로젝트'가 있다. 풍요로운 어업과 풍부한 자연과 같은 교육자원을 활용해 지역산업을 짊어질 인재를 육성하기 위해 초·중학교 각 2개교, 고등학교 1개교, 총 5개교의 초·중·고등학교가 공통적으로 유네스코스쿨에 등록하여 활동·성과발표회를 벌였다. 중·고 합동 직업체험, 초·중·고 합동 환경보호활동 등을 실시하였으며, 지역의 어업협동조합과 관광협회가 이 활동에 적극적으로 협력하였다.

커리어노트는 초·중·고 12년간 입학 시기나 졸업 시기에 자신의 성장을 돌아보면서 현재의 자신을 관찰하고 장래에 하고 싶은 일, 삶의 방식에 대해 생각할 수 있도록 구성하고 있다. 또한, '지역이 좋아! 프로젝트(초중고 12년에 걸친 커리어교육 전체 계획을 책정하고, 지역의 특성이나 교육자원을 활용한 직업체험, 자원봉사활동, 지역 활성화 아이디어 제언 등을 실시)', '아이가 좋아! 프로젝트(지역에서 육아를 하는 의의 등에 대한 이해를 돕기 위해 연구지정학교 중 고등학교 등에서 고등학생과 지역주민의 의견교환을 하는 좌담회를 실시하거나, 육아를 테마로 한 학습을 실시)'를 실시하는 대상 학년에 대해서는 목표, 실시내용, 감상 등을 기재하도록 하고 있다.

이외에 커리어교육이라고 볼 수 있는 교육활동(체육대회, 운동회, 문화제, 학교축제, 견학여행, 인턴십, 직장체험, 견학 등)에 대해서도 목표, 실시내용, 감상 등을 기재하고 있다. 예를 들어 초등학교는 살고 있는 지역공동체의 장점이나 좋아하는 인물을 쓰거나, 할 수 있게 된 것, 장래 하고 싶은 일 등에 대해 쓴다. 중학교는 거주 지역에서 실시하는 축제나 행사에 대해 쓰거나, 도전하고 싶은 일, 고등학교에서 해보고 싶은 것, 장래 하고 싶은 일 등에 대해 쓴다. 고등학교는 지역방문자 수를 늘리기 위한 PR에 대해 생각하거나, 몇 살까지는 꼭 실현하고 싶은 것, 대학생이나 사회인이 되어서 열심히 해보고 싶은 것에 대해 쓰는 식이다.

네무로시 연구지정 고등학교 교장은 '초·중·고등학교를 이어주는 것'이 포인트라고 강조하였다. 그래서 고등학교 1학년 학년말에 쓰는 커리어노트 페이지에는 '중학교 때와 비교해서'라는 항목이 포함되어 있어 중학교의 커리어노트를 돌아보도록 설정하고 있는 것을 예로 들면서, 학기나 학년뿐만 아니라 하급학교에서의 경험도 함께 돌아보면서 앞날을 내다보는 활동이 중요하다고 보았다.

출처: 김지영(2019). 일본의 초·중등 진로교육 연계 현황, 메일진 해외교육동향 352호
国立教育政策研究所 生徒指導·進路指導研究センター(2018)

기본적으로 '커리어 패스포트'의 기록 작성양식은 문부과학성이 예시하지만, 도도부현(都道府県)의 교육위원회나 지역사회, 학교 현장에서 명칭이나 내용을 자율적으로 조정하는 것을 전제하고 있다. 각 학년별로 작성·축적하는 기록내용 분량은 A4용지로 10장 이내로 하고, 학년 진급 시기마다 이루어지는 학급 간의 인계는 교사 사이에서 실시하며, 상급학교 진학과 전학

등의 학교급(초등학교에서 중학교, 중학교에서 고등학교 등)간의 이동 시기에는 학생 각자가 학교에 제출하는 방식으로 인계하는 것을 기본 원칙으로 한다. '커리어 패스포트'를 활용하여 진로교육을 실시할 때 유의할 사항은 다음과 같다 (文部科學省. 2012)

① 커리어 교육은 학교교육활동 전반을 통해 실시하는 것을 전제로 하며, 커리어 패스포트와 그 기초자료가 되는 기록과 축적이 학급활동이나 홈룸(homeroom)활동에만 치우치지 않도록 유의한다.

② 학급활동, 홈룸활동에서 커리어 패스포트를 다룰 때는 그 내용과 실시 시간 수에 적합해야 한다.

③ 커리어 패스포트는 학습활동이라는 것을 고려하여 활동기록, 워크시트와 마찬가지로 지도할 때 세심하게 배려해야 한다.

④ 교수자는 커리어 패스포트를 활용해 대화 중심의 소통에 주력해야 한다(커리어 카운셀링을 실시하는데, 다만 개별면담을 학급활동 시간에 실시하는 것은 주의해야 한다).

⑤ 개인정보를 포함하기 때문에 원칙적으로 커리어 패스포트는 학교가 관리한다.

⑥ 학년, 학교급을 넘어서는 커리어교육자료 인계와 지도활동으로 활용해야 한다.

⑦ 학년간의 인계는 원칙적으로 교사 사이에 실시한다.

⑧ 학교급별로 인계하는 것은 원칙적으로 학생을 통해 실시한다.

4. 공생기반 커리어교육의 함의와 전망

지금까지 일본의 공생기반 커리어교육의 현황 및 시사점에 대해 고찰하였다. 일본의 커리어교육 사례 연구를 통해 얻을 수 있는 시사점은 다음과 같다. 첫째, 일본에 있어서의 커리어교육은 좁은 의미의 직업교육이나 진로교육을 넘어서 유치원부터 고등교육까지 이어지는 것으로 개인이 사회적으로 직업적으로 자립하기 위해 필요한 기반능력과 태도를 길러주는 것이며, 교육활동 전반을 통해 실시해야 하는 것으로 여겨지고 있다. 일부 학교와 교사가 전 생애주기별 진로교육의 개념을 기존의 직업훈련과 동일시하거나 기존의 진로 · 진학지도로 대체할 수 있다는 우려가 있기 때문에 용어 자체를 진로교육에서 커리어교육으로 전환하였다. 따라서 커리어교육의 교육내용 구성은 단순히 직업체험이나 자원봉사활동과 같은 이벤트에 초점을 맞추는 것이 아니라 학생이 초 · 중 · 고의 각급 학교단계를 거치는 동안 생각하고 습득하게 될 학생 자신의 커리어발달과 관련된 모든 능력과 태도 육성에 초점이 맞춰지고 있다.

둘째, 일본의 진로교육은 각 학교가 커리어교육에 관해서는 학교 구성원 전체의 합의에 의한 총괄적인 교과과정 설계를 통해 체계적으로 실시되고 있다는 점이다. 이제 진로교육은 더 이상 기존의 과목별 지도가 아닌 모든 교사가 추구해야 할 공동의 목표라는 사실을 인식하고 서로 도우며 함께 하는 교육을 모색하고 있다. 이를 위해 초 · 중 간 혹은 중 · 고 간 합동 커리어교육을 실시하기도 하고 학생들에게 '커리어 패스포트'와 같은 포트폴리오를 초 · 중 · 고에 걸쳐 12년간 지속적으로 작성하게 하여 그것을 토대로 학생 개인별 맞춤 진로교육을 추구하고 있다. 즉, 한 해 동안 커리어교육의 목표를 달성하기 위해 교육활동 전반을 통해 통합적이고 체계적인 교육계획을 수립하고, 각 학년 간은 물론 각 학교급 간에도 이러한 커리어 개발이 지속적으로 연계될 수 있도록 교사와 학생 모두가 노력하고 있다. 특히 '커리어 패스포트'의 작성은 학생들에게는 자신의 삶을 더욱 진지하게 생각하고 진로개발에 대한 적극적 의지를 고양하는 유용성이 검증되었고, 또한 교사들에게는 학생의 특성을 보다 폭넓게 이해하게 하는 유용성이 인정되어 교육계의 많은 주목을 받고 있다. 그러나 '커리어 패스포트' 작성 형태의 독창성이나 자율성의 인정(예를 들어 기재양식과 기재내용, 활용방안 등)이 학교 간 혹은 지역 간의 다양성으로 나타날 것인지 아니면 격차로 드러날 것인지에 관해서는 후속연구가 필요하다고 판단된다.

마지막으로 필자가 생각하는 일본 커리어교육의 가장 큰 시사점은 학교 내부는 물론 학교 외부의 전 사회연결망을 활용하는 공생기반 커리어교육을 표방하고 있다는 점이다. "한 명의 아이를 키우기 위해 온 마을이 필요하다."는 말은 옛말이 되었고 이제는 "한 명의 아이를 키우기 위해서는 온 나라가 필요하다"는 관점에서 접근하고 있는 것이다. 특히, 커리어교육 외부인재활용법 등을 통해 일본의 커리어교육은 일본의 교육기관, 정부 기관, 교육 전문가, 산업체, 지역사회 등 다양한 이해관계자들이 참여함으로써 단순히 학교 교과과정 차원의 진로교육을 넘어 거국적인 사회교육시스템으로의 정착을 도모하고 있다는 사실에 주목할 필요가 있다. 또한 현행 교과과정의 전 영역을 커리어교육과 연계시킴으로써 거시적이고 전 생애적인 통합 진로교육을 지향하고 있다는 점도 우리나라 진로교육에 많은 시사점을 주고 있다. 이러한 공생기반 커리어교육이 가시적인 성공을 거두기 위해서는 커리어교육의 가이드라인과 평가지침의 적극적 활용과 PDCA 방식의 평가결과 환류가 얼마만큼 원활하게 이루어지느냐가 중요한 열쇠가 될 것이다.

〈참고문헌〉

김지영(2019). 일본의 초ㆍ중등 진로교육 연계 현황, 메일진 해외교육동향 352호.

国立教育政策研究所 生徒指導ㆍ進路指導研究センター(2018). キャリアㆍパスポート特 別編2「キャリアㆍパスポートで小ㆍ中ㆍ高をつなぐ~北海道「小中高一貫ふる さとキャリア教育推進事業」より~」PDF(2024.01.05. 인출)

中央教育審議會答申(2008). 今後の学校におけるキャリア教育ㆍ職業教育の在り方 について.

文部科學省(2011). 学校が社会と協働して一日も早くすべての児童生徒に充実した キャリア教育を行うために

文部科學省(2011).「キャリア教育とは何か」

文部科學省(2011).「高等学校キャリア教育の手引き」

　　https://www.mext.go.jp/a_menu/shotou/career/1312816.htm(2023.9.30. 인출)

文部科學省(2012). 中学校キャリア教育の手引き.

文部科學省(2012). 高等学校キャリア教育の手引き.

文部科學省(2016).「커리어ㆍ패스포트」양식 예 및 지도상의 유의점

　　https://www.mext.go.jp/component/a_menu/education/micro_detail/__icsFiles/ afieldfile/2019/08/21/1419890_002.pdf(2023.9.30. 인출)

文部科學省(2017). 高校生の頃にしてほしかったキャリア教育って何？~卒業後に振 り返って思うキャリア教育の意義~.

文部科學省(2018). キャリア教育における外部人材活用等に関する調査研究協力者 会議中間取りまとめ

文部科學省(2019). 커리어 패스포트의 양식과 지도상의 유의사항(안), 커리어 패 스- 6 -포트 도입을 위한 조사연구협력자회의 제3회 배부자료 2. http:// www.mext.go.jp/b_menu/shingi/chousa/shotou/143/shiryo/__icsFiles/afieldfi le/2019/02/20/1413594_002.pdf(2023.9.30. 인출)

文部科學省(2023). 中学校ㆍ高等学校キャリア教育の手引き.

https://www.mext.go.jp/component/a_menu/education/detail/__icsFiles/afieldfi
le/2011/06/16/1306818_04.pdf(2023.9.30. 인출)

北海道教育委員會 사이트(n.d.). 초중고 일관 고향 진로교육 추진사업.

http://www.furusato.hokkaido-c.ed.jp/?page_id=28(2023.9.30. 인출)

廣島縣教育委員會 홈페이지「キャリア教育実践の手引き」

https://www.pref.hiroshima.lg.jp/site/kyouiku/06senior-2nd-career-01-120mo
kuzi.html(2023.10.10. 인출)

제13장

공생교육 기반 지역주민 배움의 공간
세토우치시립도서관[*]

임형연(경일대학교)

1. 들어가며

공생교육의 기본 철학은 인간 존엄성에 바탕을 둔 타인에 대한 이해와 배려심 육성이라고 할 수 있다. 이는 학습자가 개인적인 성장과 사회적 상호작용을 동시에 추구하는 교육 철학이다. 이러한 교육철학은 학습자가 자기주도적으로 학습하면서 동시에 타인과 협력하며 문제를 해결하는 능력을 강조한다. 공생교육은 단순히 지식 전달이 아닌, 창의성, 문제 해결 능력, 팀워크, 소통 등의 중요한 미래 역량을 강조하여 학습과 교육의 질을 향상시키려는 목표를 가지고 있다. 이러한 방식으로 학습자들은 개인적인 목표 달성뿐만 아니라 타인과 협력하여 더 큰 성취를 이루는 경험을 할 수 있다.

---

* 이 글은 필자의 '임형연. (2022). 일본 공공도서관의 미래: 주민참여를 통한 주민친화형 러닝코먼즈화. 한국일본교육학연구, 27(3), 73-87.'를 참조하여 작성하였다.

일본의 공공도서관이란 무엇인가? 지역 주민들이 살아가고, 배우고, 지역 사회를 형성하는 공동체 형성공간이다. 즉 공생교육의 장이다. 이때 도서관 컨셉의 핵심은 주민친화형 러닝코먼즈이다. 도서관의 러닝코먼즈화(임형연, 2014)는 배움이 평생에 걸쳐 필요해진 현대에 주민들이 멀리 가거나 힘들게 배우는 것이 아니라 지역 내 공공도서관을 이용하여 평생학습의 기회를 가질 수 있도록 구상된 것이다. 이러한 기회를 통해 지역 사회는 배움과 활동이 순환적으로 작용하여 자아실현, 성장, 공동체 형성이 촉진된다. 이렇게 하여 지역 도서관은 배움의 장이 되고, 주민들에게 도서관을 이용하여 마을 어디서든지 배움의 환경이 제공된다. 학습공간에서 주민들은 자기실현과 성장뿐만 아니라 지역의 발전에도 기여하게 된다.

일본 도서관은 러닝코먼즈화에서 교육과 학습의 컨셉을 많이 도입하고 있다. 이것이 지역 공동체 형성을 강조하는 사회교육으로 나타나고 있다. 일본의 사회교육은 개인의 성장과 지역사회의 발전이라는 두 가지 역할을 강조하면서, 사회교육을 통하여 지역주민의 '사람만들기', '관계만들기', '지역만들기'를 지향하고 있다(泉山靖人, 2012). 첫째, 사람만들기는 자주적, 자발적 학습을 통하여 지적 욕구를 충족하고 자기실현, 성장을 도모하게 된다. 둘째, 관계만들기는 지역의 주민이 상호 학습하고 연결을 의식하고, 유대관계를 강화시키는 것이다. 셋째, 지역만들기는 자기가 거주하는 지역에 애착과 소속의식을 가지고 그 지역의 미래를 생각하고 주체적으로 참여하는 것을 의미한다. 이러한 사명을 달성하기 위해 공공도서관 등을 활용하여 평생학습을 받을 수 있도록 지원하고 있다.

일본 문부과학성이 발표한 '평생학습 시설에 관한 조사연구(文部科學省, 2011)'에서 일본 내 지역사회의 시설로서 인지하고 있는 인지도는 도서관이 65.1%로 가장 높았으며 그 다음으로 공민관이 39.8%, 박물관이 25.4%를 차지하고 있다. 실제 주민들의 이러한 지역 내 사회시설 이용률도 도서관이 가장 높았다. 실태조사에 의하면, 거의 매월 이용하고 있다고 답한 응답자의 비중이 도서관 20.6%, 공민관 8.7%, 박물관 1.5%로 도서관이 가장 높은 비중을 차지하고 있다. 이와 같이 일본의 도서관은 이용률이 높고, 많은 주민들이 학습공간으로서 그 존재와 서비스 내용을 인지하고 있다. 도서관은 이러한 학습기능을 통해 다양한 의견을 가진 사람들을 폭넓게 모으는 역할을 하고, 이러한 역할이 마을 재생에 기여하고 있다. 이것이 도서관의 지역주민 합의 형성의 기능(임형연, 2013)이다.

이렇게 공공도서관은 지역 내 학습공간으로서 그 마을의 문화와 정보를 전달, 공유, 발산하게 되고 더불어 나아가 마을만들기의 허브가 되고 있다. 일본의 공공도서관은 러닝코먼즈의 컨셉을 지향하면서 지방자치단체별로 지역주민의 필요와 요구, 의견을 수렴하는 형태로 도서관 설립이 활성화되고 있다.

2. 도서관의 학습공간화

일본 지자체의 마을만들기는 도서관 활용이 중심이 되고 있다(糸賀雅児, 2021). 일본 도서관의 학습공간화는 지역 주민이 모여서 자신의 지역을 보다 좋게 하기 위한 대화와 공론에서 시작된다. 이는 지역주민들 스스로의 힘으로 지역을 좋게 하기 위한 노력들이다. 이러한 일본의 마을만들기는 중세부터 시작되었으며, 당시 지역주민의 의식이 높아지고 새로운 산업이 생겨나면서 이전보다 생활이 풍요로워진 주민들에 의해 스스로 마을만들기가 시도되었다(大串夏身, 2021).

현대사회에서 평생학습이 중요해질수록 도서관 사회교육의 역할은 중요해진다. 도서관이 평생학습의 기능과 지역공동체를 위한 합의형성의 기능이 강조되는 러닝코먼스로 진화하는 것이다. 도서관은 〈그림 13-1〉과 같이 정보코먼스(Information Commons)를 넘어 러닝코먼스(Learning Commons)로 진화하고 있다(Heitsch, Holley 2011, 임형연 2014, 2021). 이를 통해 도서관은 주민들이 살아가는데 필요한 배움이 일어나는 곳, 지역공동체가 형성되고 지역문화가 창출되는 곳으로 발전하고 있다.

러닝코먼즈로서 현대 도서관의 역할을 위해서는 교육기능, 이용자의 합의형성 기능, 지역공동체 형성기능이 강조된다. 지역공동체를 위한 공공도서관은 첫째, 정보거점의 역할, 둘째, 개인의 능력과 살아가는 힘 서비스를 제공하는 역할, 셋째, 지역주민들이 참여하여 과제를 함께 해결하는 역할, 넷째, 주민들이 함께 지역공동체를 형성하는 지역만들기의 서비스가 일어나는 공간이다.

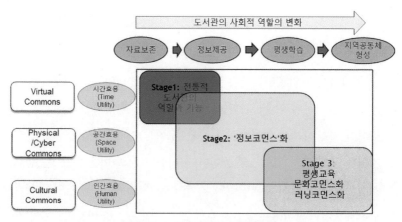

그림 13-1. 현대 도서관의 역할 변화

출처: 임형연, 2014

일본 공공도서관은 설립 주체는 시립과 공립이지만 현대에 와서 도서관의 구상과 설계에 주민들이 직접 참여하기 시작한 것이다. 지방자치단체는 이것을 마을 살리기에 활용하고 있다. 그래서 도서관이 마을만들기와 공동체형성의 중심기관으로 발전하고 있다. 그 결과 도서관은 지역주민의 문화적 공간, 평생학습의 공간이 되는 러닝코먼스의 역할로 진화하는 원천이 되고 있다. 마을만들기의 핵심 역량으로 도서관이 자리하고 있는 성공사례가 늘어나고 있다.

예를 들면, 세토우치시(瀬戸内市)에서는, '도서관 미래 미팅(としょかん未来ミーティング)'이라고 하는 시민 워크숍을 2011년부터 2016년 신도서관 개관 때까지 11회 실시하여, '신세토우치 시립도서관 정비 기본계획'과 '기본 설계'를 기획, 검토하는데 지역주민이 참여하고 있다. 이와 같은 움직임은 미야기현 나토리(名取) 시립 도서관의 정비사업, 시마네현 아마마치(海土町)의 커뮤니티 도서관 만들기 등에서도 나타나고 있다. 이러한 지자체들은 도서관 본래의 사명을 인식하고, 주민들의 요구와 일상의 문제를 해결하는 평생학습의 공간개념을 도서관 기획과 설립의 출발점에 두고 있다. 그리고 이것을 실현하는 과정에는 주민들의 주체적 참여와 협력과 배움이 작용하는 프로세스를 투입하고 있다.

3. 지역주민 공생교육 공간의 구현: 세토우치시립도서관 사례

1) 신도서관 건립의 배경

오카야마현(岡山県)에 위치하는 세토우치시(瀬戸内市)는, 2004년 우시마도쵸(牛窓町), 옥쿠쵸(邑久町), 오사후네쵸(長船町)의 세 마을을 합병하여 만든 도시이다. 합병 전 도서관 설립 상황은 각각의 마을에 도서관이 설치되어 있던 상황이었으나 합병 후 우시마도쵸 도서관을 세토우치 시립도서관으로 하였다. 도서관 관리 시스템은 업무용 PC만 설치된 상황이었으며, 각각 도서관 내의 업무 시스템으로 운영되고 있었다.

또한 당시 각 기존의 마을에 설치되어 있던 도서관은 태풍에 의한 바닷침수와 노후화 등으로 인해 3관 모두 타 시설로 이전하게 되었고, 세토우치시에는 독립된 도서관이 없어지게 되었다. 이로 인해 도서관이 지역 주민들이 쾌적하게 이용할 수 있는 장소가 아니었다. 마을에 있던 도서관은 모두타 시설로 이전하는 상태였고, 독립된 공간이 없었다. 2009년 조사한 오카야마현의 공공도서관 조사에 따르면 현의 60개의 도서관 중에서 우시마도쵸 도서관이 이용자 등록율, 장서 수, 인구당 대출 책 수, 연간 장서 구입비 등 모든 항목에서 최하위였다(瀬戸内市, 2011)

세토우치시가 지향하는 도서관의 컨셉은 사람만들기(人づくり)와 문화의 창조를 통한 새로운 마을만들기(まちづくり)이다. 다케히사 아키나리(武久顯也) 시장은 '세토우치 시립 도서관을 공설공영으로 운영하고 싶은 이유는 도서관을 마을만들기와 사람만들기의 거점으로 하기 위해서이다'라는 공약을 내세워 세토우치시 시장 선거에 당선되었다(嶋田学, 2021). 2011년부터 세토우치시 종합 계획을 세우고, 시민 학습활동의 거점을 정비하는 핵심 사업의 하나로 새로운 도서관건립을 구상하였다. 당시 세토우치시 도서관은 장서의 노후화, 신간 자료의 부족과 더불어 열람실의 부족과 협소, 인적 서비스의 부재 등으로 도서관이 쾌적하고 매력적이지 않았으며, 주민들이 자주 이용하지 않는 공간이었다. 이러한 문제를 해결하고 도서관이 정보, 소통의 중심이 되고, 시민이 함께 배우며 휴식과 평화로운 생활을 영위하는 공간이 되는 것을 목표로 제시하였다. 이를 위한 중요한 핵심 과제는 주민의 참여와 협동을 이끌어내는 것이었다.

이를 위해 세토우치 시립도서관 건립은 주민 합의를 기반으로 하는 공설공영 방식을 도입했다. 도서관을 어떠한 방법으로 건립해서 어떻게 운영할지에 대한 의사결정은 그 지역주민들이 무엇을 요구하는가에 따라 다르고, 관리의 방법도 달라져야 한다. 세토우치시에서 행해지는 도서관의 주민서비스는, 도서의 대출뿐만 아니라, '사람만들기', '마을만들기'의 공간을 지향하고 있다. 이를 위해 도서관은 지역주민을 위한 교육, 문화, 합의의 공간, 도서관 이용자와 주민 인재 육성의 학습 공간을 지향하였다. 이러한 지향점에서 도서관 서비스의 효율성을 강조하는 지정관리자제도를 도입해서는 도서관의 사명을 달성하기 어렵다는 판단과, 사람만들기와 사람을 소중하게 생각하는 가치처럼 눈에 보이지 않고 정량화도 할 수 없는 목적을 위해서는 공설공영방식이 타당하다고 판단하였다. 그 결과, 세토우치 시립 도서관은 지방자치의 행정부와 시민들의 참여에 의하여 6년간 도서관 정비 사업을 거쳐서 주민참여형 도서관으로 2016년 6월에 개관하였다.

2) 새로운 시립도서관 컨셉: 모미와 광장

세토우치 도서관은 도서관의 공간을 보다 편리하고, 즐겁고, 매력적인 광장으로 만들고자 했다. 신세토우치 시립 도서관은 '책이 있어 사람이 있고, 모이고, 대화하고, 휴식하는 광장'으로 기능하는 컨셉을 지향했다. 이러한 지향점과 함께 세토우치시는 도서관과 관련된 각 지표분석을 통해 현재의 도서관이 개선해야할 과제를 다음과 같이 정리하였다(瀬戸内市, 2011). 자료의 충실, 열람실 및 개가실의 확충과 보완, 전문 사서의 보완, 이용자가 편하게 출입할 수 있는 도서실의 위치 확보, 정보발신과 제공을 위한 시스템 및 시설

정비, 시민 교류와 휴식 공간 확보가 그것이다.

이러한 목표를 달성하기 위해 세토우치시는 주민들의 학습 공간, 문제해결 공간, 지식을 나누는 공간 인 도서관의 '모미와 광장(もみわ広場)'을 제안하고, 이를 위해 지역주민과 11회에 걸친 대화와 소통의 모임을 통해 주민참여형으로 신도서관 기본구상을 설계하였다. 모미와 광장은 가지고 오고, 발견하고, 나누는 광장(持ち寄り, 見つけ, 分け合う広場)이라는 일본말에서 앞 글자만 따서 모미와라고 하였으며, 주민들이 언제든지 도서관에 그들의 문제를 가지고 올수 있고, 또 주민들이 필요한 것을 도서관에서 발견하고, 주민들이 서로 소통하고 공유할 수 있는 장소, 즉 러닝코먼즈로서의 도서관이 바로 그 개념이다.

이러한 시립도서관의 지향점을 도서관정비에 반영하기 위해 세토우치시는 2011년 5월 '신세토우치 시립 도서관 정비 기본 구상'을 발표하였다. 새로운 도서관의 정비 계획에 형식적인 주민참여가 아니라 주민이 도서관 만들기의 주체가 될 수 있도록 구상하였다. 11회에 걸친 '도서관 미래 미팅(としょかん未来ミーティング)'이라는 주민 참여에 의한 워크숍을 통해 시립도서관이 지향해야 할 구상을 담아내고자 하였다.

3) 도서관 미래 미팅

새로운 도서관의 기본 컨셉을 '모미와 광장'으로 설정하고, 시민들의 요구를 정비 계획에 반영하여 구현하기 위해 주민의 참여형 워크숍 '도서관 미래 미팅(としょかん未来ミーティング)'을 개최하였다. 이 회의는 도서관이 개관하는 2016년까지 총 11회 개최되었다. 이 모임에서 시민들이 필요로 하는 요구와 희망사항에 대한 정보를 수집하고, 소통을 통해 의견 합의를 이끌어냈

다. 〈그림 13-2〉와 〈그림 13-3〉은 도서관미래미팅에서 지역주민들이 대화와 공론을 통하여 배움의 공간을 형성하는 모습을 보여주고 있다.

그림 13-2. 2011년11월27일 열린 도서관미래미팅의 모습

출처: https://lib.city.setouchi.lg.jp/setouchi_lib/log.html

그림 13-3. 2012년7월20일 열린 도서관미래미팅의 모습

출처: https://lib.city.setouchi.lg.jp/setouchi_lib/log.html

제안된 시민들의 희망사항은 '조용한 공간에서 천천히 독서를 즐기고 싶다', '카페에서 시민이 교류할 수 있는 공간을 갖고 싶다', '담소를 나누면서 그룹 학습을 할 수 있는 공간을 갖고 싶다', 'Wi-Fi 환경을 정비해 주었으면 좋겠다', '부모와 자녀가 부담 없이 이용할 수 있는 공간이 필요하다' 등이었다. 이러한 구체적인 요구 사항은 '신세토우치 시립 도서관 정비 기본계획'

에 반영되었다. '도서관 미래 미팅'이라고 명명된 이 워크숍이 진행된 과정을 정리해보면 다음 〈표 13-1〉과 같다.[1]

표 13-1. 세토우치 도서관의 배움의 공간구축: 대화와 공론

	워크숍 주요내용
1회	- 세토우치시의 도서관 전반에 걸쳐 현재를 이해하는 기회를 가졌다. - 도서관 서비스의 체크리스트(도서관 통신부)를 작성하였다.
2회	- 지역 주민들이 도서관에 희망하는 것들을 알아보는 기회를 가졌다. - 도서관 통신부(図書館の通信簿) 집계 결과를 공유하고 현재의 도서관에서 개선가능 한 것과 새로운 도서관에서 개선해야 할 것을 정리, 보고하였다.
3회	- 전문가 강연: 지역사회를 만드는 것과 도서관의 역할 - 지역사회에 대한 지식 습득, 청소년 이용자들과 의사소통 하였다. - 지역의 고등학생들이 마을의 새로운 도서관에 요망하는 설문조사도 포함
4회	- 기본계획의 각 공간의 기능과 서비스에 대하여 참가자가 구체적인 아이디어를 제안하였다.
5-7회	- 3주 연속으로 개최된 미팅에서 워크숍 성과를 바탕으로, 새로운 도서관 건립에 대한 요망이나 질문을 받고, 이러한 물음에 참가자 스스로 답해나가는 과정에서 참가자의 의견을 탐색하는 기회를 가졌다.
8-9회	- 도서관의 주이용자인 아동들이 도서관에 대해 어떻게 생각하는지, 무엇을 바라는지에 대해 이해하기 위해 미팅의 운영자체를 아동이 주도적으로 진행하도록 구성하였다. - 청소년을 대상으로 기획운영 위원 공모를 실시하였다. - 지역의 중학생이 좋아하는 장르의 책, 도서관에 기대하는 서비스나 시설, 설비에 대해 설문조사를 실시하는 아이디어를 제출하였다. - 설문조사에서 나타난 중고등학생들의 의견을 6가지 주제로 나누어 6개의 팀으로 나누어서 토론을 하고, 각각의 팀에서 의견을 발표하고, 마무리로 참가자들의 감상문을 작성하였다.
10회	- 도서관이 제공하는 정보와 실제로 주민들이 필요로 하는 정보에는 보이지 않는 차이가 있을 수 있다는 점이 공론화 되었다. - 지역 주민의 니즈를 파악하는 것이 도서관의 주요한 역할인 점에 대해 의견 교환이 모아졌고, 이를 해결할 수 있는 하나의 방법으로 도서관 볼런티어가 도서관과 이용자들 사이의 가교역할을 할 수 있다는 방안에 도달하였다. - '도서관 친구의 모임(図書館友の会)'의 설립 준비모임을 제안, 합의하였다.
11회	- 설계도면을 각 팀의 테이블 위에 놓고 의견을 교환하는 시간을 가졌다. - 각 팀에서 모아진 의견을 전체가 공유하기 위해 팀 발표를 진행했다.

출처: 임형연, 2022

---

1 https://lib.city.setouchi.lg.jp/setouchi_lib/index.html

세토우치시는 주민들이 필요로 하는 신개념의 도서관을 주민 협동으로 설계함으로써, 도서관 개관 후의 운영에서도 주민들의 참여가 활발하게 일어나고 있다.

2016년 6월, 주민협동에 의해 설계된 세토우치시의 시립도서관이 개관된 후의 모습과 운영효과를 정리해보면, 도서관 만들기의 워크숍에 참가한 주민들은 다양한 형태로 도서관 활동에 주체적으로 참가할 뿐만 아니라 운영에도 적극적인 지원자의 역할을 하고 있다.

4. 결론

지식의 단절이 격심한 현대사회에서는 배움이 평생에 걸쳐 필요해진 시대이다. 도서관의 러닝코먼즈화는 이러한 시기에 지역의 주민들이 멀리 가거나 힘들게 배우는 것이 아니라 지역 내 공공도서관을 이용하여 평생학습의 기회를 가질 수 있도록 구상된 것이다.

이러한 구상을 실천하기 위해 일본의 공공도서관은 지역주민들의 의견을 수렴하여 발전시키고 있다. 주민친화형 러닝코먼즈는 주민들이 문제를 가져오고, 이에 대한 솔루션을 발견하고 함께 배우는 곳이라는 콘셉트이다. 주민들이 언제든지 도서관에 올수 있고, 또 주민들이 필요 한 것을 도서관에서 발견하고, 주민들이 서로 소통하고 공유할 수 있는 장소, 즉 러닝코먼즈(임형연, 2014)로서 도서관이다.

세토우치 도서관의 건립과정에서 보여준 지역주민 배움의 공간은 다음과 같이 이루어지고 있다.

첫째, 협력을 통하여 비강압적인 수단에 의한 교육과 공론(public dialogue)이 이루어지는 공간이 되고 있다. 경청하고, 수용될 수 있는 실용적인 해결책을 찾으려는 노력에서 개인과 조직 모두를 지탱하는 지역사회의 연결성이 강화되고 있다. 증가하는 개인의 소외와 고립 그리고 적대적인 갈등을 해결하기 위한 시민공간이 필요한데 도서관에서 지역사회 커뮤니티 안에서 개인에 대한 존중을 배우고 있다. 주민친화형 도서관이 되기 위해서는 '문턱이 높다', '조용히 해야 하는 곳', '어려운 책들이 쌓여 있는 곳'이라고 하는 이미지를 벗어날 수 있어야 한다. 주민을 위한 도서관은 좀 더 친근하고 친숙하고 자유로운 장소가 되어야 한다. 이를 위해 세토우치 도서관은 공간을 보다 편리하고, 즐겁고, 매력적인 광장이 되도록 했다.

둘째, 세토우치 공공도서관은 배움의 공간화를 통해 '마을만들기, 사람만들기'의 거점이 되고 있다. 지역주민들이 참여하는 도서관의 컨셉을 설정하고, 주민들이 의견을 내도록 하고, 의견 수렴을 통해 합의를 형성하는 런닝코먼스를 실천하고 있다. 이렇게 공공도서관은 점차 정보제공의 공간을 넘어 지역주민들이 배우고, 살아가는 러닝코먼스이자 지역공동체 형성의 공간으로 진화하고 있다.

셋째, 아동, 청소년, 성인 등 지역의 모든 이용자들이 자발적으로 도서관 활동에 참여할 수 있는 기회가 늘어나고 있다. 세토우치도서관의 경우 지역 주민의 니즈를 파악하고 도서관이 이러한 역할을 할 수 있도록 지역주민의 도서관 볼런티어 모임인 '모미와 프렌즈, 도서관 친구의 모임(図書館友の会)'이 설립되어 이용자의 주체적 참여가 이루어진다.

도서관은 지역 주민들에게 문제해결 능력과 협력 소통의 능력을 키우는 중요한 공간이다. 다양한 주제와 분야의 자료를 제공하여 지역 주민들이 다양한 정보를 쉽게 접하고 학습할 수 있도록 돕고, 이를 통해 문제에 대한 깊은 이해와 해결책 모색을 할 수 있게 된다. 또한, 학습 환경을 제공함으로써 지역 주민들 간의 상호작용과 협력을 촉진한다. 독서 모임, 강연, 워크숍, 그룹 스터디 등 다양한 활동을 주최하여 지역 주민들이 함께 참여하고 지식을 공유할 수 있는 기회를 제공한다. 이는 협력과 소통의 능력을 증진시키며 지역 사회의 결속력을 강화한다. 요컨대, 도서관은 지역 주민들에게 학습, 협력, 소통의 기회를 제공하여 그들의 문제해결 능력과 사회적 능력을 강화하고, 더 나아가 지역사회의 발전과 발전에 기여하는 공생교육의 장소로 역할하고 있다.

〈참고문헌〉

임형연(2013). 공공도서관 아동 교육적 역할과 아동 교육 프로그램의 구성주의 교수학습 모델의 설계. 한국문헌정보학회지, 47(1), 175-195.

임형연(2014). 도서관 정보코먼스에서 러닝코먼스로의 진화: -일본 공공도서관의 러닝코먼스화 사례를 중심으로. 한국도서관정보학회지, 45(3), 441-462.

임형연(2021). 일본 공공도서관의 지역공동체 형성 비전과 진화. 외국학연구, 58, 571-600.

임형연. (2022). 일본 공공도서관의 미래: 주민참여를 통한 주민친화형 러닝코먼즈화. 한국일본교육학연구, 27(3), 73-87.

大串夏身(2021). まちづくりと図書館: 人々が集い、活動し創造する図書館へ. 青弓社.

嶋田学(2021). 市民協働による図書館整備の研究: 岡山県瀬戸内市の政策形成過程を中心に. 奈良大学紀要= Memoirs of Nara University, 49, 45-60.

瀬戸内市(2011). 新瀬戸内市立図書館整備基本構想.

糸賀雅児(2021). まちづくりと図書館の接点. 国際文化研修, 28(3), 6-11.

泉山靖人(2012). 図書館の情報拠点化とまちづくり-川崎市における取り組みを事例

として. 琉球大学生涯学習教育研究センター研究紀要, 6, 39-50.

文部科学省(2011). 社会教育施設の利用者アンケート等による効果的社会教育施設
　　形成に関する調査研究報告書.

제14장

'본명'을 둘러싼 딜레마와
다문화 공생교육

오혜경(国際基督教大学, ICU)

1. 일본의 다문화 공생교육과 민족학급

　재일동포는 해방 전에 일본에 건너가 지금까지 살고 있는 한인들의 후손을 가리키는 용어로 일본어로는 '재일(在日)'을 의미하는 '자이니치'라고 부르기도 한다. 이들 재일동포들은 일본에 거주하는 다민족의 대표주자로서 오랜 동안 일본 사회에서 외국인 아닌 외국인으로 살아 왔으며, 일본의 다양한 외국인정책 및 다문화정책은 이들을 염두에 두고 이뤄져왔다고 해도 과언이 아니다. 지금이야 소위 '뉴커머' 외국인들이 늘어나면서 일본 사회를 구성하는 외국인들의 국적이나 문화적 배경도 다양해졌지만 1970년대만 하더라도 일본공립학교에서 수학하는 외국인 아동의 절대적 다수를 차지하는 것은 조선인들, 즉 재일동포였기 때문이다. 따라서 재일동포 아동들의 민족적 정체성 함양을 위한 교육이 어떻게 이뤄지고 있는가를 살펴보는 것은 일본의 다문화, 다민족 공생교육의 현주소를 보는 것과 다름이 없다.

재일동포는 동서진영으로 나뉘어 다투던 냉전시대가 막을 내린 지금에도 여전히 냉전과 분단의 아픔이 고스란히 반영되어 있는 매우 특수하고 이질적인 민족 집단(ethnic community)이다. 오랜 시간이 흘러 1세가 모두 세상을 떠나고 5세까지 등장하면서 일본으로 귀화하는 동포들의 숫자가 가파르게 증가하고 있기는 하지만, 조국(homeland)과 언어적, 문화적으로 오랜 기간 단절된 상황에서도 민족적 정체성을 지키려 '투쟁'하고 정착국인 일본 국적 취득을 거부하며 '특별영주권자'로서 살아가기를 선택한 동포들이 여전히 존재하고 있기 때문이다(오혜경, 2018). '외국인들'의 절대적 다수를 차지하는 재일동포들이 일본 사회의 차별과 배제, 동화 정책에 맞서, 자녀들이 민족적 정체성을 잃지 않고 재일동포로서 살아갈 수 있도록 하기 위해 걸어온 길은 그 자체로 일본 사회의 인권교육 및 다문화 공생교육의 역사이기도 하다. 현재 동포 자녀들은 총련에서 운영하는 조선학교, 민단에서 운영하는 한국학교, 미국이나 영국 등의 교육기관에 의해 운영되는 인터내셔널 스쿨에서 수학하는 경우도 있지만 80% 이상은 일본의 공립학교에 다니고 있다. 특히 재일동포들이 다수 거주하는 오사카, 교토 지역의 일부 공립학교에는 이들 동포 자녀들이 자신의 민족적 정체성을 자각하고 이를 긍정적으로 받아들일 수 있도록 돕기 위해 '민족학급' 또는 '민족클럽'이 설치되어 실시되고 있다. '모국어학급'과 같이 지역에 따라서 다른 이름으로 불리기도 하며 최근에는 '국제학급'으로 이름을 변경한 곳도 있지만 오랜 동안 '민족학급'이라는 명칭으로 실시되어 왔기 때문에 본고에서는 일본의 공립학교에서 재일동포 자녀들이 자신의 뿌리에 대해서 알 수 있도록 돕기 위해 개설된 특설학급을 '민족학급'으로 칭하기로 한다.

민족학급은 재일동포 아동들을 위한 인권교육 또는 다문화 공생교육 차원에서 오랜 동안 실시되어 왔지만 여전히 일부 정치인들이나 시민단체들,

그리고 일본 학부모들의 날선 눈초리를 받고 있다. 이들은 공립학교에서 동포 자녀들에 대해 실시하는 민족학급이 '특혜'라고 주장하며 트위터나 블로그 등을 통해 민족학급에 대한 부정적 견해를 퍼뜨리기도 한다. 특히 최근에는 민족학급에서 자신을 칭하거나 서로를 부르기 위해 사용되는 '한국식 이름' 또는 '민족명'을 둘러싸고 새로운 갈등이 불거지고 있다. 본고에서는 일본의 공교육 기관에서 다문화 공생교육을 넘어서 생존권 또는 인권교육으로서 오랜 기간 자리매김 해 온 민족학급의 역사와 현황에 대해서 소개하고, 민족학급에서 사용되는 '민족명'을 둘러싸고 최근 점화되고 있는 다양한 언설들에 대해서 살펴본다. 더불어 '민족명' 사용에 대한 일부 정치인들과 학부모들의 부정적 견해가 일본의 다문화 공생교육에서 시사하는 바에 대해서도 고찰하고자 한다.

2. 민족학급이 걸어온 길[1]

1945년 해방을 맞이하면서 약 200만에서 250만명으로 추산되는 당시 재일동포들은 해방된 조국으로의 귀환을 염두에 뒤고 '귀국사업'의 일환으로 일본 각지에 조선(인)학교 등의 민족학교를 설립하는 등 재일동포 아이들을 대상으로 민족교육을 실시하게 된다. 하지만 1948년과 1949년의 조선(인)학교 폐쇄령으로 다수의 재일동포 아이들이 일본의 공립학교에 다니게 되면서, 동포들이 일본 정부에 대해서 민족교육 실시를 거세게 요구하고 나서자, 일본측은 동포들과 각서(覚書)를 교환함으로써 일본 공립학교에서 '조선어'

---

1   2장과 3장의 내용은 오혜경(2018)의 일부를 인용 및 가필했다.

와 한반도 역사를 가르칠 수 있도록 허가한다. 이에 따라 1952년에는 오사카를 비롯한 13개 지역에 '조선인학급'이라 불리는 민족학급이 설치되었는데 이것을 이후에 생긴 민족학급과 구별하여 보통 '각서형(覺書型)' 민족학급이라고 부른다.

오사카부에서는 1950년부터 초등학교 22교와 중학교 11개교 등 총 33개교에 민족학급이 설치되었고, 오사카부 교육위원회에 의해 정식 채용된 36명의 재일교포 강사들이 민족학급을 담당하게 된다. 하지만 당시 학교측과 행정 측은 민족학급에 대해 방치 상태로 일관했고 학교 내부에서도 조선인학급 담당교사를 투명인간 취급하는 등, 동포 자녀들과 민족학급 담당 교사에 대한 차별이 매우 심했다(イルムの숲 2011). 이러한 상황에서 1955년에 총련계 조선학교가 일본 각지에 설립되자 그간 공립학교에 다니며 조선인이라는 이유로 차별에 시달리던 아이들 다수가 조선학교로 옮겨 가게 된다. 또한 1950년대 후반부터 시작된 북송사업으로 다수의 재일동포들이 북송선을 타게 되면서 동포의 숫자가 감소한다. 이처럼 내적, 외적 다양한 요인들로 일본 공립학교에 다니는 재일동포 자녀들의 수가 줄고 민족학급에 참여하는 학생들도 감소하면서 민족학급은 존폐의 위기에 처하게 된다. 급기야 1970년대에는 민족학급을 실시하는 학교가 10개교로 축소되었고, 당시 활동하던 11명의 민족강사들의 후임을 어떻게 할 것인가에 대한 문제가 제기되면서 학부모들과 관계자들을 중심으로 민족학급 존속을 요구하는 운동이 전개되었다. 그 결과로 후임강사들의 파견이 결정되면서 현재에 이르고 있다.

한편 1972년에 발표된 7.4 남북공동성명으로 통일의 열기가 고조되고, 이와 때를 같이 하여 재일동포들이 다수 거주하는 오사카의 나가하시 초등학교에서 재일동포 학생들이 민족학급 설치를 요구하게 된다. 이러한 상황에서 당시 차별문제에 대한 교육적 실천을 고민하던 일교조(全敎組) 소속 일본인교사들과 부락(部落)해방 운동가들, 그리고 동포 학부모들의 적극적인 노력으로 자율적 민족학급이 설치되기에 이른다. 이것을 이전의 '각서형' 민족학급과 구별하여 '72년형' 또는 '자율형' 민족학급이라고 부른다. 설치 이후부터 1992년까지 거의 20년 가까이를 자원봉사 형태로 동포들이 돌아가면서 민족학급을 담당했는데, 1984년에 몇몇 재일동포 민족교육운동 단체들이 연합하여 '민족교육 촉진협의회'를 결성하고, 민족학급의 제도적 보장 및 민족강사의 신분 보장을 위해 행정측과 지속적으로 교섭을 하면서 1992년에는 민족강사들에게 촉탁직원에 준하는 신분보장을 하기에 이른다.

3. 민족학급의 현황

동포들의 최대 밀집 지역인 오사카의 경우, 2023년 현재 150여개의 초, 중학교에서 2500여명의 학생들이 민족학급에 참가하고 있다. 오사카와 교토 이외의 지역에서는 민족학급을 거의 찾아보기 어려운데, 심지어 일본의 최대 도시인 도쿄에서도 민족학급은 실시되지 않고 있다. 몇 해 전에 도쿄에서 재일동포 학부모회를 결성하여 오사카 지역에 실시되고 있는 것과 비슷한 민족학급을 설치하기 위해 노력했으나, 학부모들이 잘 뭉치지 않아서 결국 흐지부지 끝을 맺게 되었다고 한다.

민족학급은 정규수업이 끝난 이후에 실시되는 특설학급 혹은 방과후 수업의 형태로 운영되고 있다. 현재는 '민족학급' 또는 '국제클럽'이라는 명칭이 일반적으로 사용되고 있으나 수업 자체가 거의 재일동포들(만)을 대상으로 하고 있었기 때문에 초기에는 '조선학급' 또는 '조선인학급'이라고 불렸다. 당시 설치된 대부분의 특설형 민족학급, 즉 각서형 민족학급은 오사카,

교토, 시가, 아이치, 후쿠오카, 효고 등 당시 재일동포들이 다수 거주하던 일본의 주요도시 77개 지역의 초중학교에 설치되었다. 대부분 방과후 수업의 형태로 학교별, 지자체별로 자율적으로 운영되었는데, 오사카부의 경우 방과후 수업과 정규수업시간에 차출되어 따로 수업을 실시하는 방식이 혼재했으며, 시가현에서는 주 10시간에서 전일제까지 다양한 방식이 존재했다(月間 イオ 2017년 2월).

민족학급 교사를 민족강사라고 부르는데, 1948년에 체결된 '각서'에 의거하여 고용된 민족강사들을 제외하고 지금은 대부분 비상근 시간강사들이 담당하고 있다. 현재, 상근 민족강사는 오사카 9명, 교토 2명, 기타큐슈 3명이다. 기타큐슈의 경우, 학교에서 파악되는 동포 아동들의 숫자가 적어서 민족강사들은 일본 아동들을 대상으로 한국어나 한국문화를 가르치는 등, 주로 국제이해교육을 담당하고 있다. 오사카 지역의 경우, 민족강사들의 급여는 오사카부와 오사카시 교육위원회에서 출자되고 있는데, 이 지역의 우경화로 인권관련 사업 및 예산은 계속 후퇴하고 있는 실정이다. 민족교육 현장에서 민족강사는 단지 민족에 대해서 가르치는 교사일 뿐만 아니라 아이들에게 있어 '보이는 민족'으로서 상징적인 역할을 담당한다. 이 지역을 중심으로 민족학급을 실시하는 학교가 늘어난 것은 사실이지만 예산 절감으로 비상근직 강사가 늘어나면서 학교내에서 '가시화된 민족'이 점차 줄어들고 있는 것도 사실이다. 한국 정부에서 동포들의 민족교육에 대한 관심을 갖기 시작하면서 2011년부터는 자금을 지원하고 있는데, 강사들의 모국 연수 및 교재 구입 등에 주로 사용되고 있다.

민족학급의 설치 및 운영권은 각 지자체의 교육위원회에 있으며, 학부모나 학생, 또는 교직원이 설치를 희망할 경우, 학교장 등이 해당 지자체 교육위원회에 보고하면 개설되는 방식으로 운영되고 있다. 자발적 실천과 노력

없이 존립을 보장하기 어려운 현실에서, 이 지역의 민족교육에 지대한 역할을 담당하고 것이 바로 '재일동포 학부모 모임'이나 '민족교육을 권장하는 모임'과 같은 시민단체들이다. 이들은 매년 오사카부의 교육위원회나 기타 기관들을 상대로 요망서를 제출하고 직접 면담을 통해 민족교육이 제대로 이뤄지고 있는지 점검하고 민족학교나 민족학급이 존속할 수 있도록 행정측에 요구하는 활동을 적극적으로 펼치고 있다. 이밖에 학교에는 외국 국적 또는 문화를 계승하는 아동들을 관리하는 외국인담당교사가 있는데, 교내의 민족학급을 지원하는 행정업무를 담당하면서 민족강사와 학교를 연결하는 창구로서 중요한 역할을 하고 있다.

민족학급의 규모는 보통 재일동포 아동들의 수와 비례하는데, 일본사회의 저출산화로 학령 아동들이 감소하면서 민족학급에 다니는 아동들의 숫자 역시 감소세를 보이고 있다. 재일동포 아동이 많은 학교에서는 학년별로 민족학급을 개설하는 경우도 있지만, 보통은 1, 2, 3학년을 대상으로 하는 저학년반과 4, 5, 6학년을 대상으로 하는 고학년반으로 나눠서 개설하기도 한다. 단일 민족학급을 개설할 만큼 동포 아동들이 많지 않을 경우에는 다른 나라 출신 아동들과 함께 묶어서 국제학급을 개설하는 경우도 있다. 최근에는 중국이나 베트남 출신의 뉴커머들이 늘면서 이들 아동들을 위한 민족학급이 별도로 운영되는 학교도 있다.

민족학급은 학교장들의 재량 하에서 자율적으로 운영되고 있는데 주 1회 방과후 수업으로 진행되기 때문에 수업이 끝난 후 담임 교사가 민족학급에 대한 공지를 제대로 해 주지 않으면 아이들이 친구들과 함께 집으로 가버릴 수도 있다. 따라서 성공적인 민족학급 운영을 위해서는 해당 아동들의 담임 교사와의 연계 및 협력이 절대적으로 중요하다. 재일동포 아이들이 학교의 다수를 차지하고 있는 오사카 시내의 C초등학교의 경우, 민족학급이 진행되는 시간에 일본인 학생들을 대상으로 '후루사토학급(故鄕学級)'을 실시함으로써 보다 많은 동포 자녀들이 민족학급에 참여할 수 있는 환경을 조성하기 위해 애쓰고 있다. 이들 학교의 경우, 정규수업 외에 특설학급까지 맡아야 하는 일본인 교사들에게는 적지 않은 부담이 되기도 한다. 이 밖에 학교장이나 교사들이 협조적이지 않은 학교들의 경우, 민족강사들이 느끼는 피로감과 부담은 매우 크다. 상근직 강사의 경우에는 교직원 회의에 참석하기 때문에 일본인 교사들과 의견 교환을 하기도 하고 협조를 구하기도 한다. 하지만 비상근 시간강사로 일하는 대부분의 민족강사의 경우, 따로 시간을 마련하지 않는 한 일본인 교사들과 이야기를 나눌 기회조차 마땅치 않은 게 현실이다. 또한 민족학급의 설치 및 운영, 또는 운영방식을 비판하거나 반대하는 몇몇 일본 학부모들도 있어서 학교 및 일본인 교사들 역시 조심스럽게 임하는 분위기이다.

4. 민족학급과 '본명' 실천

재일동포의 상황은 급변하는 사회 정세와 더불어 변화를 겪어 왔다. 시간이 지나면서 재일동포 내에서도 세대교체가 이뤄졌고 일본인과의 국제결혼 및 귀화로 일본 국적을 취득하는 사람들이 늘어났다. 필자가 2021년에 방문한 오사카 시내 초등학교의 경우, 상근 민족강사의 지도하에 비교적 규모가 큰 민족학급이 운영되고 있었는데 부모의 한쪽 또는 양쪽이 한반도에 뿌리를 둔 아동의 90% 이상이 일본 국적을 지니고 있었다. 규모가 작은 다른 초등학교의 경우, 민족학급에 다니는 아동 전원이 일본 국적이었다. 이들 동포 자녀들은 초등학교에 입학한 후에 교사나 민족강사의 권유로 민족학급에 들어오는 경우가 많다. 이들은 민족학급을 통해 자신이 다른 일본 친구들과는 다른 '무언가'를 지니고 있다는 것을 알아가기 시작한다. 민족의상이라 불리는 전통의상을 입고, 오고무나 부채놀이와 같은 전통예능을 배우며, '우리말'이라 불리는 새로운 언어를 습득하고 처음에는 거부감마저 들던 '본명' 또는 '민족명'에 익숙해지는 과정들을 통해 일본 문화에 철저히 동화된 아이들의 의식 속에 민족적 정체성의 일부가 흘러들어가는 것이다(오혜경, 2018).

민족학급의 여러 활동 중에서 아이들의 민족적 정체성 인식에 가장 큰 영향을 주는 실천은 바로 '본명(本名)' 또는 '민족명'의 사용이다. 민족학급이 실시된 초창기부터 지금까지 민족학급에서 가장 중점을 두고 있는 교육 과제 중의 하나이기도 하다(金溶海 1974). 민단계 한국학교나 총련계 조선학교와 달리 일본인 아동들이 절대적 다수를 차지하고 있는 공립학교에서, 일본식 이름인 '통명(通名)'이 아닌 원래 자신의 이름, 즉 한국(식) 이름인 '본명'을 사용한다는 것은 사실 쉬운 일이 아니었다. 재일한국·조선인에 대한 뿌리 깊은 차별과 멸시가 공적, 사적 영역을 불문하고 만연해 있는 사회적 분위기 속에서 '본명'을 사용한다는 것은 재일동포로서의 자신의 민족적 정체성을 드러내고 그러한 차별과 싸우거나 견디는 것을 의미했기 때문이다. 많은 동포들은 자신의 진짜 이름인 '본명' 대신 '통명'을 사용함으로써 주변인의 차가운 시선으로부터 자신을 보호하려 했고 그 자녀들 역시 친구들에게 따돌림을 당할까 두려워서 학교에서는 일본식 '통명'을 사용하는 경우가 많았다. 따라서 '본명'을 사용한다는 것은 더 이상 자신의 정체성을 감추며 숨어 살지 않고 재일동포로서 살아가겠다는 굳은 의지의 표명이었으며, 민족학급 교사들은 아이들이 '본명'을 사용함으로써 재일동포라는 사실을 감추지 말고 당당하게 살아가라고 격려와 지지를 아끼지 않았던 것이다.

하지만 몇 세대가 지나면서 다양한 이유로 일본 국적으로 귀화한 사람들

이 늘어났고 이름도 일본식으로 바꾸는 사람들이 많아지면서 한국(식) 이름
인 '본명' 역시 찾아보기 힘들게 되었다. '본명'이 사라지면서 가시적인 재일
동포성 역시 희미해졌고 일본으로 귀화한 동포 자녀들은 자신의 민족적 뿌
리를 망각하거나 모른 채 살아가기에 이른 것이다. '이름'이란 누군가를 가
리키거나 부르는 기호체계 이상의 의미를 지닌다. 자신의 존재를 인식하고
규정하는 도구이자 정체성 그 자체이기 때문이다. 이런 이유로 일제강점기
하에서는 '창씨개명'을 통해 조선인들을 이른바 '황국신민'으로 개조하려는
프로젝트가 진행되기도 했다. 재일동포들에게 있어 '이름'이란 단순한 상징
체계를 넘어서서 그 사람의 민족적 뿌리를 드러내는 통로이자 수단이었다.
동포 아동들은 민족학급에 들어오면 교사들의 격려로 다시금 '본명'으로 자
신을 소개하거나 서로를 부르면서 자신의 정체성을 드러낼 수 있는 용기를
얻게 되었다. 그런데 전술한 것처럼 현재 민족학급에 다니는 대부분의 아이
들이 일본으로 귀화한 동포 자녀들이다 보니 호적상으로 한국(식) 이름인 '본
명'을 유지하고 있는 경우는 사실상 드물다. 따라서 현재 민족학급에서 의미
하는 '본명'이란 일본(식) 이름이 아닌 한국식 이름, 즉 '민족명(民族名)'을 의
미한다. '민족명'이란 본래의 민족적 특징을 반영한 이름이라는 의미이다. 일
본식으로 지어지고 일본어로 불려왔던 이름을 한글로 바꿔서 한국식으로 부
르기 때문이다. '민족명'은 보통 민족강사를 통해서 주어지게 되는데 한자를
한국식으로 발음하는 경우가 대부분이다.

일본에서 태어나고 자라 외모나 생활, 언어 사용면에서 일본인들과 별 구
별이 없이 살아온 동포 자녀들은 한국(식) 이름인 '본명' 또는 '민족명' 사용
을 통해 자신의 민족적 뿌리에 대해 어렴풋이 자각하게 된다. 朴一(2014)은
이미 일본 문화에 완전히 동화되어 있는 동포들의 삶을 지적하며, 이들이 재
일동포로서의 민족성을 자각하는 것은 이미 동화되어 있는 일본문화에서 새

로운 민족을 향해 '이화(異化)'해 가는 과정이라고 말한다. 새로운 민족성을 형성하기 위한 이화의 첫걸음은 '자각'으로부터 시작된다. 외모상 주변 사람들과 자연스럽게 구별이 되는 서구 동포들과 달리, 일본인으로 귀화해서 일본인처럼 살고 있는 재일동포들, 특히 아직 일본사회에 깊게 접할 기회가 없었던 어린 동포 자녀들에게 있어 자신이 주변사람들과 다른 민족성을 갖고 있다고 하는 '자각'은 저절로 일어나기 힘든 속성을 지니고 있다(오혜경, 2018). 그런 의미에서 '본명' 또는 '민족명'의 사용은 동포 자녀들에게 있어 자신의 민족적 정체성을 새롭게 깨닫고 인식하는 최적의 도구이자 수단이라고 할 수 있다. 이처럼 '본명' 실천은 재일동포임을 감추지 않고 드러낼 뿐만 아니라 그 정체성을 긍정적으로 받아들이고 일본 사회에서 재일동포로서 살아가겠다는 것을 다짐하는 굳은 결의였으며, 초창기부터 지금까지 민족학급에서 실시하는 민족교육의 가장 중점적인 내용이자 본질이라고 할 수 있다.

5. '본명'을 둘러싼 새로운 갈등

그런데 최근 민족학급에서의 '본명' 또는 '민족명' 사용을 둘러싸고 부정적 인식론이 대두되고 있다. 일부 정치인들과 언론들이 민족학급에서 '민족명'으로 자신을 소개하거나 부르지 못하도록 해당 시교육위원회에 압력을 가하면서 이러한 부정적 견해는 더욱 힘을 얻고 있는 추세이다. 오사카 유신회 소속의 시의원인 니시노 고이치(西野弘一) 씨가 자신의 트위터에 민족학급에서의 '민족명' 사용과 관련하여 의문을 제기하는 글을 올렸으며 산케이신문은 이 트위터 기사를 인용하면서 그의 발언에 힘을 싣는 기사를 실었다.[2] 니시노 씨는 또한 시의회에 출석하여 교육위원회를 상대로 압력을 행사하기도 했다. 산케이 신문에 따르면, 오사카부 히가시오사카 시립 후세초등학교의 민족학급에 재학 중인 아동들이 모두 일본 국적이고 일본 이름으로 생활하고 있음에도 불구하고 학교 측이 학부모의 동의를 얻지 않고 임의로 '한국식 별칭'을 붙여 부르는 경우가 있었다는 것이다. 즉, 아동의 일본 이름이 '하나코(花子)'라면 한국식 이름인 '화자'라고 부르는 것처럼, '본명'이 일본 이름이라도 한반도에 뿌리를 두고 있다면 한국식 별칭으로 서로를 부르기도 했는데, 이에 대해 일부 학부모들이 항의하자 학교측에서는 '뿌리에 대한 자부심을 가져달라'고 말하면서 따로 대응을 하지 않았다는 것이다. 이에 해당 학부모들이 다시 한 번 항의하자 학교 측은 '앞으로는 임의로 붙인 이름으로 부르지 않겠다'고 답했으며, 모든 학부모들 앞으로 '본명을 소중하게 여기는 교육활동을 철저히 하겠다'는 공문을 배포했다고 한다. 또한 이 기사에서는 오사카시 교육위원회가 이를 계기로 민족학급에 참가하는 아동 가정 중, 한국식 이름으로 부르는 것에 전적으로 동의한 가정을 제외한 다른 가정들에게 의견 청취를 실시한 결과, '자녀가 괜찮다면'이라는 응답이 50%로 가장 많았으며, '일본 이름인 '본명'이 아닌 다른 이름으로 불러주지 않았으면 좋겠다', '한국식 이름으로 꼭 불러주었으면 좋겠다'는 응답은 각각 10% 정도였다고 전했다.

전술한 것처럼 동포 자녀들이 일본 학교에서 한국 이름인 '본명'을 사용

---

2   산케이신문(2021년 7월 19일자) "히가시오사카 시립초등학교의 민족학급, 학부모들의 명확한 동의 없이 멋대로 조선식 이름 사용해(児童に勝手な朝鮮名 東大阪市立小の民族学級、保護者の明確な同意得ず)". 산케이 신문(9월 18일자).
  https://www.sankei.com/article/20210719-IS4XY25RS5ILNAHT7NVSX7BTJQ/

하기란 쉬운 일이 아니었으며 따라서 이들이 '본명'을 사용할 수 있는 환경 조성을 위한 지침이 오랜 동안 인권교육과 관련하여 제공되어 왔다. 재일외국인의 절대 다수를 차지하는 동포들이 가장 많이 거주하는 오사카에는 '재일한국 · 조선인 문제에 대한 지도지침'이 별도로 마련되어 있는데, 2014년 개정판에도 '재일한국 · 조선인 아동 또는 학생이 '본명'을 사용하는 것은 본인의 정체성 확립에 관계되는 일이다. 학교에서는 모든 인간이 서로 다름을 인정하고 함께 살아가는 사회를 건설하는 것을 목표로 재일코리안 아동 · 학생의 실태 파악에 힘쓰고, 이들 아동 · 학생이 스스로의 자긍심과 의식을 높여 '본명'을 사용할 수 있도록 지도하는 데 힘쓴다."라고 명시되어 있다.[3] '본명'을 사용하는 것이 본인의 정체성 확립과 직결된다고 본 것이다. 2023년 3월에 개정된 오사카부의 '재일외국인 시책에 관한 지침'에도 '재일외국인 아동 및 학생들이 스스로 자부심을 갖고 본명을 사용할 수 있는 환경 조성에 힘쓰고...'라는 문구가 들어 있다.[4] 또한 2018년에 개정된 '인권교육 추진 플랜'의 기본방향에도 '본명' 사용과 관련하여 다음과 같이 명시되어 있다.[5]

> "재일외국인 자녀의 교육에 대해서는 다른 문화와 관습, 가치관을 지닌 사람들이 각각의 정체성을 지키면서 함께 살 수 있는 사회 실현을 목표로...(중략)...재일외국인 자녀가 본명을 사용하는 것은 본인의 정체성 확

---

3 재일코리안 문제에 대한 지도 지침(在日韓国 · 朝鮮人問題に関する指導の指針)(2014). https://www.pref.osaka.lg.jp/kotogakko/seishi/zainichi-sisin.html

4 오사카부 재일외국인 시책에 관한 지침(大阪府在日外国人施策に関する指針) (2023). https://www.pref.osaka.lg.jp/attach/40150/00447436/guideline.pdf

5 "인권교육 추진 플랜(人権教育推進プラン)"(2018: 5) https://www.pref.osaka.lg.jp/attach/4730/00000000/03%20honbun.pdf.

립과 관련된 사항이기 때문에 재일외국인 아동이 본명을 사용할 수 있도록 환경을 조성하는 한편, 학교 전체가 재일외국인 아동을 받아들이고 모든 아이들이 그 사실을 이해할 수 있도록 교육을 진행한다."

'재일외국인 아동이 '본명'을 사용할 수 있도록'이라는 문구는 재일한국·조선인들이 일본 사회에서 본명을 감추고 살 수 밖에 없었던 뿌리 깊은 차별과 깊게 관련되어 있다. 따라서 '본명' 사용에 관한 조항은 재일동포 아동들의 인권 옹호를 위한 차원에서 들어 있는 문구라고 할 수 있다. 그런데 일본 국적으로 귀화하면서 '본명' 대신 일본식 이름을 사용하는 동포들이 늘었고 자녀들에게는 일본 이름만 지어주게 되면서 한국 이름을 의미하던 '본명'은 그 자취를 감추게 되었다. 이제는 일본 이름이 호적상의 '본명'이 된 것이다. 그리고 한반도에서 온 자손이라는 의미에서 지어준 한국식 이름, 즉 '민족명'은 '본명'이 아니기 때문에 사용해서는 안 된다는 주장이 나왔다. 학교측에서는 학부모들이나 아동들과의 상의 하에 '민족명'을 사용하고 있다고 주장했지만 이들은 '학부모의 동의를 얻든 얻지 않든' 일본 이름인 '본명'을 부르지 않고 한국식 별칭인 '민족명'을 사용하는 것은 옳지 않다고 강하게 주장한다. 귀화를 통해 일본식 이름을 취득한 사람들이 법적 이름인 '본명' 즉 일본 이름이 아닌 '민족명'을 사용하는 것은 '일탈'이라는 것이다. 일본으로 귀화했으면 일본인이고 일본 이름이 '본명'이 되었는데, 자신의 이름인 '본명'이 아닌 '민족명'을 사용하는 것은 인권에 위반된다고까지 주장한다. 오랜 시간이 지나면서 그 정체성을 상실한 '본명'은 이제 민족성을 지우는 수단으로 활용될 소지를 지니게 된 것이다.

재일동포들이 일본 국적으로 귀화한 이유에는 여러 가지가 있겠지만, 재일코리안에 대한 일본인들의 차별과 배제가 가장 큰 원인이라는 것은 부인할 수 없는 사실이다. 많은 동포들이 직업이나 사업 등의 이유로 일본 국적으로 귀화하면서 '조선인'이라는 '낙인'을 지우기 위해 자신의 민족성이 표출된 이름을 버리고 일본 이름으로 바꾼 것도 이 때문이다. 하지만 유명한 재일동포 사업가 손정의 씨처럼 자신의 '본명' 즉 한국 이름을 그대로 유지하면서 귀화를 하는 경우도 있다. '이름'이란 재일동포들에게 있어서 정체성과 동일시된다. 그런데 '조선인'이라는 이유로 차별 받는 환경을 벗어나기 위해 일본 이름으로 바꾸면서 '본명'은 사라지게 되었고 민족적 정체성 역시 지워져 버렸다. 이것을 다시 복원 내지는 복구하려는 노력이 '민족명' 부르기이다. '민족명'이란 단지 '한국식 별명'이 아니다. 사라진 민족적 정체성을 다시 세우기 위한 가건물 또는 기초 공사에 해당하는 작업이자 도구인 셈인데, 이것을 가리켜 '인권 침해'라고 하는 것이다. 더 이상 인권을 유린당하지 않기 위해서 버렸던 민족적 정체성의 흔적들을 복원하려는 노력은 이제 '인권 침해'라는 오명을 쓰고 난관에 봉착해 있다.

6. '민족명' 사용 논란으로 불거진 다문화 공생교육의 허와 실

일본에서 다문화공생이라는 용어가 쓰이기 시작한 배경에는 1990년대를 전후로 급증한 일본계 브라질인들 또는 일본계 페루인을 비롯한 소위 뉴커머들의 존재와 연관이 깊다. 뉴커머들의 대거 등장을 계기로 이들을 지원하는 NGO 단체도 증가했고 '다문화공생'이라는 용어는 시대를 관통하는 하나의 캐치프레이즈로서 사용되기 시작했다. 다문화공생주의가 시대적 요구로 받아들여지게 되면서 2005년에는 일본 총무성이 '다문화공생 추진에 관한 연구회'를 발족하고 이듬해에는 연구보고서까지 발표하기에 이른다. 이

질적인 존재로 일본사회에 오랜 동안 존재해 왔던 올드커머들, 특히 외모가 일본인들과 별 차이가 없어 눈에 띄지 않는 외국인으로 오랜 동안 일본 사회에서 함께 살아온 재일코리안들에 비해, 일본계 남미인을 비롯한 뉴커머들은 가시적(visible) 외모로 그 존재감을 뽐내면서 일본 사회에 다문화주의에 대한 화두를 던지게 되었던 것이다. 그렇다면 민족교육은 다문화 공생교육의 일환으로서 실시가 되고 있는 걸까? 2022년 6월 16일 히가시오사카 시의회에 참석한 노다 쇼코 시의원의 발언[6]을 들어보자.

> "국제 사회 속의 일본, 다문화공생, 국제이해는 당연히 자국에 대한 자부심을 갖고 타국을 존중하는 것이 교육의 취지이고 이러한 관점에서 민족학급을 이해하고 있습니다. 그러나 우리 시의 공립초등학교에서 취지에 어긋나게 일본 국적의 아이들이 본명이 아닌 다른 나라의 별칭으로 불리는 사태가 있습니다. 학교에서의 이름 호칭은 재일외국 국적의 학생의 통칭 이름과 이혼 등으로 인한 성의 사용을 제외하고는 본명이어야 한다고...(후략)"

노다 씨의 발언에는 '타국'을 존중하는 것이 교육의 취지이지만 재일동포는 이제 일본 국적의 일본인이므로 일본 국민으로 취급해야 한다는 내용이 함의되어 있다. 이미 일본인이 되었다면 일본 국민으로서 일본식으로 행동해야지 '민족명'과 같이 '다른 민족(ethnic community)'의 흔적을 가져서는 안된다는 단호한 의지가 엿보인다. '민족'이라는 집단은 스스로를 단일민족국가라고 인식해온 한국이나 일본 사회에서 이질적 본성을 지닌다. 국가나 사

---

6 히가시오사카 시의회 기록(녹음자료).
　　https://higashiosaka.gijiroku.com/gikai/g07_Video_View.asp?SrchID=4447.

회의 구성원은 해당 국가의 국적을 지니고 그 나라 사람으로 살아가는 '국민(nation)'이지 그 자체로 이질성을 내포하는 '민족(ethnic group)'은 아니라고 여기는 경향이 강하기 때문이다. 따라서 '국민'이 아닌 소수민족으로서 자신의 정체성을 함양하는 '민족'교육은 단일민족국가라는 신앙을 지닌 사회에서 본질적으로 배타적 속성을 지닌다(오혜경, 2018). 노다 씨의 발언은 결국 '다문화'공생은 가능하지만 '다민족'공생은 용납할 수 없다는 일본식 다문화공생론의 한계를 여실히 드러내는 것이라 할 수 있다. 宮島(2009)는 일본이 '다민족'이나 '다인종'이라는 용어 사용을 회피하기 위한 전략으로 '다문화'라는 표현을 채택하는 경향이 있다고 말한다. 선주민인 아이누 민족이나 일제강점기 하에서 일본으로 이주한 재일동포들을 '다문화'의 대상에서 배제시키려는 의도가 명백히 드러난 용어 사용이라는 것이다. 즉, 일본식 '다문화공생론'은 뉴커머들을 전제로 하고 있으며, 따라서 이들을 지원하기 위한 다양한 정책 또는 호스트 사회인 일본이 이들 뉴커머들을 이해하기 위한 교육이 중심이라고 할 수 있다.

오랜 동안 재일동포들은 언어나 문화, 외모면에서 일본인과 거의 구별이 안 되는데다 일본의 식민지 지배를 가시화하는 불편한 존재라는 이유로 더욱 강력한 동화의 압박에 시달려 왔다. 이러한 동화 정책의 영향으로 많은 동포들은 민족적 색채를 띠는 한국(식) 이름 대신 일본식 이름으로 개명하면서 귀화를 선택했다. 그리고 민족학급에서는 사라진 민족성을 복원하기 위한 수단으로 다시금 민족적 색채를 띠는 이름을 부여해서 아동들이 자신의 정체성을 자각하도록 돕고 있다. 하지만 일본인이 된 사람, 즉 일본 국민이 법적 이름인 '본명'이 아닌 '다른 나라'의 별칭을 사용하는 것은 일탈 행위이며 인권 침해'라는 일부 정치인들의 발언은 결국 이질적일 수밖에 없는 '다민족' 또는 '타민족'과는 공생할 수 없다는 '국민 국가'의 이념을 재확인한 것이라 할 수 있겠다. 언어나 풍습 등의 새로운 '문화'는 학습이 가능하지만 다른 민족적 정체성을 지닌 존재임을 가시화하는 '민족명'을 사용해서는 안된다는 것은 결국 '다민족'의 가시화를 막고 이질성을 용납하지 않겠다는 단호한 입장 표명이다. 이것이 일본의 다문화 공생교육의 현주소이다.

〈참고문헌〉

오혜경(2018). 민족학급의 현황 및 민족성 형성에 대한 일고찰 - 오사카지역 공립초등
　　학교에서의 현장조사를 중심으로 -. 일본문화연구, 66, 203-227.

イルムの会(2011). 金ソンセンニムー済州道を愛し民族教育に生きた在日1世―. 新幹社.

月間イオ(2017년 2월). 民族学級から民族学校へ始まりのウリハッキョ編 vol.24. 滋
　　賀朝鮮初級学校.

金溶海(1974). 本名は民族の誇り. 碧川書房.

宮島喬(2009).「多文化共生」を論じる(下)"文化の違い"の承認とは. 書斎の窓 590, 有
　　斐閣, 57-62.

朴一(2014). 苦悩する民族学校. 越境する在日コリアン―日韓の峡間で生きる人々.
　　明石書店, 145-163.

제15장

한국과 일본의 자국 중심 독도 교육의 배타성을 극복하기 위한 생성형 인공지능 활용 수업 모색[*]

조규복(한국교육학술정보원)

1. 한일 양국 간 역사 인식차와 자국 중심의 역사 교육

무언가를 잘하기 위해서는 먼저 잘 하지 못하거나 문제가 되는 부분을 개선하는 것이 중요하다. 예를 들어 학교 성적(등급)을 높이기 위해서는 잘하고 있는 과목의 점수를 더 올리기보다는, 가장 부족한 과목의 점수를 향상시키는 것이 더 효과적이다. 건강과 체중감량을 위해 걷기 운동을 하는 것이 중요하지만 그 전에 담배를 끊거나 음주를 줄이는 것이 더 중요하다. 한국과 일본 양국 간 공생교육도 마찬가지다. 양국의 공생적 관계 발전에 도움이 되는 교육을 도모하기 전에 공생교육을 방해하는 부분을 우선적으로 해결해야

---

[*] 본고는 2023년 146차 한국일본교육학회 하계학술대회의 발표 논문(한국과 일본의 상호배타적 사회과 국가교육과정에 대한 인공지능(GPT) 활용 포용적 수업 방법과 내용 모색 −독도를 중심으로−)을 보완한 것임.

할 것이다. 이러한 부분에 대한 고민과 해결 노력 없는 공생교육은 담배를 피우면서 걷기 운동하는 것과 같은 것이 될 수 있다.

한국과 일본 간에는 역사와 영토에 대한 인식 차이가 존재하며, 이러한 인식 차이는 학교 교육에도 반영되고 있다. 그중에서도 특히 독도는 양국 간의 역사적 배경과 현재까지 이어지는 민감한 영토 분쟁을 상징하며, 현재 양국 국민의 상대 국가에 대한 인식과 태도에 깊은 영향을 미치고 있다. 때때로 국민 감정의 격화로 이어져 외교적 긴장의 원인이 되기도 한다.

독도는 한일 양국 간 역사에 대한 인식차를 대표한다고 말할 수 있을 정도로 민감하고 지금도 좁히기 힘든 것으로 비쳐지고 있다. 독도 영유권의 경우 양국의 정부(교육부, 외교부)차원에서 상반된 주장을 하고 있고, 이러한 주장은 국가교육과정에도 반영되어 양국의 초 · 중 · 고등학교에서 사회와 지리 등의 과목에서 관련 내용이 수업에서 다루어지고 있다. 일본 학생들은 국제법상으로 일본의 영토인데 한국이 불법 점거하고 있다고 배우고 있고, 한국 학생들은 일제의 국권침탈 과정에서 빼앗겼다가 일본의 2차세계대전 패전으로 돌려받은 영토인데 일본이 억지 주장을 하고 있다고 배우고 있다. 결과적으로 한국과 일본의 초 · 중 · 고등학생들은 매년 독도 교육을 통해 상대 국가에 대한 편견과 혐오 등의 부정적 태도가 쌓여갈 수 있다. 외교적 혹은 정치적으로 자국 중심으로 독도를 바라보고 영위권을 주장할 수 있으나 교육적으로는 독도에 대한 이해와 함께 상대 국가에 대한 혐오와 편견으로 귀결되지 않고 향후 한일 양국 간 우호협력 및 공생까지도 고려해야 할 필요가 있다. 이를 위한 방법은 무엇이고 어떻게 접근 및 구현가능할까?

이러한 모색을 하는 이유 중 하나로 한국과 일본은 물리적으로 이동할 수 없는 이웃임을 강조할 수 있다. 한국과 일본이라는 국가가 만들어지기 전부터 그러하였듯이 아마 앞으로도 수백년 수천년동안 우리의 후손들도 이웃으로 살아갈 것이다. 그리고 교통과 과학기술의 발전으로 양국의 문화와 사람들은 교류와 이동이 더욱 더 용이해질 것이다. 언론보도(시사저널)에 의하면, 2023년 1년동안 우리나라를 찾은 외국 관광객 1위는 일본인(232만명)이었고, 일본을 찾은 외국 관광객 1위는 한국인(696만명)이었다. 한국과 일본은 임진왜란과 정유재란 등의 전쟁과 식민지 등과 같은 역사적 이슈와 영토 문제 등으로 인해 냉담한 관계가 되기도 했고 지금도 상대 국가에 대한 편견을 가지게 되는 요소로 작용하는 면도 있지만, 좀 더 거시적 통시적 관점에서 이를 완화 및 해소하면서 서로 함께 공생하기 위한 관점과 접근이 필요하다. 이러한 한일 공생 관점에서 한국과 일본의 청소년들이 상대 국가의 문화, 역사, 언어 등을 보다 깊고 다양하게 학습할 필요가 있을 것이다. 그리고 그 안에서 독도 교육도 공생적 관점에서 한일간 걸림돌이 아닌 디딤돌이 되기 위한 방법도 모색할 필요가 있다.

A그룹의 사람들과 B그룹의 사람들 모두가 각각 그룹별로 다른 관점과 의견을 가지고 있는데 그 '다름'안에 상대 그룹에 대한 강한 배타성이 포함되어 있다면 어떻게 해야 A와 B그룹의 사람들이 서로 함께 사이좋게 살아가는 데 도움이 될까?

적어도 먼저 상대가 왜 그러한 관점과 어떤 의견을 가지고 있는지부터 파악할 필요가 없을까? A와 B가 어디까지 공통되고 어디부터 다른 의견인지 그 이유를 파악하거나 역사교육 관점에서 좀 더 넓고 다양한 관점에서 A와 B를 객관적으로 바라볼 필요는 없을까? 혹은 좀 더 공생적(포용적) 교육 관점(이론)과 깊이있고 비판적인 역사 교육 관점(이론)을 접목한 수업이라면 편견과 혐오 등의 배타성은 엷어지고 서로에 대해 약간이라도 더 마음을 열게 되지 않을까?

그리고 이러한 고민들을 풀어가는 방법 중 하나로 최근 급격히 확산되고 있는 첨단기술 – 생성형 인공지능을 활용하면 어떨까? 양국의 관점과 의견 및 포용적 비판적 역사교육 이론 등을 학습시키고 수업을 만들어보라고 하면 어떨까? 이러한 문제의식을 가지고 생성형 인공지능 기술을 활용해서 독도에 대한 이해를 높이면서 상대국에 대한 혐오와 편견이 높아지지 않도록 하기 위한 수업 내용과 방법을 모색해보고 그 가능성과 실효성을 검토하는 것이 본고의 목적이다. 아울러 그 내용과 방법은 우리나라 뿐만 아니라 일본에서도 참고될 수 있음을 고려하였다.

이를 위해, 먼저 (1)양국의 국가교육과정에서 독도에 대해 어떻게 가르치도록 하고 있는지를 파악하고, (2)편견을 높이지 않고 막연한 반일(反日) 감정이 높아지지 않도록 하기 위한 교육 방법을 알아보고, (3)이러한 교육방법을 반영한 생성형 인공지능 기술 활용 독도 수업을 구상해 보았다.

그림 15-1. 한일 공생적 독도교육 중학교 사회과 수업
(생성형AI 작성)

2. 한일 양국의 국가교육과정에서의 독도 교육

한국과 일본의 국가교육과정에서 독도가 언급된 부분을 살펴보았다. 한국은 4차례(2007년, 2009년, 2015년, 2022년)의 국가교육과정에서 독도가 언급된 내용을 분석하였고, 일본은 최근 개정된 국가교육과정에서 독도 관련 내용을 추린 문부과학성의 자료를 참고하였다. 우리나라의 국가교육과정에서 독도에 대한 언급은 주로 사회 교과에서 한정되어 있고, 지리적 측면과 역사적 측면에서 언급되었다. 독도는 2007년 2회, 2009년 18회, 2015년 11회, 2023년 6회 언급되었으며, 2009년 이후로는 언급 빈도가 줄어드는 추세를 보인다. (횟수는 언급된 단어수 자체를 합산한 것은 아니고, 2-3개라도 같은 단락 일 경우 1개로 산정해서 합산했다) 그리고 내용을 지리적 역사적 측면으로 구분해서 정리하면 지리적 측면으로는 '독도의 지리적 특성과 독도에 대한 역사 기록을 바탕으로 영토로서 독도의 중요성을 이해한다.' 역사적 측면으로는 '일제의 국권 침탈 과정에 맞선 국권 수호 운동의 흐름을 설명하고, 특히 일제에 의해 독도가 불법으로 편입되는 과정을 파악한다.'와 같은 내용이 대표적이다. 아울러 2022년 개정국가교육과정 고등학교 사회과의 성취기준으로 '한반도 및 주변 국가 간 경계와 접경지역에 대한 이해를 바탕으로 동아시아의 갈등과 협력의 가능성을 이해하기 위해 설정되었다. 다양한 사례의 분석을 통해 국가 간 경계의 성격은 인접한 두 지역 간 관계에 따라 변화할 수 있다는 것을 이해하고, 이를 토대로 새롭게 발생하는 동아시아 지역의 지정학적 이슈를 해석하며, 이 지역의 발전과 평화·공존을 위한 우리나라의 역할에 대해 토론한다.'가 언급되어 있고 그 해설로 '독도 및 동해 지명을 포함한 영토교육의 목표는 우리 영토에 대한 정확한 이해와 국토애의 함양이며, 학습 결과가 주변 국가에 대한 혐오, 혹은 막연한 반일, 반중 감정으로 이어지지 않도록 한다.'와 같이 혐오를 예방하는 포용적 관점이 포함되어 있음을 확인할 수 있다. 이러한 내용이 학교급별로 약간씩 추가 및 보완되어 강조되어 있다. 이와 별도로 2009년 개정 교육과정부터 독도 교육이 범교과주제에 포함되어 창의적체험활동시간 등을 통해서도 교육이 이루어지도록 되었으며 2022년 개정교육과정에서도 10가지 범교과 주제(안전 · 건강 교육, 인성 교육, 진로 교육, 민주시민 교육, 인권 교육, 다문화 교육, 통일 교육, 독도 교육, 경제 · 금융 교육, 환경 · 지속가능발전 교육)안에 포함되었다. 또한 한국 교육부는 '2023년 독도교육 활성화 계획'을 별도로 마련하는 등 독도 관련 교육을 강조하고 있다.

일본의 국가교육과정에서의 독도 영유권 문제를 처음으로 언급한 것은 2017년 개정교육과정부터다. 그 전에는 북방영토에 대해서만 일본 고유의 영토로 포함되어 있었다. 일본의 2017년 개정 국가교육과정에서 독도 문제를 어떻게 다루고 있는지는 일본의 내각관방 홈페이지에 정리되어 있다. 초등학교와 중학교에서는 사회과로 고등학교에서는 지리역사과와 공민과에서 다루어지고 있다. 우리나라처럼 지리적 역사적(식민지 지배) 맥락으로 접근하기보다는 주로 국제법 관점에서 영위권을 주장하고 있다고 볼 수 있다. 대표적인 독도 관련 내용은 아래와 같고 이러한 내용이 학교급별로 약간 내용이 수정되지만 대부분 유사한 내용으로 반복해서 언급되고 있다.

'독도(竹島)와 북방 영토가 일본의 고유 영토임을 비롯하여 일본의 영토를 둘러싼 문제도 다루어야 하다. 즉, 독도(竹島)와 북방 영토(하보마이군도, 시코탄도, 쿠나시리도, 에토로후도)에 대해 각각의 위치와 범위를 확인할 뿐만 아니라, 일본 고유한 영토이지만 각각 현재 한국과 러시아 연방에 의해 불법적으로 점거되어 있기 때문에 독도(竹島)에 대해서는 한국에 여러번 항의하고 있는 것과 북방영토에 대해서는 러시아 연방에 그 반환을 요구하고 있는 것, 이러한 영토문제에 대해 일본의 입장은 역사적으로 국제법상으로 정당한 것 등에

대해 적확하게 다루고 일본 영토·영역에 대한 이해를 깊게 하는 것도 필요하다.'

3. 생성형 인공지능 활용 공생적 독도 교육 방법

1) 공생적 독도 역사 교육 '내용'과 생성형 인공지능 활용

생성형 인공지능을 활용한 공생적 독도 교육 방법을 모색하기 위해, 먼저 교재에 해당하는 내용과 공생적 교육 방법을 살펴보고자 한다. 앞서 언급한 바와 같이, 양국의 역사 교과서에서 독도를 다루는 내용은 자국 중심적 관점에서 작성되어 있어 공생적이라 말하기 어렵다. 따라서 현재의 양국 교과서 이외에 공생적 관점의 교재가 필요하다. 이를 위해 한국과 일본의 역사 교사와 연구자가 한일간 역사인식차 문제를 극복하고자 1990년경부터 공동으로 토론 및 협력해서 작성한 교재 안의 독도 관련 내용을 활용하고자 한다.

1990년경부터 서울시립대학교와 일본의 도쿄가쿠게이대학 등 역사학자 40여 명이 참가한 한국의 '역사교과서연구회'와 일본의 '역사교육연구회'는 한일공통역사교재('한일교류의 역사', '역사 교과서 속의 한국과 일본' 등)를 발간하였고, 2001년 즈음에는 한국의 전국교직원노동조합 대구지부와 일본 히로시마교직원조합으로 결성된 '한일공통역사교재제작팀'은 '배우고 있는 일본과 한국의 근현대사', '조선통신사-도요토미 히데요시의 조선 침략에서 우호로'라는 교재를 출간하였다. 또한 2014년에는 한국의 전국역사교사모임과 일본의 역사교육자협의회에서 '한일공동역사교재 편찬위원회'를 구성하여 2010년대에 '마주 보는 한일사' 3권(I, II, III)을 발간하였다. 이 중 2014년에 발간된 '마주 보는 한일사 III'에는 독도와 다케시마에 대한 양국의 주장과 그 주장의 근거 사료 등을 소개한 부분이 있는데, 이를 사실(Facts)과 양국의 주장으로 정리하여 공생적 독도 역사 교육의 기본 교재로 삼고자 한다〈〈표 15-1〉 참조〉. 여기에 일본과 한국의 정부의 독도에 대한 공식 주장[1]과 교과서 등을 보태어 수업을 진행하는 것도 가능할 것이다.

표 15-1. 한국과 일본 정부의 독도 영위권 주장과 그 근거('마주 보는 한일사 III'을 중심으로)

	사실	한국 정부 주장	일본 정부 주장
1	조선시대, 지리서 '세종실록 지리지(1454)'와 '신증동국여지승람(1531)'에 '무릉도(울릉도)'와 '우산도'가 기록됨	'우산도'는 '독도'임. '세종실록 지리지(1454)'에서 우산(독도)와 무릉(울릉도) "두 섬은 거리가 멀지 않아 날씨가 맑으면 서로 바라볼 수 있다."고 기입되어 있음. 동국문헌비고(1770년)에는 만기요람(1808년)에는 '울릉(鬱陵)·우산(干山)은 다 우산국(干山國) 땅이며, 이 우산을 왜인들은 송도(松島)라고 부른다.'라고 기입되어 있음.	'세종실록 지리지(1454)'와 '동국문헌비고(1770년)'에 언급된 '우산도'는 '독도'가 아님. 두 자료 안에 나오는 '우산도'에는 사람이 많이 살고 있고 대나무가 울창하다는 기록이 있지만, 독도는 무인도이고 대나무가 없음. '신증동국여지승람'에 첨부된 지도에서 '우산도'는 울릉도와 같은 크기로 그려졌고 한반도와 울릉도 사이에 자리하기 때문에 실재하지 않는 섬임.
2	1696년, 어부 안용복이 울릉도에 침범한 일본 어민들에 대한 항의로 '조울양도(朝鬱兩島)'라는 표지를 들고 일본에 건너가 항의했고, 1696년에 에도막부가 울릉도 출어 금지를 결정함		안용복은 민간인이고, 있지도 않은 관직명을 사칭하였기 때문에 그의 말은 신빙성이 낮음. 에도막부가 내린 울릉도 출어 금지 조치에서 독도까지 언급한 것은 아님.

---

1   한국 외교부 독도 관련 웹페이지 https://dokdo.mofa.go.kr/kor/일본 내각관방 독도 관련 웹페이지 https://www.cas.go.jp/jp/ryodo/taiou/index.html#takeshima

사실	한국 정부 주장	일본 정부 주장
3	1877년, 일본 시네마현이 행정구역을 획정하기 위해 '울릉도 외 또 다른 한 섬'을 시네마 현에 포함할지 여부를 일본 정부에 물었고 일본의 최고 권력기관이었던 다이조칸(太政官)에서 '울릉도 외 또 다른 섬에 대해 일본은 관계가 없다는 것을 명심할 것'이라는 지령문을 보냈음.	다이조칸의 지령문 안의 '또 다른 섬'이 독도를 가리킴.	다이조칸의 지령문 안의 '또 다른 섬'이 독도라고 지칭되어 있지 않음.
4	1900년, 대한제국 정부는 칙령 41호를 내려 울릉도를 울릉군으로 승격하고 '울릉도 전체와 죽도, 석도'를 자국의 영토로 규정함.	이 칙령에 나오는 '석도'는 '독도'임.	이 칙령에 나오는 '석도'는 울릉도 바로 옆에 있는 '관음도'임.
5	1904년, 독도 주변에서 강치(바다사자)를 잡던 시마네 현 오키 섬 주민 나카이 요자부로가 일본 정부에 다케시마 영토 편입 및 임대를 청원함. 1905년 일본은 시마네현에 독도를 편입함	대한제국에 아무런 문의나 통보도 없이 일방적으로 결정됐으며 그 보다 전인 1900년에 대한제국 칙령으로 한국의 영토라고 규정했기 때문에 시마네 현의 편입 조치는 무효임.	일본 정부는 1905년 1월 내각회의 결정으로 이 섬에 다케시마라는 정식 이름을 붙이고 시마네 현 오키도사 소관으로 한다고 함. 국제법상 영토 취득 요건은 해당 토지에 대한 국가의 실효적 점유로서 영유권을 가짐.
6	1951년, 샌프란시스코 강화조약에 일본이 포기해야 할 영토에 독도가 들어있지 않음	1951년 샌프란시스코강화조약문에 독도가 들어있지 않지만, 샌프란시스코 강화조약의 기초 문서가 되는 연합국 총사령관 각서 제677호(1946년)에 독도가 들어있고, 1951년 샌프란시스코강화조약문에 독도보다 더 큰 섬들도 모두 적시되지는 않음	조약 내용 안의 일본이 포기해야 할 한국의 영토에 독도가 들어 있지 않음
7	일본의 국제사업재판소 제소 제의	독도가 역사적 지리적으로 한국 고유의 영토라는 것은 명확하기 때문에 제3자의 판단은 필요하지 않음.	근대 국제법상 영토 취득 요건에 합치하기 때문에 독도를 국제사법재판소에 제소할 것을 한국에 제의함.

이와 같이 표로 정리된 양국의 주장과 근거에서 두 가지 주요 쟁점을 도출할 수 있다. 즉 조선시대 등의 사료를 통해 울릉도와 함께 독도도 관리하고 있었고, 1900년 대한제국 칙령으로 재확인되었다는 한국 정부 주장에 대해 일본 정부는 조선시대의 사료 안에 독도라고 구체적으로 언급된 것은 없고, 1905년 시마네현의 독도 편입 절차가 국제법상으로 영토 취득 요건으로 적합하다며 영유권을 주장하고 있다. 사료 안의 독도 언급 여부와 영토 취득(편입) 절차의 적합성이 쟁점이 될 수 있다. 즉, 사료 안의 우산도가 독도인지 아닌지를 밝히는 것과 1900년 대한제국의 칙령 41호를 중심으로 한 독도 관리(편입) 절차의 적합성 여부가 될 것이다. 이러한 검토 분석은 역사학에 대한 것으로 아직 연구와 검증이 필요한 부분이 있을 것이다. 이러한 연구와 검증은 본 고의 목적을 벗어서는 것으로 제외한다.

다만 〈표 15-1〉의 독도에 대한 한일 정부의 주장과 그 근거를 생성형 인공지능(GPT-4)에 올리고 양국 주장의 타당성에 물어보았고, 그 결과 생성형 인공지능은 양국의 독도 영위권 주장의 타당성을 비교하기는 어려운 일이라며 그 이유로 3가지(역사적 증거의 다양성, 증거 해석의 다양성, 국제법의 복잡성)를 언급하였다. 또한 '한국과 일본의 독도에 관한 주장을 공정하게 평가하기 위해서는 역사적 증거와 국제법 등을 고려해야 하는데 이러한 평가는 전문가의 영역이며, 교육의 목적과 맥락을 고려해야' 한다. 그리고 '양국의 주장을 판가름하는 것이 아니라 학생들이 자신의 세계를 이해하고, 다양한 관점을 인정하고, 평화적인 해결책을 찾는 능력을 개발하는 것과 양측의 주장을 공정하게 다루고 학생들이 그 주장에 대해 비판적으로 생각하게 만드는 것이 중요'하며, 독도와 같은 논란의 여지가 있는 주제를 다루는 수업에서 '양측의 주장을 공정하게 제시하기', '토론을 통한 이해 깊이 높이기', '다양한 관점을 인정하고 평화적인 해결책을 찾는 능력 개발' 방법을 제안해 주었다. 아울러

한국과 일본의 자국중심의 독도 관련 국가교육과정 내용을 바탕으로 포용적 역사 교육을 하기 위한 보완사항을 물었고, 아래 〈표 15-2〉와 같이 5가지 보완사항을 응답해 주었다.

표 15-2. 생성형 인공지능 작성 독도 수업 방법 – 자국 중심 독도교육 극복 방안 5가지

- 다양한 관점을 포함하도록 확장: 교육과정에는 한국과 일본의 주장뿐만 아니라, 다른 국가의 주장과 국제법의 관점 등도 포함되어야 함
- 비판적 사고력 강조: 학생들이 제시된 정보를 수용하기보다는 비판적으로 분석하고, 그 주장의 근거와 가정, 그리고 가능한 결과를 이해하도록 교육과정을 설계해야 함
- 평화적 해결 방법 교육: 논란의 여지가 있는 이슈를 평화적으로 해결하는 방법을 교육하는 내용을 포함해야 함
- 실제 사례를 통한 학습: 독도와 같은 실제 사례를 사용하여 학생들이 이론적인 지식을 실제 상황에 적용하는 방법을 배울 수 있도록 해야 함
- 국제적 협력 강조: 국제적인 이슈를 해결하기 위해서는 국제적인 협력이 필요하다는 것을 강조하고, 학생들이 다른 국가와 협력하는 방법을 배울 수 있도록 교육과정을 설계해야 함

이처럼 양국의 주장과 근거를 파악하고 비교 검토하는 것은 반드시 생성형 인공지능을 활용하지 않더라도 공생적일 수 있다. 왜냐하면 Rosenberg와 Hovland(1960)가 편견의 3가지 요소 중 하나로 충분한 객관적 근거가 없는 것을 언급하였는데 나와 상대의 주장과 그 근거들을 살펴보는 것을 통해 어느 정도 편견 등의 부정적인 태도가 경감될 수 있을 것이기 때문이다. 예를 들어 상기 〈표 15-1〉을 한국 혹은 일본의 학생들에게 배부하여 그 중 관심 있는 내용에 대해 개별 혹은 모둠별로 조사하여 한국과 일본의 주장을 비교 검토하는 방법이 가능할 것이다.

2) 공생적 독도 역사 교육 '방법'과 생성형 인공지능 활용

양국 간의 전쟁과 식민지 등 바람직하지 않은 역사를 다루거나 직간접적

으로 언급될 경우 학생들은 순간적으로 '국가'라는 카테고리의 영향을 받아 배타적 혹은 피상적으로 될 우려가 있다. 왜냐하면 국가라는 외집단 카테고리가 촉진되어 기존에 가지고 있는 상대방 국가에 대한 선입견과 편견 등의 영향을 받기 쉽게 되기 때문이다. 예를 들어, 曺圭福(2005)은 한국과 일본 초등학생 간의 국제이해교육을 위한 1:1 채팅 교류 수업 기록을 분석하였다. 그런데 그 중 독도와 식민 지배 및 임진왜란 등에 대한 소재가 나왔을 때 나와 너라는 사적 관계에서 한국인과 일본인이라는 국가 카테고리가 만들어지면서 대화가 멈추고 양국의 초등학생 모두 난감해하는 상황을 포착했다. 그리고 외국이라는 카테고리 범주화에 주의하면서 어느 한쪽의 국가에 중심을 두지 않은 객관적이고 공정한 지식을 제공하는 것을 제안하였다.

편견은 집단 카테고리를 전제로 하기 때문에 그 카테고리가 강조되지 않도록 함으로써 편견 예방을 기대할 수 있지만 양국 간의 역사에 대해서는 그 카테고리 생성을 방지하는 것이 곤란하다. 국가라는 외집단 카테고리 생성을 전제로 진행할 수밖에 없다. 이러한 메커니즘 아래 독도라는 한일 양국 간의 민감한 소재를 대상으로 편견과 막연한 반일(反日) 감정을 예방하고 공생하는 독도 역사교육을 하려는 방법으로 공생적 역사 교육에 도움이 될 만한 선행연구의 조건과 관점 등을 참고하는 것을 검토하고자 한다. 국내외 관련되는 선행연구들은 많지만, 구체적으로 독도 수업에 어떻게 접목하면 좋을지 막연할 수 있는데 이때 생성형 인공지능이 도움이 될 수 있을지 살펴보고자 한다.

예를 들어 OECD(2021)는 사회경제적 지위와 국가 그리고 젠더, 장애 등의 범주 구분으로 발생하는 차별 없이 학습할 수 있는 포용 교육이 필요하고 이를 위한 학습자 역량과 교육 내용 등을 언급하면서 포용 교육의 5가지 조건(유니버설 디자인, 평가 패러다임 전환, 개별맞춤 교육과 민간 기술 연계, 과도한 교육 개념의 범주화 지양, 학습자의 능동적 참여)을 제시하였다. 이러한 포용 교육 관련 내용을 참고하여 생성형 인공지능(GPT-4)에게 포용적 독도 교육 수업지도안을 만들어달라고 요청한 결과 아래 〈표 15-3〉과 같이 답변했다.

표 15-3. 생성형 인공지능 작성 독도 수업지도안 – OECD(2021)의 포용 교육 5가지 조건 반영

(1) 학습자 관점에서의 유니버설 디자인
　학생들의 관심과 수준을 고려하여, 독도에 대한 관련 지식과 각 학생들의 동기를 파악합니다. 범용 디자인 원칙을 적용하여, 시각적, 청각적, 접근성 측면에서 다양한 학습 경험을 제공합니다. 다양한 매체와 자료를 활용하여 학생들의 참여와 이해도를 높이는 수업 방법을 개발합니다. 학생들의 배경과 능력을 고려한 평가 방법을 도입하여 평가의 공정성을 유지합니다.

(2) 디지털 시민성과 리터러시를 포함한 평가로 패러다임 전환
　학생들에게 디지털 시민성과 정보 검색 및 평가 능력을 강화할 수 있도록 학습 내용과 평가를 구성합니다. 학생들이 역사적 자료를 비판적으로 평가하고 다양한 관점을 고려하여 분석하는 능력을 키우는 평가 방법을 도입합니다. 디지털 리터러시와 정보 검색 능력을 발전시키기 위해 온라인 자료와 도구를 활용한 과제를 포함합니다.

(3) 디지털 기술과 교육과의 연계를 통한 형평성 확보
　학생들에게 개별 맞춤형 학습 경험을 제공하기 위해 디지털 기술을 활용한 학습 자료와 도구를 개발합니다. 형평성을 고려하여 학생들의 다양한 학습 스타일과 능력을 고려한 맞춤형 학습 계획을 수립합니다. 상업화와 사유화로 인한 격차를 예방하기 위해, 학생들이 동등한 학습 기회를 얻을 수 있도록 자원을 공평하게 배분합니다.

(4) 다양한 의견 수렴을 위한 교육과정 혁신
　학생들의 의견을 수렴하여 역사 교육과정을 개선하기 위해 학생들과의 소통과 피드백을 적극적으로 수용합니다. 범교과적으로 독도에 대한 다양한 관점을 고려하여 학생들에게 다차원적인 이해를 제공합니다. 개별 맞춤형 교육과정을 활용하여 학생들의 역사적 호기심과 창의성을 자극하고 교육적 목표를 달성합니다.

(5) 학생의 참여와 관심을 유도하는 수업 디자인
　학생들이 능동적으로 참여하고 자신의 의견을 표현할 수 있는 수업 방법을 개발합니다. 학생들의 관심과 현실 세계와의 연계를 고려하여 수업 내용을 선택하고 구성합니다. 토론, 그룹 활동, 프로젝트 등을 통해 학생들이 독도 문제에 대한 다양한 관점을 탐구하고 공동체적 사고를 발전시킬 수 있도록 지원합니다.

또한 더 깊이 있는 역사교육을 위해 역사 교육 관련 이론과 조건을 전달하고 공생적 독도 역사 교육 수업지도안을 요청할 수도 있다. 예를 들어 일본의 역사교육학자 小川(2023)의 6가지 역사 실천 단계(역사 실증, 역사해석, 역사

비평, 역사 서술, 역사 대화, 역사 창조)를 고려하여 독도에 대한 포용적 중학교 역사 수업지도안을 생성할 것을 요청했고 그 결과는 아래 〈표 15-4〉와 같다.

표 15-4. 생성형 인공지능 작성 독도 수업지도안 – 小川(2023)의 역사실천단계 6가지 단계 반영

(1) 수업 이름: 독도, 역사를 통한 이해와 토론
(2) 수업 목표:
    독도에 대한 역사적 배경 이해
    사료를 통한 실증적 사실 탐구
    한국과 일본의 주장에 대한 비평적 분석
    편견을 줄이고 포용적 관점을 가지는 능력 개발
    역사적 사건에 대한 자신의 이해를 표현하고 이를 검증
    역사에 대한 이해를 바탕으로 행동 계획 수립
(3) 수업 순서:
    - 역사 실증 (15분): 학생들에게 독도에 대한 한국과 일본의 주장을 설명하고, 이를 바탕으로 문제 설정. 학생들에게 '세종실록지리지', '신증동국여지승람', '동국문헌비고', 그리고 '만기요람'의 사료를 제공하고, 이들을 분석하여 사실 탐구를 수행하도록 함
    - 역사 해석 (15분): 사실 간의 원인과 결과의 인과관계와 연관성에 대해 학생들이 가설을 구축하도록 함. 그룹별로 분석 결과를 토대로 한 주장의 원인과 결과를 정리하도록 함
    - 역사 비평 (15분): 각 그룹은 자신들의 해석에 대해 비평적으로 접근하고, 그 해석이 현대 세계에 어떤 의미가 있는지 논의함
    - 역사 서술 (15분): 각 그룹은 자신들의 해석과 비평을 논리적 요약문으로 표현. 이를 바탕으로 학급 내에서 토론 진행
    - 역사 대화 (30분): 학생들은 다른 그룹의 서술을 바탕으로 사실 입각성과 논리 정합성에 대해 검증. 각 그룹은 다른 그룹의 의견에 대해 질문을 하고, 피드백 제공.
    - 역사 창조 (20분): 학생들은 독도에 대한 자신의 이해를 바탕으로 자신이 살고 있는 현실 세계에서 어떤 행동을 취해야 하는지 고민함. 이를 통해 학생들은 역사의 주체로서 자신들의 역할을 이해하게 됨.
* 보충 자료: 독도에 대한 다양한 국제적 의견, 한국과 일본의 역사 교육 자료

〈표 15-3〉과 〈표 15-4〉는 수업지도안이라기에는 형식과 분량 등이 충분하지 않지만, 대화형으로 진행하면서 내용이 더욱 정교하고 풍부해지도록 할 수 있다. 이런 점에서 향후 여러 관련 연구를 바탕으로 생성형 인공지능

을 활용하는 공생적 독도 교육의 가능성을 시사한다.

4. 생성형 인공지능 활용 공생적 독도 교육의 실효성

자국 중심의 독도 교육은 국가교육과정 기반 학교교육제도를 가지는 한국과 일본의 현실이다. 이에 따라 발생할 수 있는 상대방 국가에 대한 편견과 혐오 등의 배타적 태도 문제를 보완하는 방안으로 생성형 인공지능을 활용하는 것을 살펴보았다. 생성형 인공지능 안에 양국의 관점을 포함하는 등의 공생적 접근뿐만 아니라 깊이 있는 비판적 역사교육 관점도 반영하여 수업을 생성해 볼 수 있음을 살펴보았다. 그러나 실제 교사가 학교 수업에서 이러한 시도가 가능할지, 시도하더라도 과연 공생적이면서 비판적인 역사교육의 효과를 도모할 수 있을지 몇 가지 의문이 든다.

첫째, 독도에 대한 자국 및 상대국의 주장과 사료 등을 살펴보고 비판적으로 검토하는 관점 자체가 자칫 국가교육과정에서 가르쳐야 하는 지식을 의심하는 것으로 비쳐 비판과 민원의 대상이 될 우려가 있기 때문이다. 따라서 이러한 의심과 비판을 뛰어넘는 준비와 설득 등이 필요할 수 있다.

둘째, 설령 시도하더라도 예를 들어 이러한 다양한 관점의 여러 자료 등을 바탕으로 독도 수업을 진행할 경우, 독도에 대해 한국과 일본 양쪽 모두 일리가 있고 반드시 어느 한쪽 국가의 섬이라고 확실히 말할 수 없다고 판단하는 학생 등 국가교육과정의 내용과 상충되는 부분이 발생할 수 있기 때문이다. 그러면 교사가 적절히 대응하여 추가 지도 및 심화 교육 방법을 제시하기가 어려울 수 있다. 역사 교육에서 특정 역사에 대한 인식과 해석의 다양성은 기본적으로 존중돼야 함을 잘 알고 있음에도 이러한 학생에 대한 지도는 쉽지 않을 것이다. 따라서 국가교육과정과 상충되는 상황에 대한 교사의 깊이 있는 역사교육 역량과 교육철학 등이 필요해 보인다.

셋째, 그리고 실효성 측면에서 보자면, 독도를 포함하여 논쟁이 되는 대부분의 역사 교육에서 양국의 주장과 근거를 파악하고 비교 검토하여도 그 인식차를 확인할 뿐 그 차이를 좁히거나 공생적 관점을 갖추기는 어려울 수 있는 점도 지적할 수 있다. 이에 대해서는 본 원고의 서두에서 언급하였듯이 공생적 관점을 포함하여 포용적 태도를 가지기는 어렵더라도 상호 편견과 혐오 등의 배타적 관점이 약해질 수 있다면 그것만으로도 공생 교육적 의미와 효과는 크다고 말할 수 있을 것이다.

넷째 생성형 인공지능을 통해 선진적인 역사 교육 이론과 관점을 수업에 포함할 수 있는 힌트를 얻을 수 있지만, 이러한 힌트는 대부분 이미 알고 있는 것들이기 때문에 이를 통해 공생적 독도 교육의 내용과 방법을 획기적으로 새롭게 이해하게 되는 것이 아닐 수 있다는 지적도 가능하다. 앞의 〈표 15-2〉〈표 15-3〉〈표 15-4〉의 정보는 생성형 인공지능을 통해 새롭게 발견되거나 만들어진 공생적 독도 교육이라기보다는 관련 자료를 파악한 관련 교사나 연구자라면 일반적으로 생각할 수 있는 수준의 지식으로 볼 수 있기 때문이다. 혹은 이러한 생성형 인공지능의 공생적 역사수업 제안이 교사와 학생의 비판적 판단과 재해석을 저해하고 인공지능에 의지할 수 있는 우려도 가능하다. 따라서 생성형 인공지능을 1~2번의 대화로 생성되는 것을 그대로 수동적으로 활용하기보다는 더 많은 프롬프트와 더 많은 학습자료를 추가 학습시키며 대화할 필요가 있다. 혹은 생성형 AI 이외의 다른 사람들과 대화하거나 수업 후에 학생들의 질문과 산출물 및 자신의 수업 등을 되돌아봄으로써 수업을 개선하여 깊이를 더해가는 방법이 필요할 것이다.

생성형 AI 자체가 독도라는 민감하고 자국 중심적 소재를 단번에 간단히 공생교육의 재료로 만들어 주지는 못한다. 그러나 배타성을 낮추면서 비판적이고 깊이 있는 공생 교육으로 모색하며 만들어가는데 교사 사용 생성형 AI 활용 역량과 그 노력에 따라 괜찮은 대화 상대이며 조력자가 되어 줄 수 있음은 분명하다. 앞으로 역사교사의 역할이 기대된다.

〈참고문헌〉

교육부(2007)(2009)(2015)(2022). 사회과 국가교육과정

교육부(2023). 2023년 독도 교육 활성화 계획

한국전국역사교사모임, 일본 역사교육자협의회 일본(2014). 마주 보는 한일사Ⅲ 한일 근대사. 사계절

시사저널(2024. 1. 31). '지난해 日 찾은 한국인 700만 명 육박…방한 일본인은 230만 명' https://www.sisajournal.com/news/articleView.html?idxno=282378

한국 외교부 독도 관련 웹페이지 https://dokdo.mofa.go.kr/kor/ (2024년 1월 30일 인출)

小川幸司(2023). 世界史とは何か「歴史実践」のために. 岩波書店

曺圭福(2005). 日韓小学生間のチャット交流授業--外国人に対する偏見の変容. 異文化間教育. 異文化間教育学会紀要編集委員会 編 (22), 95-109, 2005

文部科学省(2000)(2017). 学習指導要領

日本内閣官房 독도 관련 웹페이지
https://www.cas.go.jp/jp/ryodo/taiou/index.html#takeshima (2024년 1월 30일 인출)

OECD(2021). Adapting Curriculum to Bridge Equity Gaps: Towards an Inclusive Curriculum. Paris: OECD Publishing

Rosenberg, M. J., & Hovland, C. I. (1960). Cognitive, Affective and Behavioral Components of Attitudes. In M. J. Rosenberg, & C. I. Hovland (Eds.), *Attitude Organization and Change: An Analysis of Consistency among Attitude Components*. New Haven, CT: Yale University Press.

제16장

공생 사회를 위한
아동가정청(こども家庭庁)* 설치 및 운영**

최순재(국제아동발달교육연구원)

1. 공생 사회와 아동가정청 설치 배경

저출생으로 인한 인구감소 사회문제와 더불어 코로나19 이후 교육격차나 결손, 사회성 · 정서 · 언어 발달 등 아동을 둘러싼 환경은 더욱 열악해지고 있다. 이런 상황에서 2023년 4월 아동가정청(こども家庭庁)을 본격적으로 설치 · 운영함으로써 일본 육아정책은 새롭게 주목받고 있다(内閣府, 2022a).

아동가정청(こども家庭庁)은 총리 직속 기관으로 아동 중심 사회를 위한 아동정책 사령탑으로서 역할을 한다. 내각부 소속이 아닌 외부에 두고 장관은 독립적으로 아동 관련 정책만 전담하고, 총리가 주도하던 아동정책 관련 회

---

* 일본어를 직역하면 '어린이가정청'이나 내용을 고려하여 '아동가정청'으로 함
** 이 원고는 한국일본교육연구(2023). 28(1), pp. 25~39에 게재한 '일본의 아동가정청(こども 家庭庁) 설치 방향과 과제' 논문을 수정했음

의도 운영하며 내각부의 문부과학성, 후생노동성 외 관련 부처에 자료 제출, 설명 요구 등의 권한을 갖는다(內閣府, 2022b). 이는 육아에 관한 여러 주체와의 연계와 네트워크를 강화하는 계기가 될 것으로 본다(濱野裕華 · 轟慎一, 2023).

일본은 1947년부터 유아교육과 보육은 이원화 체제로 운영되었다. 유치원은 한국의 교육부에 해당하는 문부과학성에서 관장하고, 어린이집에 해당하는 보육소는 보건복지부에 해당하는 후생노동성에서 관장했다. 이후 유치원과 보육소 기능을 합친 성격의 인정어린이집이 운영되고 있는데, 이는 한국의 국무총리실에 해당하는 내각부에서 관장하고 있었다(최순자 · 齊藤正典, 2018).

한국도 교육부와 보건복지부가 상호 협력 · 조정을 통해 2025년까지 유 · 보통합을 목표로 추진 중인데, 2024년 현재 교육부에서 어린이집까지 통합하여 유아 · 보육체제를 통합할 수 있는 방향으로 정비하고 있다. 이에 반해 일본은 3개 부처에서 관장하고 있었다. 이를 아동가정청을 설치하여 보육소와 인정어린이집을 관장하고, 유치원은 그대로 문부과학성에서 맡는다. 논의 초기에는 유치원도 아동가정청에서 담당하는 것으로 했으나 최종적으로 문부과학성에서 관장하는 것으로 했다.

아동가정청에서는 보육소와 인정어린이집 관장을 통해 교육과 보육을 충실히 하고자 한다. 또한 취학 전 유아기까지의 성장과 발달 지침 책정, 방과후 아동이 지낼 수 있는 시설 만들기, 산전과 산후부터 자녀 양육 시기에 있는 보호자와 아동 지원, 아동의 사고 방지 등 가정과 사회에서 아동의 발달과 성장을 위한 노력을 다각적으로 실시하므로, 모든 아동이 건강하게 안전 · 안심하고 성장할 수 있는 환경을 구축하고자 한다(こども家庭庁, 2024). 이는 점진적으로 취학 전 아동에 대한 정책을 빈틈없이 실현하므로써 공생 사

회를 만들기 위한 것이라 볼 수 있다.

일본은 2003년에 시행된 저출산사회대책기본법(법률 제133호), 2009년에 제정한 어린이·청년육성지원추진법(법률 제71호) 등에 근거하여 범정부적으로 아동정책을 추진해 왔다. 그런데도 저출생과 인구감소는 계속되고 있다. 저출생 문제는 사회 유지와 관련되는 중요한 주제이다. 인구학자들은 한 사회가 유지되기 위해서는 합계출산율 2.0은 되어야 한다고 본다. 2022년 기준 한국의 0.7명보다는 높지만, 일본도 1.26명으로 2명에 미치지 못한다. 때문에 공생 사회를 위해 출산율 제고가 필요하다.

한편 2020년에는 아동학대 상담 대응, 부등교, 인터넷 괴롭힘 등이 역대 최다였고, 특히 만 19세 이하 약 800명 정도가 자살했다. 코로나19도 아동 발달에 부정적 영향을 미치고 있다(内閣府, 2022a). 이에 공생 사회를 위한 삶의 질 제고 역시 필요한 시점이다.

일본은 아동정책을 강력하게 추진해 저출생 문제를 해결하고 삶의 질을 높여 사회의 지속 가능한 발전을 확보할 수 있느냐의 분기점으로 보고 있다. 이에 아동 최선의 이익을 가장 우선으로 여기고, 아동에 관한 정책을 정부 정책의 중심에 놓고 아동 중심 사회 만들기에 힘을 쏟고 있다.

즉 아동의 권리를 보장하고 모든 아동이 살아갈 만한 사회 만들기 사령탑으로 아동가정청을 설치하였다(内閣府, 2022a). 여기서 어린이는 기본적으로 만 18세까지를 의미하지만, 특정 연령이 아닌 성인을 포함한 젊은이들도 염두하고 있다(内閣府, 2022a). 각료 회의 결과, 아동가정청 설치 필요성과 목표로는 다음 세 가지를 들고 있다(内閣府, 2022b).

첫째, 아동정책을 더욱 강력하게 추진해 나가기 위해 항상 아동의 관점에 서서, 아동 최선의 이익을 최우선으로 생각하고, 아동 중심 사회실현을 위한 업무만 전담하는 독립된 행정 조직과 전임 장관이 필요하다.

둘째, 새로운 행정 조직으로서 아동이 자립적인 한 개인으로서 건강하게 성장할 수 있는 사회실현을 위해 아동, 가정 복지 증진·보건 향상 등의 지원, 아동 권리이익의 옹호를 임무로 하는 아동가정청 설치가 필요하다.

셋째, 아동에게 필요불가결한 교육은 문부과학성에서 충실하게 하되, 아동가정청과 문부과학성이 밀접하게 연계하여 아동 발달을 지원하도록 한다.

본 고에서는 공생 사회를 위한 아동가정청 설치 방향, 운영 및 역할, 과제 검토를 통해 저출생·인구감소의 사회문제와 더불어 열악한 발달 환경에 놓인 한국 아동의 건강한 발달을 위한 아동정책 시사점을 얻고자 한다.

이를 위해 일본 논문 검색 사이트(CiNii Research)에서 키워드 'こども家庭庁(아동가정청)', 'こども家庭庁·内閣府(아동가정청·내각부)'로 제공된 논문(平川則男, 2022)과 일본총연(日本総研)의 아동가정청 관련 논문(池本美香, 2022), 내각부(内閣府)의 아동가정청 설치에 관한 자료(内閣府, 2022a-b)를 참고했다.

2. 아동가정청 운영 방향

아동가정청(こども家庭庁)은 2023년 4월부터 운영되고 있다. 이를 위해 관련법을 개정했다. 또 2021년 12월 21일 각료 결정으로 아동정책의 새로운 추진체제에 관한 기본방침을 세웠다(内閣府, 2022a). 기본방침의 핵심은 아동 중심 사회를 목표로 이를 총괄하는 사령탑으로 아동가정청 창설이다. 아동 중심 사회란, 항상 아동 발달을 최우선으로 생각하여 아동에 관한 정책을 사회의 중심에 두고, 아동의 관점에서 아동을 둘러싼 모든 환경을 시야에 넣어 아동의 권리를 보장하고, 단 한 명의 아동도 예외 없이 건강하게 성장하도록 사회 전체가 지원한다는 것이다(内閣府, 2022b). 다음에서 아동가정청 설치 방

향을 기본이념 및 기본자세, 업무를 통해 살펴본다.

1) 기본이념

향후 아동정책의 기본이념을 살펴보면 다음 〈표 16-1〉과 같다(内閣府, 2022b).

표 16-1. 아동정책 기본이념

기본방침	내용
아동과 양육자 관점에서 정책 입안	· 아동의 의견을 정책에 반영 · 젊은이들의 사회 활동 촉진 · 가정이 기반이 되도록 함 · 양육자의 의견을 정책에 반영
모든 아동의 건강한 성장, Well-being 향상	· 일련의 성장 과정에서 양질의 적절한 보건, 의료, 치료, 복지, 교육을 제공 · 가정, 학교, 지역 등이 하나가 되어 편안한 장소 제공 및 대응
단 한 명도 예외 없이 지원	· 모든 아동이 정책 대상으로 빠짐없이 당사자로서 지속 가능한 사회의 실현에 참여 할 수 있도록 지원
아동과 가정이 안고 있는 복합적인 과제에 대해 제도나 조직에 의한 종적 관계의 벽, 그리고 연령의 벽을 극복한 끊임없는 포괄적인 지원	· 아동 어려움은 복합적으로 중첩되어 표출 · 문제행동은 아동의 SOS · 보호자에게도 지원이 필요 · 18세 등 특정 연령으로 일률적으로 구분하지 않고 아동과 젊은이가 원활하게 사회생활을 할 수 있을 때까지 지원
기다리는 지원이 아닌 예방적 관계를 강화함과 동시에 지원이 필요한 아동과 가정에 지원이 제대로 전달되도록 적극적으로 알리고 방문형 지원으로 전환	· NPO 등 민간단체 등이 연계하여 아동에게 적절한 장소에서 맞춤형 지원을 하는 방문 지원을 충실하게 하고, SNS를 활용하여 알리는 정보 발신 충실
데이터 통계를 활용하여 근거를 토대로 정책을 입안하고 평가·개선	· 다양한 데이터와 통계를 활용함과 동시에 아동의 의견 청취 등 질적인 내용도 활용·증거를 토대로 다면적 정책 입안·평가·개선

* 内閣府, 2022b 참조 최순자 작성.

향후 아동정책 기본이념은 위의 〈표 16-1〉과 같이 첫째, 아동과 양육자 관점에서 정책 입안이다. 아동은 보호자나 사회의 지지를 받으면서 자신을 확립해 나가는 주체로 인식하고, 보호해야 할 부분은 보호하면서 아동의 의견을 연령과 발달 단계에 따라 정책에 반영한다. 또 젊은이들의 사회 활동도 촉진하고 가정이 기반이 되도록 한다. 한편 부모의 성장을 지원하는 것이 자녀의 긍정적 성장으로 이어지므로, 양육자의 의견을 정책에 반영하도록 한다.

둘째, 모든 아동의 건강한 성장, Well-being 향상이다. 임신 전부터 임신·출산, 신생아기, 영유아기, 학령기, 사춘기, 청소년기의 일련의 성장 과정에서 양질의 적절한 보건, 의료, 치료, 복지, 교육을 제공한다. 또 안전하고 안심하며 지낼 수 있는 장소 제공을 통해 다양한 배움과 체험을 통해 행복한 상태(Well-being)에서 성장할 수 있도록 가정, 학교, 지역 등이 하나가 되어 대응한다.

셋째, 단 한 명도 예외 없이 지원한다. 모든 아동이 정책 대상으로 빠짐없이 당사자로서 지속 가능한 사회실현에 참여할 수 있도록 지원한다. 이는 아동의 복지에 그치지 않고 사회의 지속 가능에도 기여한다는 인식이기도 하다.

넷째, 아동과 가정이 안고 있는 다양하고 복합적인 과제에 대해 제도나 조직에 의한 종적 관계의 벽, 연령의 벽을 극복하고 끊임없는 포괄적 지원을 한다. 아동의 어려움은 아동 요인, 가정 요인, 가정 내 관계성 요인, 환경 요인 등 다양한 요인이 복합적으로 중첩되어 표출된다.

다섯째, 기다리는 지원이 아닌 예방적 관계를 강화함과 동시에 지원이 필요한 아동과 가정에 지원이 제대로 전달되도록 적극적으로 알리고 방문형 지원으로 전환한다. 즉 지역 내 관계기관이나 NPO 등 민간단체 등이 연계하여 아동이 적절한 장소에서 맞춤형 지원을 받을 수 있는 방문 지원을 충실하게 하고, SNS를 활용하여 알리는 정보 발신 충실화를 꾀한다.

여섯째, 데이터 통계를 활용하여 근거를 토대로 정책을 입안하고 평가·개선한다. 다양한 데이터와 통계를 활용함과 동시에 아동의 의견 청취 등의 질적인 내용도 활용한다. 개인정보를 취급하는 경우에는 아동의 권리이익 보호를 충분히 배려하면서, 증거에 근거해 다면적으로 정책을 입안·평가·개선한다.

위에서 살펴본 바와 같이, 아동정책의 기본이념은 아동과 양육자 관점에서 정책 입안, 모든 아동의 건강한 성장, Well-being 향상, 단 한 명도 예외 없이 지원, 연령의 벽을 극복한 끊임없는 포괄적인 지원, 기다리는 지원이 아닌 예방적 관계를 강화하는 전략 조치 등을 포괄한다.

2) 기본자세

아동 중심 사회를 위한 아동가정청의 기본자세는 다음 〈표 16-2〉와 같다 (內閣府, 2022b).

표 16-2. 아동가정청 기본자세

기본자세	내용
당사자 의견과 관점 반영	· 아동 관점, 양육자 관점과 아동과 젊은이의 의견을 연령, 발달 정도에 따라 반영
지방자치단체와 연계 강화	· 인사교류 추진과 정기적인 협의의 장 마련
NPO를 비롯한 시민사회와 적극적인 대화·연계·협동	· NPO 등 다양한 민간단체와 민생·아동 위원, 청소년 상담원, 보호사 등 민간단체와 네트워크 강화 · 민간인 참여를 적극적으로 독려

* 內閣府, 2022b 참조 최순자 작성.

첫째, 아동의 관점, 양육자 관점과 아동과 젊은이의 의견을 연령, 발달 정도에 따라 정책에 반영하고 양육자 의견을 정책에 반영한다.

둘째, 지방자치단체와 연계를 강화하여 현장의 요구를 반영한 선진적인 대응을 수평적으로 전개하고 필요에 따라 제도화한다. 이를 위해 인사교류 추진과 정기적인 협의의 장을 마련한다.

셋째, NPO를 비롯한 시민사회와 적극적으로 대화·연계·협동한다. 즉 NPO 등 다양한 민간단체와 민생·아동 위원, 청소년 상담원, 보호사 등과의 네트워크를 강화하고 민간인 참여를 적극적으로 독려한다.

이처럼 아동 중심 사회를 실천하기 위한 아동가정청의 기본 전략은 아동의 관점 및 양육자 관점을 반영하고, 지방자치단체와 연계를 강화하여 현장의 요구를 반영한 대화·연계·협동 등에 초점을 맞추고 있다.

3) 주요 업무 및 역할

아동가정청 업무는 내부에 기획 입안·종합 조정, 육성, 지원의 3개 부서를 설치했다(内閣府, 2022b). 구체적인 업무 내용은 다음 〈표 16-3〉과 같다.

일본 정부 부처 이름에 처음으로 '아동(こども)'이라는 명칭이 붙은(吉川裕貴, 2023) 아동가정청에서는 〈표 16-3〉과 같이 내부에 기획 입안·종합 조정, 육성, 지원의 3개 부서를 두어 아동정책을 시행하고 있다. 이들 업무 중 모자보건, 임산부 지원, 아동 안전, 장애아 지원 등(吉川裕貴, 2023)은 의료 업무와 관련이 깊다. 구체적으로 보면, 엄마 건강, 아빠 건강, 난임 치료, 연구 개발 등의 지원까지 포함하고 있다(山本圭子, 2023).

표 16-3. 아동가정청 주요 업무

업무	내용
기획 입안 · 종합 조정 분야	· 아동과 양육자 입장에서 아동정책을 기획 입안 · 종합 조정 · 지원이 필요한 사람에게 전달하기 위한 정보 발신이나 홍보 · 데이터 · 통계를 활용하여 정책 입안과 실천, 평가, 개선
육성 분야	· 임신 · 출산 지원, 모자보건, 성장 의료 등을 육성 · 지원함으로써 취학 전 모든 아동의 성장을 보장 · 상담 대응과 정보 제공의 충실화로 편안하게 지낼 장소 제공 · 어린이의 안전 업무
지원 분야	· 다양한 어려움을 겪고 있는 아동과 가정에 대해 연령과 제도에 얽매이지 않고 지속해서 포괄적 지원 · 사회적 양호의 충실 및 자립 지원 · 아동 빈곤 대책, 한부모 가정 지원 · 장애아 지원

* 内閣府, 2022b 참조 최순자 작성.

3. 아동가정청 과제

아동가정청 설치의 방향은 기본이념, 기본자세, 업무 등을 통해 알 수 있듯이 아동의 권리와 복지 증진을 가져올 수 있다는 점에서 그 의의가 크다. 그러나 해결해야 할 몇 가지 과제가 있다. 2022년 3월에 자녀 양육 가정을 대상으로 한 연구(池本美香, 2022)에서는 유보일원화 체제, 기본법의 이념을 실제로 정책에 포함하기 위한 보육제도의 근본적 재검토, 한정된 재원의 효과적 사용을 과제로 본다. 본 고에서는 아동가정청 설치 과제로 크게 두 가지를 제시한다.

첫째, 유보일원화 체제로 가야 한다(池本美香, 2022)는 점이다. 2023년 4월에 설치한 아동가정청에서는 후생노동성이 관장했던 보육소 업무와 내각부의 인정어린이집 업무를 아동가정청에서 맡게 된다. 유치원 업무는 문부과학성이 맡지만 아동가정청 장관은 자료의 제출, 설명 및 협력을 요구할 수 있는 권한을 갖기는 하나, 결국 다시 이원화 체제로 가는 셈이다.

2022년 3월에 자녀 양육 가정을 대상으로 한 연구(池本美香, 2022)에 의하면, 조사 대상자들은 보육소 입소 조건인 보호자의 취업 철폐를 요구하고 있다. 그 이유로는 보육소와 유치원 교육 내용에 큰 차이가 없어졌다는 것이다. 따라서 아동가정청으로 유치원 업무도 이관하여 담당하는 것, 즉 유보일원화 체제로 가는 것이 바람직하다고 본다.

둘째, 아동가정청 운영을 위한 재원 확보 방법을 명확히 제시해야 한다. 현안에서는 아동정책을 강력하게 추진하기 위한 안정적인 재원 확보를 위해 국민 각층의 이해를 얻고 사회 전체적으로 비용을 부담한다는 점을 포함하여 폭넓게 검토해야 한다는 점을 명시하고 있다. 또 소득에 따른 부담이나 세제개혁, 기업을 포함해 사회 · 경제 참가자 전원이 부담해 나가는 새로운 틀의 검토를 언급하고 있다(內閣府, 2022b).

재원 확보의 필요성을 논한 연구(平川則男, 2022)에서는 아동가정청이라는 부처명에서 알 수 있듯이, 사회 상황의 변화, 노동력 인구의 변화, 다양성이 중시되고 있음에도 자녀 양육은 가정 책임이라는 점을 강조하기 위한 움직임의 지속으로 본다. 연구(平川則男, 2022)에 의하면, 재원 확보를 위해 육아는 사적 영역이 아닌 사회 영역임을 아동 · 자녀 양육 · 젠더 · 인구감소로 인한 사회경제 · 마을 만들기 등의 관점에서 다양한 관계자가 각각의 입장에서 논의할 필요가 있음을 강조한다.

이상에서 살펴본 바와 같이 아동가정청 설치로 완전한 아동 중심 사회실현을 위한 과제로는 유치원 업무를 아동가정청으로 이관하여 유보일원화 체제 구축, 육아가 사회적 영역임을 강조하여 운영을 위한 명확한 재정 확보 제시가 필요하다.

4. 아동가정청 설치를 통한 시사점

일본은 공생 사회를 위해 그동안 범정부적으로 아동정책 정책을 추진해 왔다. 그런데도 저출생과 인구감소는 계속되고 있다. 더구나 아동학대 상담 대응, 부등교, 인터넷 괴롭힘, 자살 등이 증가하고 있다. 코로나 전염병도 아동 발달에 부정적인 영향을 미치고 있다(内閣府, 2022a). 이에 아동정책을 강력하게 추진해 저출생 문제를 해결하고 삶의 질을 높여 사회의 지속 발전을 확보할 수 있느냐의 분기점으로 보고, 모든 아동이 살아갈 만한 사회 만들기를 관장할 아동가정청을 설치하여 운영하고 있다(内閣府, 2022a).

아동정책의 새로운 추진체제에 관한 기본방침의 포인트는 아동 중심 사회를 목표로 이를 총괄하는 사령탑으로 아동가정청을 주목한 점에 있다. 아동 중심 사회란, 항상 아동 발달을 최우선으로 생각하여 아동에 관한 정책을 일본 사회의 중심에 두고, 아동의 관점에서 아동을 둘러싼 모든 환경을 시야에 넣어 아동의 권리를 보장하고, 단 한 명의 아동도 예외 없이 건강하게 성장하도록 사회 전체가 지원한다는 것이다(内閣府, 2022b).

아동정책의 기본이념은 아동과 양육자 관점에서 정책 입안, 모든 아동의 건강한 성장, Well-being 향상, 연령의 벽을 극복한 끊임없는 포괄적인 지원, 기다리는 지원이 아닌 예방적 관계를 강화 등이다. 기본자세는 아동의 관점 및 양육자 관점 반영, 지방자치단체와 연계를 강화하여 현장의 요구를 반영한 대화 · 연계 · 협동 등이다. 주요 업무는 아동가정청 내부에 기획 입안 · 종합 조정, 육성, 지원이다(内閣府, 2022b). 이들 업무 중 모자보건, 임산부 지원, 아동 안전, 장애아 지원 등(吉川裕貴, 2023)은 의료 업무와 관련이 깊다. 구체적으로 보면, 엄마 건강, 아빠 건강, 난임 치료, 연구 개발 등의 지원까지 포함하고 있다(山本圭子, 2023).

해결해야 할 과제로는 유치원 업무를 아동가정청으로 이관하여 유보일원화 체제 구축(池本美香, 2022), 육아가 사회적 영역임을 아동 · 자녀 양육 · 젠더 · 인구감소로 인한 사회경제 · 마을 만들기 등의 관점에서 강조하여 운영을 위한 명확한 재정 확보(平川則男, 2022)이다.

일본의 아동가정청 설치가 한국 아동정책에 주는 시사점은, 현재 한국도 2025년까지 유 · 보 통합을 목표로 하고 있다. 지난 2024년 6월 27일, 보육업무가 교육부로 이관되어 일차적인 부처 통합은 이루어졌다. 그러나 아동가정청처럼 아동정책만 전담하고 독립적으로 운영할 부처가 필요하다.

2023년 한국의 합계출산율은 0.72로 저출생 문제와 인구감소가 심각한 상황이고, 아동을 둘러싼 환경도 갈수록 열악해지고 있다. 같은 상황에 놓인 일본은 지금이야말로 지속 가능한 사회 만들기 분기점으로 보고 2023년 4월부터 아동가정청을 운영하고 있다. 아동정책을 강력하게 추진해 나가기 위해 항상 아동의 관점에 서서, 아동 최선의 이익을 최우선으로 생각하고, 아동중심 사회실현을 위한 업무만 전담하는 독립된 행정 조직과 전임 장관을 둔 것이다(内閣府, 2022b). 한국도 어른들의 이해관계나 정치적 논리가 아닌, 인간발달에서 가장 중요한 시기에 놓인 아동 최선의 이익을 중심에 두고 모든 가능성을 열어놓고 논의해야 한다.

〈참고문헌〉

최순자 · 齊藤正典(2018). 일본 유보통합형 인정어린이집 교육 · 보육요령 개정 포인트. 한국일본교육학회 제128차 연차학술대회 자료. 고려대학교.

池本美香(2022). こども家庭庁設置後に取り組むべき保育制度の課題─子育て家庭へのアンケート結果を踏まえて ─. 日本総研 Research Focus, 税 · 社会保障シリーズ No. 53. 1-14.

山本圭子(2023). こども家庭庁創設と最近の母子保健の動向. 周産期医学, 53(12). 1795-1800.

吉川裕貴(2023). こども家庭庁設立と母子保健. 公衆衛生, 87(12), 1258-1261.

濱野裕華 · 轟慎一(2023). こども家庭庁およびこども基本法をめぐる子ども政策の包括化. 都市計画報告集, 22(3), 406-412.

平川則男(2022). 子ども子育ての社会化をめぐる議論の変遷. こども家庭庁設置法案と安定財源, 自治総研, 48(522). 1-23. 内閣府(2022a).

こども家庭庁(2024). こども家庭庁業務パンフレット 2023.

https://www.cfa.go.jp/assets/contents/node/basic_page/field_ref_resources/7e61aa5c-bl8a-4711-85c4-c28d6822c7eb/66c23753/20230401_about_05.pdf. (2024. 2. 18. 인출.)

こども政策の推進(こども家庭庁の設置等).こども政策の新たな推進体制に関する基本方針について, 令和3年 12月21日閣議決定.

https://www.cas.go.jp/jp/seisaku/kodomo_seisaku_suishin/index.html. (2022. 7. 30. 인출.)

内閣府(2022b). こども政策の新たな推進体制に関する基本方針のポイントについて.

https://www8.cao.go.jp/shoushi/shinseido/meeting/kodomo_kosodate/k_60/pdf/s6.pdf. (2022. 8. 20. 인출.)

글을 마치며

공생교육의 향후 과제

공병호(오산대학교)

1.『일본의 공생교육』발간의 경위

한국일본교육학회에서는 매년 당시 우리나라와 일본은 물론, 세계 교육에 있어 핫 이슈가 되어 있는 주제를 선정하여 연간 세미나를 진행해 오고 있다. 그리고 그 성과를 엮어 저서를 발간하고 있다. 근래에 들어 2021년에는『일본의 세계시민교육: 실천과 방향』,(학지사), 2022년에는『뉴노멀시대 일본교육의 변화와 과제』,(한국학술정보)를 발간하는 등 명실공히 일본교육과 관련하여 독보적이고 전문성 있는 학회로서 학술 및 저술 활동에 진력을 다하고 있다고 자평하고 싶다.

이번에 발간하게 되는『일본의 공생교육』은 지난 2022년에 이루어진 연구 활동의 집적(集積)이다. 학술발표회의 취지와 성과를 요약하면 다음과 같다. 일본은 최근 지속가능발전교육과 다문화 공생교육 협력 등을 학교 현장에 정착시키기 위한 학교교육 개혁이 추진되고 있다. 또한 저출산 극복을 위한 노력과 함께 자연재난 및 전쟁 등에 따른 이주민 문제, 평화 문제, 국제협력 등이 새로운 미래교육의 의제로 등장하고 있다. 한편, 미래 인공지능 사회를 주도할 인재 육성 전략과 관련하여 넓고 깊이 있는 교육을 실천하며, 안전하고 안심할 수 있는 학교현장을 조성하기 위한 새로운 학교 실천 활동으로서 프리스쿨, 야간중학교, 사회교육시설 확장 등 다양한 교육혁신이 추진되고 있다. 이러한 관점은 일본 정부가 추진하고 있는 '인도 · 태평양 국제 협력 체제'를 주도하는 실천 전략으로서 '글로벌 2040 변혁교육(Transforming Education 2040)'으로서 다문화 공생주의, 즉 "함께 살고 함께 번영하는 교육"을 준비하는 것에 기인한 것이라고 생각한다.

2. 『일본의 공생교육』 구성과 내용 요약

이상과 같은 연구 활동의 성과를 기반으로 이 책은 제 I ~ Ⅳ부, 전체 16장으로 구성되었다. 아래에서는 이 책의 구성과 내용을 '일본 공생교육의 현황'이라는 틀에서 요약하고자 한다.

제 I 부 공생교육 이념과 원리에서는 '공생교육의 의미와 필요성'에 대하여 4개의 장으로 구성하였다.

제1장 [일본의 '다문화 공생' 교육]은 천호성(전주교육대학교)교수가 집필하였다. 일본 총무성은 '다문화 공생'에 대해 "서로 다른 국적과 민족의 사람들이 서로의 문화적 차이를 인식하고 대등한 관계를 구축하기 위해 노력하면서 지역사회의 구성원으로 함께 사는 것"으로 정의하고 있다. 출생률이 감소하고 인구가 고령화됨에 따라 노동 인구의 감소는 노동력 부족과 사회 보험 부담의 증가 등 다양한 문제를 야기할 것으로 예측되었다. 그에 대한 하나의

해결책으로 외국인 노동자 수용정책이 1990년대에 본격적으로 시작되었고, 2006년 총무성의 자료에 따르면 다문화 공생의 핵심인 외국인에 대한 생활 지원의 한 영역으로서 '교육'이 포함되어 있음을 알 수 있다. 이러한 정책은 재일교포에게 민족교육의 장을 빼앗아 나중에 혜택으로서 일본 공립학교의 문을 열어 일본인과 같이 취급해 온 동화교육과 일치한다고 분석하고 있다. 이처럼 문부과학성의 방침에서는 일본어 지원과 생활 적응, 즉 동화가 전제되어 있고 그 안에는 모국의 문화나 모국어를 보장하는 체제는 전혀 제시되어 있지 않다고 비판하고 있다.

제2장 [일본의 공생을 위한 평화교육 연구 동향]은 이정희(광주교육대학교) 교수가 집필하였다. 평화교육은 2차 세계대전 이후 유네스코(UNESCO)가 주도한 국제이해교육에서 출발하였다. 이러한 평화교육도 세계 각 지역이나 사회마다 관심사나 접근 형태가 다양하다. 이교수는 일본의 공생을 위한 평화교육 연구에 나타난 전반적인 특징을 밝히기 위해 일본 평화교육 연구 동향을 빅데이터를 활용하여 분석하였다. 이를 위해 학술연구정보서비스(RISS)에서 '平和教育(평화교육)'을 입력하여 추출한 일본의 학술논문을 중심으로 전반적인 연구 동향 및 시기별 평화교육 연구 내용 등을 분석하여 일본의 평화교육 연구에 나타난 특징을 밝혔다. 이때 연구 방법으로는 KH Coder를 활용하였는데, KH Coder는 언어연구 분야나 사회학 또는 사회 조사 분야에서 계량 텍스트 분석이라는 방법을 실현하기 위해 개발된 것이다. 예를 들어, 일본에서 전쟁은 전반기에는 '문제'의 맥락에서 다룬 반면, 중후반으로 갈수록 일본의 평화교육을 위해 '체험'을 강조하는 형태로 다루어졌음을 알 수 있다. 이와 같은 평화교육은 일본에서 반전 정서를 촉진하는 데에는 일정의 역할을 해 왔다고 판단된다. 하지만 일본의 국제사회에서의 위상을 고려한

다면 참된 평화 구축을 위한 노력이 더욱 요구된다고 하였다. 즉, 전쟁과 폭력이 없는 상태인 소극적 의미의 평화에서 한 걸음 나아가 적극적인 의미의 평화, 즉 전쟁이 없으면서 동시에 인간답게 살 수 있는 환경이나 조건을 만들어 나가기 위한 포석이 필요하다고 주장하고 있다. 이것은 지금까지 자국적 맥락, 즉 좁게 닫힌 프레임에서 전개되어 왔던 평화교육을 인류 보편적인 가치의 초국적 맥락, 즉 넓게 열린 프레임으로 전환해야 함을 시사하고 있다고 제언하고 있다.

제3장 [공생의 관점에서 교육환경변화 분석 : 일본의 교육정책변화를 중심으로]는 장지은(성균관대학교) 교수가 집필하였다. 장교수는 교육학 이론을 통하여 인간이 환경과 상호작용하며 자신의 형성을 도모하는 가능성은 의미있게 제기되어 왔으며, 이와 같은 환경의 영향력에 대한 공감대가 있어 교육의 기능이 더욱 주목받기도 한다고 전제하였다. 그런 상황에서 한국이나 일본 등에서 나타나는 인구구조의 변화, 극심한 도시집중 현상, 여성의 사회참여 증가, 그리고 4차 산업혁명을 비롯하여 코로나 19로 확대된 비대면 사회로의 전환 등의 변화 등은 교육환경변화에 많은 도전을 주고 있다고 분석하였다. 이러한 급변화하는 사회 속에 부각된 사회과제에 대응하여 교육환경의 과감한 혁신을 도모하는 일본의 교육정책은 교육환경의 관점에서 주목할 필요가 있다. 가정과 지역의 교육력 회복 및 가정·학교·지역의 삼자가 연계해야 할 필요성이 제시되었는데, 관련 답신에 따라 실시된 「학교 주 5일제」와 함께 학교교육의 재편성을 위한 학사연계의 중요성, 기존의 학사연계의 관점에서 '가정·학교·지역의 삼자를 융합한 종합적인 학습기회 정비의 필요성'이 제기되었음을 분석하였다. 그 사례로 학교지원지역본부와 커뮤니티 스쿨, 초중일관교의 제도화, 공공시설의 40%에 해당하는 학교시설의 매

니지먼트를 통하여 공공시설 전체의 효과적이고 효율적인 정비가 될 수 있다고 제시하였다. 일본은 이러한 국가 수준의 정책을 통하여 미성년자들이 자라나는 교육환경에 대한 혁신적인 변화를 도모하여 왔는데, 단순하게 교육과정이나 프로그램개발 및 개선뿐만 아니라, 미성년학습자가 일상 속에서 접하는 교육환경에 크고 작게 공생적 의미를 가지는 교육적 변화를 도모하고 있다고 하였다. 이러한 교육환경의 개선이 미성년자들의 성장에 영향을 미치는 방법은 주로 두 가지 양상으로 드러난다. 하나는 타인과 상호작용하는 교육경험의 양적 질적 확장이고 또 다른 하나는 변화된 환경에 대한 일상적인 적응을 통하여 궁극적으로 타인과 함께 살아가는 사회환경에 대한 적응력을 높이는 것으로 설명하였다.

제4장 [일본의 인도태평양 협력체제와 공생주의 국제교육]은 윤종혁(숙명여자대학교)교수가 집필하였다. 윤교수는 일본 정부가 추진한 '새로운 자본주의' 혁신전략은 교육개혁에도 큰 영향을 미쳤으며, 국제사회에 대한 개발협력전략 등 교육계 전반의 변혁적 구조를 이끌어냈다고 분석하였다. 이와 같은 개혁적 배경 속에서 인간안보와 경제안보를 실현하기 위한 국제교육개발협력의 초안이 구상되었고, 2015년에 "개발협력 헌장"이라는 이름으로 채택되었다. 일본외무성의 자료를 인용하여 개발협력 헌장에는 정부개발원조(ODA)의 범위를 넘어 "모든 사람을 위한 평화, 번영 및 더 나은 미래를 위하여"를 주제로 삼았다고 하였다. 집필자는 이러한 현재 일본의 외교정책에서 분명하게 드러나는 특성은 글로벌 수준의 대표적인 국익외교(National Interest Diplomacy) 정책을 실천하는 것이라고 예리하게 분석하고 있다.

제Ⅱ부 공생교육 실천 정책에서는 '교육기회의 확대와 질적 향상'이라는 의미에서 4개의 장으로 구성되었다.

제5장 [일본의 공생을 위한 교원정책의 변화]는 송민영(한국홀리스틱융합교육연구소) 박사가 집필하였다. 송박사는 일본의 '공생을 위한 교원정책'은 교사들의 근로환경을 개선하고 교사들의 전문성을 향상시키는 데에 초점을 맞춘 문부과학성의 정책으로, 이러한 정책의 주요 목표는 교사들의 업무 부담을 줄이고 교육환경을 향상시킴으로써 학생들의 학업 성취도를 높이고자 하는 것이라고 전제하였다. 송박사는 방대한 자료 분석을 통하여 이러한 교원정책이 다양한 방법으로 구체화되고 있는 것을 밝혔다. 하나의 사례로『전국 학교의 일하는 방식 개혁 사례집』을 제시하면서 각 학교나 지역의 실정에 맞게 일하는 방식 개혁 추진을 위한 자료로 활용하고, 쌓아온 업무에 대해서 아이들에게 필요한지 어떤지, 또, 재검토가 적절한지 어떤지를 고려하면서, 보다 효과적·효율적인 존재 방식을 찾을 때 이 사례집이 도움이 될 것이라고 명시하고 있다. 일본의 '공생을 위한 교원정책'과 '공생전략'은 교육 분야에서 교원과 학교가 지역사회와 협력하여 더 나은 교육을 제공하고 지역사회의 발전을 촉진하는 데 기여할 뿐 아니라, 지속 가능한 발전과 사회적 상생을 추구하는 정책과 전략을 나타낸다. 이러한 교원정책과 공생전략은 교사와 학교가 학생들의 교육뿐만 아니라 사회 전반에 긍정적인 영향을 미치도록 하는 데 중점을 두며, 일본 교육체계의 개혁과 발전을 촉진하는 방향으로 이뤄지고 있다고 분석하였다.

제6장 [비경제활동청년 증가 원인과 대안 : '공생(共生)'을 위한 한일사회 진로교육]은 이은주(명지전문대학교)교수가 집필하였다. 이교수는 AI 시대로의 변화의 교차점에서 다양한 진로를 탐색하고 다양한 생산 활동에 참여하

며 서로 공존할 수 있는 방안으로서, 모든 아동, 청소년, 청년을 위한 진로 교육의 개선방안을 제안하고자 하였다. 이러한 관점에서 일본의 진로교육을 분석하였는데, '프리타' '단절청년' '외톨이 청년' '비경제활동 청년' 등의 용어로 시사되는 문제를, 잠재적 히키코모리 청년으로 범주화하고, 그들을 위해 구체화 된 학습 과정을 구성하여, '직업', '커리어', '경제적 독립'을 위한 커리큘럼으로 개선하고 있는 노력이 보여진다고 하였다. 이교수는 향후 다양한 직업 선택의 기회와 창업의 기회가 주어져야 할 것이며, 특히 내가 나고 자란 지역에서 '공생'을 실천할 수 있는 역량을 함양해야 할 것이라고 제언하였다. 또한 AI 시대로 인해 인간의 여가시간이 과도하게 증가함에 따라, 미래에 요구되는 역량은 일상생활과 삶의 영역에서 창의성과 공감능력을 함양하며, 타인과 공생 하는 삶이라는 인식전환이 필요하다고 주장하였다.

제7장 [일본형 공생교육의 구축전략 : 야간중학교를 중심으로]는 요코제키 리에(다쿠쇼쿠대학 홋카이도 단기대학교)교수가 집필하였다. 이 장에서는 일본의 의무교육 미수료자와 기초교육 보장 관점에서 정부의 야간중학 정책의 최근 동향을 정리하고, 교육기회확보법 법제 측면에서 각 지자체의 야간중학정책이 지닌 과제와 전망을 검토하였다. 학령기 아이들의 부등교 실태, 재류 외국인의 추이변화 등을 통하여 관련 주제에 대한 일본의 추이와 현황을 분석하고 있다. 일본에서는 제2차 세계대전 패전 이후 초기의 방대한 수의 의무교육 미수료자가 존재하였지만, 현재는 미수료자의 비율이 많이 줄었다고는 해도 의무교육을 받지 못한 아이들이나, 취학하여도 조기에 이탈하는 아이들이 끊임없이 존재한다. 이러한 아이들은 장래, 사회적으로 배제될 가능성이 지극히 높기 때문에, 학령기에 의무교육을 받지 못한 의무교육 미수료자의 교육 기회를 어떻게 보장할 것인가가 긴급한 교육 정책의 과제가 되어 있

다. 실제로 일본에서는 이러한 의무교육 미수료자를 위한 재배움의 장소가 충분히 정비되어 있지 않은 형편이다. 이에 대응하여 국가는 학령기를 초과해도 의무교육을 이수할 수 있는 야간중학교의 잠재적 필요성이 있다고 파악하고 각 지자체에서 야간중학교의 신규 설치와 기존의 야간중학교를 확충할 것을 요구하고 있다. 특히 2016년에는 교육기회확보법(의무교육 단계에서 보통교육에 상당하는 교육기회 확보에 관한 법률)이 제정되어 "야간 그 외 특별한 시간에 수업을 실시하는 학교에서 취학의 기회 제공"(제2조 4)이 정부와 지방공공단체의 책무로 되었다. 의무교육 미수료자에 대한 교육기회 확보 및 관련 교육기관으로서 야간중학교가 법률로 규정된 것은 일본의 의무교육법제가 새롭게 교육보장 기회를 명확하게 한 것이다. 이 법의 제7조에 근거한 기본방침에서도 모든 도도부현에 적어도 하나의 야간중학교를 설치하는 것이 포함되어 있다. 이에 따라 최근에는 각 지자체에서 야간중학교의 설치 · 충실을 위한 움직임이 보이고 있다. 이러한 일련의 움직임은 그간 연령주의에 많은 영향을 받고 있던 '일본형 공교육'의 핵심이 되는 의무교육제도가 간과해 오던 학령 초과 의무교육 미수료자의 교육기회 확보에 대해 재인식하고 있는 사례라고 분석하였다.

제8장 [장애인의 자립 공생과 커뮤니티 임파워먼트의 가능성]은 오민석 (아주대학교)교수가 집필하였다. 우리 사회는 자기선택 · 자기결정의 권리 존중과 사회참여 촉진이라는 관점에서 장애인의 탈시설화와 지역생활 이행에 박차를 가해 왔다. 하지만, 장애인의 보통의 삶에 대한 이상(理想)과 그 생활 실태는 서로 동떨어져 있으며, 주체적 자립공생생활의 실현 달성이 곤란한 상태에 있다고 분석하였다. 장애인식의 이행과정에서 「합리적 배려」에 담긴 장애인식은 공동체 구성원 간 상호부조의 정신을 바탕으로 서로 돕는 동료의

일원이 되는 과정이며, 동시에 「완전 참여」를 제한해 온 사회적 장벽의 배제 추진을 통해 함께 생활 가능한 지역공생사회 형성과정이다. 이러한 관점에서 분석 대상으로 삼은 무기노사토는 장애인 개개인의 생애에 걸친 능력과 가능성 발달에 있어 노동과 학습의 불가결성과, 공생사회의 형성 가능성을 지향해온 지역평생교육실천의 장으로서 장애인에게 평범한 일상의 삶을 되돌려주고자 하였다. 특히, 노동시장에서 장애인은 보호자 이외의 존재에 대해 인식·관심을 가질 수 있는 첫발을 내딛음으로써 창조적 배움과 집단 내 자기성장이라는 인격 형성, 나아가 포섭적 커뮤니티를 매개로 한 타인과의 협동적 관계성 속에서 자아통제를 할 수 있는 자립(공생)생활자로서의 임파워먼트 실천을 경험할 수 있는 좋은 사례로 분석·제시되었다.

제Ⅲ부 공생교육 학교교육 실천 사례는 공생교육과 관련한 '학교교육에서의 구체적 수업 실천 사례'로서 3장으로 구성되었다.

제9장 [일본의 다문화 공생 사회에 관한 학습교재 "효탄섬 문제"]는 미즈노 지즈루(장안대학교)교수가 집필하였다. "효탄섬 문제"라고 제목을 붙인 시뮬레이션 교재(藤原孝章, 후지와라 다카아키 저)는 일본의 다문화 공생교육의 실천에 있어서, 대표적으로 사용되는 교재 중에 하나이다. 이 교재는 롤 플레이, 토론, 디베이트 등 참가 체험형 학습교재로서 일본의 학교교육 현장에서 널리 활용되고 있다. 간략한 내용은 효탄섬으로 이주해 온 카치코치인과 파라다이스인이 효탄인과 공생해 가는 가운데 문화적 마찰이나 갈등뿐만 아니라 자신들이 살고 있는 환경까지 위협되어 가는 내용인데 이 교재를 사용하여 수용국인 호스트사회(다수파의 효탄인)와 2개의 게스트 그룹(소수파의 카치코치인과 파라다이스인)이 일으키는 사회문제에 대해 생각하려는 것이다. 미즈노교수

는 앞으로는 다양하게 변해 가고 있는 다문화 공생 사회를 위한 이러한 참가 체험형 시뮬레이션 교재가 일본뿐만 아니라 한국에서도 개발될 것으로 기대하면서 다문화 공생 사회를 목표로 이러한 참가 체험형 교재를 활용하여 학교교육뿐만 아니라 가정 및 지역사회에서도 다문화 공생교육이 실시될 것을 진심으로 바란다고 제언하였다.

제10장 [동아시아 공생을 위한 초등학교 과거사 교육 사례]는 차보은(연세대학교 교육연구소)박사가 집필하였다. 필자는 '왜 과거사를 교육하는가?' 라는 질문을 제기하며 한국, 일본, 중국은 동일한 사건에 대한 서로 다른 재현과 해석으로 각 집단의 기억과 정체성을 구조화하여 왔으며, 이는 동아시아 갈등의 원인이 되어 왔다고 분석하였다. 결국, 동아시아에서 과거사를 교육하는 것은 국가 간에 경합하는 기억을 교육하는 것뿐만 아니라 그 구조와 변인, 원인과 결과, 청산과 정리의 문제, 서로 다른 입장 간 갈등 등을 교육의 내용과 방법으로 가지고 오는 것을 의미하게 된다. 즉, 과거사를 교육하는 것은 트랜스내셔널한 관점, 즉 국민 국가를 성찰하고 비판적으로 바라보는 노력을 통해 동아시아 각국이 국가의 경계를 넘는 기억의 공유가 가능해지도록 하는 것이라 할 수 있다고 분석하고 있다. 국가교육과정에서 의도적으로 무시하거나 가르치지 않는 기억을 적극적으로 드러내는 방식으로 침략국의 역사, 동아시아 속 일본의 역사를 통해 동아시아 국가들과 공생하기 위한 노력을 하는 하나의 실천 사례로 제시하였다.

제11장 [협동과 공생을 기반으로 한「또 하나의 학교」: 일본 홋카이도의 프리스쿨 지유가오카가쿠엔 교육운동과 실천을 중심으로] 는 송미란(히로시키대학)교수가 집필하였다. 송교수는 이러한 교육실천은 한편으로 공교육환

경에서 성장의 기회를 잃은 아이들의 학습권, 인간으로서의 성장할 권리 회복을 실현하는 것이고, 다른 한편으로는 공교육에서 보조적 방법에 머물렀던 활동이나 교육 방법을 교육전면에 내세워, 청소년기 인간의 성장에 필요한 서로 다른 교육방법을 동등하게 공존시킬 필요성이 있음을 강조하고 있다. 본 장의 주요 내용은 NPO법인 홋카이도 지유가오카가쿠엔을 대상으로, 기존의 학교에 "안 가는 · 가지 못하는" 부등교 아동의 성장과 학습을 지원하는 원리를 교육의 주체인 교사, 부모, 지역 사람들, 그리고 인지적 학습과 신체활동을 융합한 체험적 학습, 그리고 다른 학습자로서의 타인들과 「협동」의 구체적인 학습 내용을 검토하는 것을 통해, 프리 스쿨 교육의 핵심적 특징을 밝히고자 한 것이다.

제IV부 공생교육 평생학습 실천 사례는 '공생교육의 영역 확장'의 차원에서 5개의 장으로 구성되었다.

제12장 [일본의 공생기반 진로교육]은 신현정(중부대학교)교수가 집필하였다. 신교수는 일본에 있어 성공적인 커리어교육의 실현은 국가적 과업이 되었으며, 바야흐로 가정, 학교, 지역사회, 산업계 모두가 참여하는 거국적인 '공생 기반'의 '커리어교육 협업 시대'가 도래한 것이라고 분석하고 있다. 신교수는 '공생 기반'의 '커리어교육 협업 시대'를 열어가기 위한 제도 중 하나로 '커리어교육 코디네이터'를 사례로 들고 있다. 이 제도는 지역 사회와 산업 분야가 보유한 다양한 교육 자원과 학교를 연결하여 학교 교육에서 학생들이 사회와 관련하여 경험할 수 있는 학습의 장을 제공함으로써, 학생들의 사회적 자립을 지원하고 학교 교육 안에서 지역과 하나가 된 커리어교육의 실현을 촉진하는 교육지원 인재로 소개하였다. 또한 "아동이 초등학교부터

고등학교까지의 진로교육과 관련된 다양한 활동에 대한, 주로 특별 활동, 학급 활동 및 홈룸 활동을 중심으로 각 과목 등과 상호작용하면서, 자신의 학습상황과 진로 형성을 전망하거나 성찰하고 자신의 변화와 성장을 자기 평가할 수 있도록 고안된 '포트폴리오'로서 '커리어 패스포트' 등을 소개하였다. 집필자는 일본 커리어교육의 가장 큰 시사점은 학교 내부는 물론 학교 외부의 전 사회연결망을 활용하는 공생기반 커리어교육을 표방하고 있다는 점이라고 분석하였다.

제13장 [공생교육 기반 지역주민 배움의 공간 : 세토우치시립도서관]은 임형연(경일대학교)교수가 집필하였다. 임교수는 교육철학은 학습자가 자기주도적으로 학습하면서 동시에 타인과 협력하며 문제를 해결하는 능력을 강조한다고 전제하며, 공생교육은 단순히 지식 전달이 아닌, 창의성, 문제 해결 능력, 팀워크, 소통 등의 중요한 미래 역량을 강조하여 학습과 교육의 질을 향상시키려는 목표를 가지고 있다고 하였다. 이러한 방식으로 학습자들은 개인적인 목표 달성뿐만 아니라 타인과 협력하여 더 큰 성취를 이루는 경험을 할 수 있다는 것이다. 이러한 관점에서 도서관의 러닝코먼즈화는 지역의 주민들이 멀리 가거나 힘들게 배우는 것이 아니라 지역 내 공공도서관을 이용하여 쉽게 평생학습의 기회를 가질 수 있도록 구상된 것이다. 이러한 구상을 실천하기 위해 일본의 공공도서관은 지역주민들의 의견을 수렴하여 발전시키고 있는데, 이러한 주민친화형 러닝코먼즈는 주민들이 문제를 가져오고, 이에 대한 솔루션을 발견하고 함께 배우는 곳이라는 콘셉트를 가진 공생교육 기반 지역주민의 배움의 공간이라고 강조하였다.

제14장 ['본명'을 둘러싼 딜레마와 다문화 공생교육]은 오혜경(국제기독교

대학-国際基督教大学, ICU)교수가 집필하였다. 오교수는 재일동포 아동들의 민족적 정체성 함양을 위한 교육이 어떻게 이뤄지고 있는가를 살펴보는 것은 일본의 다문화, 다민족 공생교육의 현주소를 보는 것과 다름이 없다고 말하고 있다. 그런 의미에서 집필자는 일본의 공교육 기관에서 다문화 공생교육을 넘어서 생존권 또는 인권교육으로서 오랜 기간 자리매김해 온 민족학급의 역사와 현황에 대해서 소개하고, 민족학급에서 사용되는 '민족명'을 둘러싸고 최근 점화되고 있는 다양한 언설들에 대해서 살펴보았다. 더불어 '민족명' 사용에 대한 일부 정치인들과 학부모들의 부정적 견해가 일본의 다문화 공생교육에서 시사하는 바에 대해서도 고찰하였다. 언어나 풍습 등의 새로운 '문화'는 학습이 가능하지만 다른 민족적 정체성을 지닌 존재임을 가시화하는 '민족명'을 사용해서는 안 된다는 것은 결국 '다민족'의 가시화를 막고 이질성을 용납하지 않겠다는 단호한 입장 표명이라고 비판하며, 이것이 일본의 다문화 공생교육의 현주소라고 단언하였다.

제15장 [생성형 인공지능 활용 공생적 독도 교육의 가능성과 민감성]은 조규복(한국교육학술정보원)박사가 집필하였다. 조박사는 양국의 공생적 관계 발전에 도움이 되는 교육을 도모하기 이전에 양국의 공생교육을 저해하는 부분부터 해결하는 것이 우선되어져야 할 것이라고 제시하면서, 이러한 한일 공생 관점에서 한국과 일본의 청소년들이 상대 국가의 문화, 역사, 언어 등을 보다 깊고 다양하게 학습할 필요가 있을 것이라고 하였다. 그리고 그 안에서 독도 교육도 공생적 관점에서 한일 간 걸림돌이 아닌 디딤돌이 되기 위한 방법에서 모색할 필요가 있으며, 그 사례로 이러한 교육방법을 반영한 생성형 인공지능 기술 활용 독도 수업을 구상해 보았다. 생성형 AI 자체가 독도라는 민감하고 자국 중심적 소재를 단번에 간단히 공생교육의 재료로

만들어 주지는 못하지만, 배타성을 낮추면서 비판적이고 깊이 있는 공생교육으로 모색하며 만들어 나간다면 괜찮은 대화 상대이며 조력자가 되어 줄 수 있을 것이라고 분석하고 있다.

제16장 [공생 사회를 위한 아동가정청(こども家庭庁) 설치 및 운영]은 최순자(국제아동발달교육연구원)박사가 집필하였다. 아동가정청은 보육소(어린이집)와 인정어린이집 관장을 통해 교육과 보육을 충실히 하고자 한 제도이다. 또한 취학 전 유아기까지의 성장과 발달 지침 책정, 방과 후 아동이 지낼 수 있는 시설 만들기, 산전과 산후부터 자녀 양육 시기에 있는 보호자와 아동 지원, 아동의 사고 방지 등 가정과 사회에서 아동의 발달과 성장을 위한 노력을 다각적으로 실시함으로써 모든 아동이 건강하게 안전·안심하고 성장할 수 있는 환경을 구축하고자 하는 설치 목적을 가지고 있다. 최박사는 아동가정청 설치가 점진적으로 취학 전 아동에 대한 정책을 빈틈없이 실현함으로써 공생 사회를 만들기 위한 기초 조성이라고 파악하였다.

3. 공생교육의 재음미—공생교육의 단서(端緒)

책의 서두에서 홍현길 박사는 고지엥(広辞苑)을 인용하여 공생(共生)의 의미를 「함께 같은 장소에서 생활하는 것」, 공서(共棲)의 의미를 「종류가 다른 생물이 한 곳에 서식하며 서로 이익을 얻는 공동생활을 영위한다고 생각할 수 있는 상태」라고 하였다. 이어서 공생을 더욱 넓혀보면, 현대 과학에서는 사람을 포함한 모든 생명체들이 지구라는 하나의 장소에서 서로 이익을 나누는 유기적인 공생관계를 이루고 있으므로 이런 의미에서 고지엥의 두 번째 의미인 공서(共棲)가 공생의 실제적 의미에 가깝다고 하였다.

공생은 영어로 'symbiosis'라고 하는데, 진화론적 학술용어로는 공생을 'symbiogenesis'라고 한다. 이 단어를 분해하면 공생이란 의미에 대한 하나의 단서를 제공한다. 접두사 sym은 '모으다'라는 의미다. bio는 '생명'을 의미하고 genesis는 '창조'하거나 '생산'하는 것을 의미한다. 따라서 공생이란 '생명을 창조하기 위해 개인을 한데 모으는 것'을 의미한다고 해석할 수 있다. 여기서 주목할 것은 공생에는 다윈(Charles Darwin)이 제시한 자연 선택 이론의 핵심인 '경쟁' 대신 개인의 '협력'에 의존한다는 것이다. 즉, 공생은 '서로 도우며 함께 사는 것'을 말한다(위키페디아, https://ko.wikipedia.org/wiki/%EA%B3%B5%EC%83%9D).

김환희의 『미래·공생교육』(2020)에서는 코로나19 이후 '공생(共生)'을 위한 미래교육에 방점을 두고 있다. 그래서 책을 덮고 나면 '공생하는 인간'을 의미하는 '호모 심비우스(Homo Symbious)'라는 말이 떠오른다. 이 책은 코로나19 시대 학교 교육을 성찰하며 서로를 돌보는 돌봄의 주체가 되어 공생교육을 하는 '마을교육공동체'를 지향해야 한다고 주장한다. 지금의 불신사회에서 공생사회로 진화하지 않으면 각자도생의 지옥도가 펼쳐질 것이라는 점에서다(고영직, 2021).

그럼 우리는 어떻게 공생사회를 지향할 수 있을까? 흔히 공생과 '공존'은 유사어로 사용되는 경우가 많은데, 코로나19라는 질병 재난은 이러한 질문의 어려움을 증명하듯 다양한 문제 사태를 드러내면서 우리에게 함께-살기, 즉 '공존'이라는 당연하지만 쉽지 않은 과제를 던졌다. 교사로서 학생들에게 공존을 가르친다면 다양성을 존중하며 함께 사는 것이라는 말 외에 무엇을 더 설명할 수 있을까. 다양성을 인정해야 하니 나도 옳고 너도 옳다고 하면 공존일까. 공존역량으로 목표를 세워 몇 가지 교육활동을 제공하면 공존하는 능력이 생기는가. 공존을 위한 합의는 대체 어떻게 이루어지며 어떤 상태를 합의라고 할 수 있을까(주정흔 외, 2022).

십수 년이 넘은 이야기지만, 교육부에서는 소위 '공생발전을 위한 교육희망사다리 구축방안'이 제시되었다. 교육희망사다리 구축방안은 취약계층의 학생들이 교육을 통해 사회적 이동이 가능하도록 한다는 목표 아래 '출발선상에서 실질적인 교육기회를 균등하게 보장"하기 위해 정부가 취약계층 학생들의 교육을 책임 있게 지원하는 것을 기본방향으로 하는 것이다. 요약하면 첫째, 유아 단계에서 실질적인 교육기회를 제공함으로써 공정한 출발선 보장, 학교부적응 및 위기학생, 다문화가정, 장애학생 등 취약계층 학생에 대한 맞춤형 교육 서비스 제공, 소외 · 낙후지역, 취약계층 학생을 대상의 맞춤형 교육기부 프로그램 확대, 문화 · 예술 · 체육 교육 등 창의 · 인성 교육 우선 실시, 취약계층 학생의 마이스터고, 자율고 등 우수고등학교, 대학으로의 진학기회 확대 등이 골자이다(대한민국 정책브리핑, 2011). 이러한 방안의 내용들을 되짚어볼 때, 우리는 이미 공생사회를 위한 답을 알고 있다고 할 수 있다. 다시 말해 우리가 우리 문제를 잘 몰라서 교육 현장과 행정이 바뀌지 않는 것은 아니라는 점이다.

전체 16장에 걸쳐 살펴 본 일본의 공생교육에 관한 접근에서도 공생에 대한 문제의식과 공생교육의 필요성이 고취되고 있음을 알 수 있다. 하지만 공생의 불가피성을 강조하는 논의는 넘쳐나지만, 아직 선언적인 구호에 미치고 있어 현실과의 괴리를 느꼈던 것은 필자의 선입견일까. 공존이 요청되는 일련의 문제들은 모두 인간의 행위로부터 비롯된 것이다(주정흔 외, 2022). 즉 공생교육은 인간의 행위와 관점에 대한 근원적인 성찰에서 비롯되는 것이다. 결국 공생교육은 우리가 어떤 인간으로 살아야 하는지, 왜 함께 존재해야 하는지, 어떻게 함께 해야 하는지를 묻는 존재론적인 성찰을 필요로 한다.

존재론적인 성찰은 인간이나 사물이 존재하는 이유와 그것이 갖는 의미에 대해 연구한다. 삶은 왜 존재하며, 어떻게 의미를 부여할 수 있을까. 이는 개인적인 신념과 가치관, 사회적인 영향, 그리고 윤리적인 고민 등 다양한 측면에서 접근할 수 있다. 우리가 추구해야 할 공생교육은 그 자체로 공존의 가능성을 품고 있어야 한다. 인간은 관계성을 통하여 공존과 공생의 존재양식을 보여준다. "교육의 질은 교사의 질을 넘지 못하는 게 아니라, 관계의 질을 넘지 못한다"(김환희, 2020)는 말은 공생교육 문제를 다루는 하나의 단서가 아닐까 한다.

우리 인간들은 타자와 더불어 질서를 이루어야 하는 과제를 안고 있다. 그 과제를 해결하기 위해 인간은 분업이라는 특별한 생산양식을 갖게 되었으며, 서로 다른 지위와 역할을 갖게 되었고 생존을 위해 만든 이러한 '관계 맺음'의 질서는 소위 '구조화'되었다. 이에 따라 인간은 보다 안정적으로 살아가게 되었지만 구조화된 질서가 인간의 사고와 자아를 압도하는 역설적인 상황이 벌어졌다. 자신의 행위가 갖는 의미와 타인과의 관계맺음을 인식하지 못한 채 기계의 부속품 같은 존재로 살아가게 되었다. 이제 인간은 생존의 과제뿐만 아니라, 실존을 위해서도 더불어 살아가야 하는 과제를 안게 되었다(주정흔 외, 2022).

현실에서 이질적인 사람들이 단일한 목적이나 이념 아래 갈등 없이 조화를 이루며 통합하며 살아가기란 거의 불가능하다. 따라서 서로의 이질성을 극복하고 공동의 목표를 이루기 위해서는 서로의 다름을 인정하고 수용하는 관용(tolerance)과 협력이 필요하다. 문득 '자기 배려'와 '타자 배려'라는 단어가 떠오른다. 나는 나를 어떻게 대하고, 나는 타자를 어떻게 대하는가. 공생은 경쟁이 아닌 협력이고, 상대와 생존 공간을 나누는 상생이다. 서로 돕고 나눔으로써 서로 번성하면서 자신의 고유성을 확장하는 것이다. 공생교육의 접근도 이러한 사유에서 비롯되어야 한다고 생각한다.

〈참고 자료〉

고영직(2021). 어떤 미래를 향한 교육인가, 내일의 교육②『미래 · 공생교육』
  https://arte365.kr/?p=84976 (2024년 5월 31일 인출)
김환희(2020).『미래 · 공생교육』, 살림터.
대한민국 정책브리핑(2011). 교육과학기술부 등록 자료
  https://www.korea.kr/briefing/pressReleaseView.do?newsId=155798104
  2024.5.18. 인출.
주정흔 외(2022). 공존과 다양성의 열린 공동체에 관한 교육적 탐색-생명세계와 낭시
  (Nancy)의 공동체 사유를 중심으로, 이슈페이퍼2022 겨울호(249호).
  https://webzine-serii.re.kr/category/2022/2022winter/page/3/ (2024년 10월 7
  일 출력)
위키페디아, https://ko.wikipedia.org/wiki/%EA%B3%B5%EC%83%9D 2024.5.31.
  인출.

한국일본교육학회 편

일본의 공생교육

초판인쇄 2024년 11월 1일
초판발행 2024년 11월 1일

지은이 공병호, 미즈노 지즈루, 송미란, 송민영, 신현정, 오민석,
        오혜경, 요코제키 리에, 윤종혁, 이은주, 이정희, 임형연,
        장지은, 조규복, 차보은, 천호성, 최순자, 홍현길
펴낸이 채종준
펴낸곳 한국학술정보(주)
주 소 경기도 파주시 회동길 230(문발동)
전 화 031-908-3181(대표)
팩 스 031-908-3189
홈페이지 http://ebook.kstudy.com
E-mail 출판사업부 publish@kstudy.com
등 록 제일산-115호(2000. 6. 19)

ISBN 979-11-7318-016-3 93370